배움에 관하여

배움에 관하여

비판적 성찰의 일상화

초판 1쇄 펴낸날 2017년 7월 31일
초판 4쇄 펴낸날 2021년 9월 10일

지은이 강남순
펴낸이 이건복
펴낸곳 도서출판 동녘

주간 곽종구
편집 구형민 정경윤 박소연 김혜윤
영업 박세린
관리 서숙희 이주원

인쇄 · 제본 영신사 **라미네이팅** 북웨어 **종이** 한서지업사

등록 제311-1980-01호 1980년 3월 25일
주소 (10881) 경기도 파주시 회동길 77-26
전화 영업 031-955-3000 편집 031-955-3005 전송 031-955-3009
블로그 www.dongnyok.com **전자우편** editor@dongnyok.com

ISBN 978-89-7297-888-6 (03100)

* 잘못 만들어진 책은 바꿔드립니다.
* 책값은 뒤표지에 쓰여 있습니다.
* 이 도서의 국립중앙도서관 출판시도서목록(CIP)은 서지정보유통지원시스템 홈페이지(http://seoji.nl.go.kr)와 국가자료공동목록시스템(http://www.nl.go.kr/kolisnet)에서 이용하실 수 있습니다.(CIP제어번호: CIP2017017070)

비판적 성찰의 일상화

강남순 지음

동녘

일러두기

1. 본문의 각주와 ( ) 안의 글은 저자의 것이다.
2. 단행본·신문·잡지 등은 《 》 안에, 경연대회·영화·방송프로그램·그림·시·세미나·토론문·컨퍼런스·논문 등은 〈 〉 안에 넣어 표기하였다.
3. 기본적으로 외국 인명과 서명 및 개념어에 원어를 병기하였으나, 저자의 요청에 따라 저자가 강조하고자 하는 문장이나 단어에도 병기해주었다.
4. 본문에 등장하는 단행본이 국내에서 번역 출간된 경우 번역서의 제목을 따랐으며, 원서명의 병기를 생략하였다.

○ 책을 시작하며

이 책의 제목《배움에 관하여: 비판적 성찰의 일상화》는 '배움', '비판적 성찰', 그리고 '일상'이라는 세 가지 키워드를 담고 있다. 이 책에 실린 글들은 어쩌면 이 세 가지 개념을 제각기 풀어내고 그 풀어낸 개념을 다시 연결하는 시도라고 할 수 있다.

대학에서 학생들을 가르치는 일을 계속해온 사람으로서, 그리고 다양한 정황에서 강연하고 글을 쓰는 사람으로서, 나는 나의 글과 말을 통해 나와 만나는 이들이 무엇을 새롭게 경험하며 배우는지에 지속적으로 관심을 기울여왔다. 또 한편으로 가르치고 글 쓰고 강연하는 나의 일을 통해 내가 배우는 것은, 가르치는 행위와 배우는 행위란 각기 반대의 위치에 있는 것이 아니라 나선형과 같이 서로 얽혀 불가분의 관계 속에 있다는 사실이다. 이러한 가르침과 배움의 상관관계를 드러내기 위하여 '가르침/배움'이라고 종종 쓰기도 하고, 내가 가르치는 학생들은 물론 강연장이나 대화 모임에서 만나는 이들을 '살아있는 텍스트'라 부르곤 한다.

“무엇도 자명한 것은 없다.” 내가 늘 강조하는 전제이다. 진정한 배움을 위해서는 우리가 자명하다고 생각하는 것에 물음표를 붙여야 한다. 이렇게 자명성에 물음표를 붙이는 것이 바로 비판적 성찰의 출발점이며, 진정한 배움은 비판적 성찰의 과정을 거치면서 비로소 시작된다. 우리가 기억해야 할 중요한 것은, 그 비판적 성찰의 행위를 특정한 텍스트나 특정한 사건에만 적용해야 하는 게 아니라는 점이다. 배움은 특정한 시간과 공간에만 제한될 수 없기 때문이다. 비판적 성찰은 우리가 살아가는 매일의 삶에서 공기를 마시며 호흡하듯이 작동되어야 한다. 여기에서 ‘배움-비판적 성찰-일상’이라는 세 개의 키워드가 가진 밀접한 상관관계를 이해하는 것이 중요하다.

진정한 배움을 가능하게 하는 비판적 성찰이란 세 단계로 이루어진다고 할 수 있다. 첫 번째는 묘사적 단계다. 우리가 당연하게 생각하는 것들, 소위 상식적인 신념이나 자명하다고 생각하는 경험 법칙 등 다양한 정황들 속에 자리 잡고 있는 우리의 지식·이해·전제 등을 묘사하는 것이다. 두 번째는 묘사한 것들을 비판적으로 점검하고 분석하는 분석적 단계이다. 이 분석적 단계에서는 당연하다고 생각하던 이해·감정·전제들의 적절성 또는 부적절성을 살펴보고, 왜 그런가 하는 이유를 생각해본다. 근원적인 물음들, 즉 ‘뿌리 질문root question’을 던지면서 분석하고 조명하는 것이다. 세 번째 단계는 ‘비판적 단계’다. 우리가 당연하다고 생각하던 것에 물음표를 붙이면서 그러한 이해·지식·전제들을 묘사하고 정말 적절한 이해인지를 다양한 관점으로 들여다보는 앞선 두 단계를 거치고 난 후, 새로운 대안적 이해나 전제를 생각해보는 것이다. 이러한 세 단계를 거치면서 우리는 우리의 일상세계에서 벌어지고 있는 일들의 새로운 의미를 발견하게 된다. 그렇게 나, 타자, 이 세계에 대한 새로운 의미를 발견하고 이해를 갖게 될 때, 미래란 더 이상 과거의 단순한 이어짐이나 반복이 아니게 된다. 비판적으로 '사유'하고, 그 사유에 근거하여 '판단'하며, 그 판단이 개혁과 변화를 모색하는 '행동'으로 이어지는 과정에서 배움이 가능하게 된다. 그리고 '사유-판단-행동'의 순환을 통한 진정한 배움은 나와 이 세계를 변화시키는 원동력이 되는 것이다.

아무리 책을 양적으로 많이 읽고 여러 강연을 듣는다 해도, 비판적 성찰 없는 배움이란 '정보의 축적'일 뿐이다. 파울로 프레이리Paulo Freire가 '은행 저금식 교육banking education'과 '문제제기식 교육problem-posing education'을 구분한 이유이다. 아무런 비판적 성찰 없이 책이나 선생으로부터 받기만 하는 수동적 교육과 배움은, 다양한 차별과 억압적 구조에 대한 예민성을 길러주지 못한다. 진정한 배움이 전혀 일어나지 않는 것이다. 배움이란 비판적 성찰이 동반될 때 비로소 가능하게 되는 '사건'이다. 비판적 성찰이 없는 배움이란, 타자와 자신을 억압과 차별적 구조 속에 방치하게 한다.

한나 아렌트Hannah Arendt는 '악evil'이란 '비판적 사유의 부재'라고 규정하면서 '악의 평범성'을 강조했는데, 이 개념들은 배움의 진정한 의미가 무엇인지 중요한 통찰을 제시하고 있다. 교육 프로그램과 과정을 통한 배움이든 독학이든, 배움은 자기 삶의 의미를 만들어가고 나는 물론 내가 몸담고 살아가는 이 세계가 보다 나아지도록 개입하기 위한 것이다. 그런데 '비판적 성찰의 부재'는 평범하고 선량한 듯한 사람들 속에서 사물과 타자에 대한 잘못된 편견과 이해를 당연하고 절대적인 것으로 만들어버린다. 결국 자신도 모르게 개인적 또는 구조적인 '악'에 가담하게 되는 것이다. 우리의 일상세계를 돌아보면 성차별·인종차별·계층차별·장애차별·나이차별·성소수자차별·학력차별·외모차별 등이 '평범한' 사람들 속에서 '평범한' 일처럼 일어나고 있다. 폭력과 차별의 시대에 비판적 성찰의 일상화가 절실하게 필요한 이유이다.

우리의 일상적 삶은 매우 '자연스럽게' 구성되는 것 같다. 그러나 일상세계에 자리 잡고 있는 것들, 즉 텔레비전·신문·SNS 또는 개인적·집단적 관계와 대화 등 거의 모든 것이 다양한 편견과 그 편견에 따른 가치관, 차별과 배제 등을 '자연스러운 것'으로 만들면서 성별, 나이, 계층, 인종, 성 정체성, 학력, 외모, 종교, 출신지역 등에 따른 배제와 차별을 자명한 것으로 여기게 만든다. 우리가 일상세계를 비판적으로 성찰하게 될 때, 이러한 다층적 배제와 차별에 대한 예민성으로 보다 나은 세계를 향한 변화를 모색하게 된다. 나, 타자, 그리고 이 사회와 세계를 정의·평등·자유가 확장되는 곳으로 만들고자 하는 열정을 가지게 하는 것이다. 신문을 읽고, 라디오를 듣고, 텔레비전 방송을 보고, 드라마를 보면서도 이러한 비판적 성찰이 작동되어야 한다. '비판적 성찰의 일상화'는 바로 이러한 의미이다.

진정한 배움이란 '변혁적 배움transformative learning'이다. 변혁적 배움은 '나'와 '우리'의 생활 속에서 일상화된 비판적 성찰의 과정을 통해서만이 가능한 사건이다. 이 책은 비판적 성찰을 일상화하여 삶의 주변을 들여다본 내 '배움'의 이야기들을 담고 있다. 이러한 의미에서 여타의 배움이란 '자서전적autobiographical'이다. 이 자서전적 배움에는 차별을 넘어서는 평등과 연대, 배제와 증오를 넘어서는 따스한 환대, 그리고 무엇보다 절망을 넘어서는 희망의 세계를 향한 나의 절절한 갈망이 담겨 있다. 나의 이 작은 배움의 정원으로 독자 여러분을 초대한다.

이 책이 이렇게 세상에 나오게 된 것은 도서출판 동녘 이환희 편집자의 상상력·시간·에너지·열정 덕분이다. 각기 다른 정황에서 쓴 수백 편의 글을 모아서 세심하게 읽고 추리고 분류하여 한 권의 책으로 묶는 일은, 다층적 상상력이 있어야 가능하다고 본다. '편집자'라는 직업이 단지 기능인이 아니라는 것을 나는 이환희 편집자와 함께 일하는 과정에서 경험해왔다. 상상력과 따스함, 그리고 예리함과 열정을 갖춘 편집자를 만난 것은 나에게는 참으로 큰 행운이다. 이 책이 이렇게 세상에 탄생하게 된 데 결정적인 역할을 한 이환희 편집자께 깊은 감사를 드린다.

한국을 떠나 미국에서 주로 일하고 있는 나에게, 미국에서의 경험과는 참으로 다른 '인간의 얼굴'을 한 출판 경험을 하게 하시는 분이 계시다. 동녘의 곽종구 주간이다. 나의 글이 담아내는 사유세계와 그 가치를 전적으로 긍정해주시고 공적 공간에서 확산되도록 지지와 힘을 실어주시는 출판인을 만난 것은, 내가 2006년 미국의 대학으로 간 이후 받게 된 참으로 소중한 선물 중의 하나이다. 한국 대학이 아니라 미국 대학에서 '환대'를 경험한 내가, 한국에서의 출판 과정에서 이와 같은 '환대'를 경험하게 될 것이라고는 기대하거나 예상하지 못했다. 동녘의 곽종구 주간과 만나게 된 것은 내게 오랫동안 낯설게만 느껴졌던 한국이 비로소 따스하게 느껴지기 시작한 '사건'이 되었다.

책에 실린 아흔한 편의 글에는 많은 '얼굴들'이 담겨 있다. 내가 이름을 아는 얼굴, 또는 모르는 얼굴들이다. 그 얼굴들이 내게 전해준 감동과 통찰로 나는 많은 글을 쓸 수 있었다. 이 점에서 나는 이 책의 '절대적 저자'가 될 수 없다. 존재함의 진정성이 어떻게 한 사람의 얼굴과 목소리를 통해서 심오한 울림을 전달해줄 수 있는가를 경험하게 한 성악가 토마스 크바스토프 Thomas Quasthoff를 소개해준 H, 내게 지순한 미소를 짓게 하는 손편지를 보내준 S, 감동적인 메시지와 함께 정성스럽게 그린 아름다운 카드를 보내준 P, 그리고 선생으로서의 가르침과 배움이 자신의 인식적 사각지대를 끊임없이 깨우치는 비판적 성찰의 과정임을 분명히 알게 한 N, 강의실에서 내게 '좋은' 질문이 진정한 배움에서 얼마나 중요한 요소인가를 늘 확인하게 해주는 나의 학생들, 또한 강연장에서 앎을 향한 열정과 나의 소리에 대한 호기심의 몸짓으로 내게 삶을 긍정하는 에너지를 주는 청중들과 책의 독자들. 이 모든 얼굴들이 나와 '공동 저자'인 셈이다. 공동 저자인 이 '얼굴들'로부터 소중한 배움의 선물을 받는다. 살아감이란 결국 이렇게 구체적 '얼굴들'과의 만남이라는 것을. 그리고 존재함이란 '함께 존재'라는 것을.

2017년 여름
서울에서
강남순

ㅇ

차례

5 책을 시작하며

1장 살아감, 그 배움의 여정

19 저주받은 삶이란 없다
22 어느 특별한 선물
26 두 살 사람의 절대적 환대
29 '나'를 선택하기의 과제
34 살아감이란
36 오늘 나의 선생, '노래하는 이'
40 두 명의 한국인과 '구원'
45 '함께 읽는 기쁨'이란
46 어떤 모자母子 이야기
48 삶의 패러독스, 절망과 희망 사이에서
51 프라하의 예수, 카프카 그리고 노숙인들
55 시청 앞 광장, 들꽃 같은 이들
58 탈일상성의 공간, 공항에서
61 왜 '쓰기'를 하는가
64 '함께 실존'은 인식에 선행한다
67 따스함이 필요한 존재들
69 치열함이 내미는 손길
71 소통 부재 속의 소통

73 뉴욕 한가운데서 만나는 세계들
75 어느 신부님 이야기
79 낯설음과 익숙함의 교차 공간에서
82 빵과 '더불어' 빵을 '넘어서' 사유하기

2장 살아 있는 텍스트, 타자의 얼굴들

87 '자기 사랑'이라는 이름의 과제
91 목사탕 다섯 개, 그 소중한 선물
94 상賞의 폭력성
99 사랑의 행위
102 사랑의 상투성을 넘어서
105 성적 매기는 행위의 아이러니
108 한 학생의 자살을 마주하며
112 살아 있는 텍스트, 타자의 얼굴들
116 진지한 눈빛에 대한 목마름
119 무수한 선택과의 대면
124 나는, 우리는 어떠한 '물음'들과 대면하고 있는가
127 '불현듯'이 부재한 시대
131 편지, 그 '말 건네기'의 아름다움
135 자기 자신과의 관계의 정원

140 '위험한 교수'의 말과 글
143 예순아홉 살 소녀, 로즈메리
146 아웃사이더, 데리다와의 만남
152 데리다, 스스로 쓴 자신의 장례식 조사
159 동료들·친구들이 있다는 것
162 불확실성의 시대의 신
165 미국의 대학교, 나의 강의실 이야기
169 '비결정성'의 존재, 그 가능성과 아름다움
172 우리는 무엇을 보는가
176 사회변혁과 얼굴들

3장 사랑, 치열한 생명 긍정의 희망

181 이중섭, 그 불가능한 가능성의 유토피아
186 고갱, 우리는 어디에서 왔고 누구이며 어디로 가고 있는가
189 프리다 칼로, 그 치열한 '생명 긍정'에 대하여
194 피카소, 비극의 한 가운데에서

4장 인식의 사각지대를 넘어

199 순수주의의 위험성
202 성차별, 그 천의 얼굴
206 성희롱·성추행·성폭력은 의도성과는 상관없다

211 여성혐오의 다층적 얼굴들
215 세계 여성의 날, 그 양가성
220 순종과 희생 이데올로기에 갇힌 이들
225 한국 신문에 바란다
230 혐오의 몸짓을 거두라
234 혐오에 저항하는 이들
237 작은 변화가 큰 차이를 만든다
240 눈물이 언어가 되어버린 이들
243 '추상화로서의 존재'의 정체성
246 장애인 외면하는 사회를 넘어서
249 '장애인의 날'이 필요 없는 세상을 꿈꾼다
256 '권리의 원'의 확장, 그 절실한 과제
259 존재의 위계적 사다리,
그 바닥에 서 있는 이들
262 무관심은 인류에 대한 범죄의 시작이다

5장
감히
스스로
생각하라

267 스스로 자신의 멘토가 돼라
270 고립사회를 넘어서
274 계속 배우라, 책 속에 길이 있다
280 인문학의 상품화, 그 참을 수 없는 가벼움
284 나는 지불한다, 고로 존재한다
288 유행의 물결로서의 지적 액세서리
291 지도자로서의 '철학자 왕'은 어디에

296 "그대는 잘 지내고 있나요?"의 회복
300 고향에서 망명자로 사는 이들
307 고향에 대한 갈망, 그 변혁에의 열정
311 진정성의 부재 시대, '진정성의 삶'이란
314 실존적 독감을 앓고 있는 이에게
317 아픔에는 '왜'가 없다: '이중국적자'로서의 삶
328 어떻게 지내는가?: 생명지향적 삶을 향하여
331 종교, 상투성에의 저항
335 왜 질문은 해답보다 중요한가
338 불확실성을 끌어안으라
341 정황 불감증, 그 정서적 폭력성에 대하여
343 새로운 탄생을 향한 존재
346 비판과 악마화의 근원적 차이
349 (감히) 스스로 생각하라
352 노숙인 예수
357 한국말과 호칭, 그 위계주의적 딜레마
365 대안 공동체의 희망

1장

살아감,

그 배움의 여정

저주받은 삶이란 없다

내가 하루를 시작하며, 그리고 마감하며 듣는 음악이 있다. 토마스 크바스토프의 목소리. 그의 목소리는 한 인간이 지니고 있는 생명성의 치열함과 아름다움, 그리고 끊임없이 비상하고자 하는 그의 절절한 '존재를 향한 갈망'을 담고 있다. 그는 성악가로서 '연기perform'하지 않는다. 그의 목소리는 그의 존재 자체를 매 음절마다 소중한 생명의 선물처럼 담아내고 있다. 내가 그에게 빠져드는 이유인 것 같다.

그는 치명적인 육체의 장애를 갖고 태어났다. 키는 134센티미터이며 두 팔이 없다. 간신히 어깨에서 삐져나온 것 같은 팔에는 묘사하기조차 힘든 특이한 갈퀴 모양의 손가락이 몇 개 있을 뿐이다. 그가 자랄 때, 그의 옆을 지나는 사람들은 그를 보며 종종 "마녀에게 저주받았다"고 수군거리곤 했다고 한다. 그는 지금 무수한 상을 타며 성공한 음악가로 간주된다. 그러나 소위 성공한 성악가인 그는, 사람들이 자신을 '모델 장애인'이라고 부르는 것을 거부한다. 그는 이 우주에 유일무이한 한 개별적 존재일 뿐이다. 그가 지닌 '육체의 장애'가 그의 존재를 규정하는 우선적 표지marker가 되지 않는 삶을 창출해온 것이다. 그는 자신의 육체 장애를 한 인간 존재로서의 그를 구성하는 지극히 한 부분으로 만들었으며, 그 '장애 너머'의 심오한 존재성을 끊임없이 가꾸어오고 있다.

독일《슈피겔Spiegel》지와의 인터뷰에서 그는 두 종류의 성악가들이 있다고 말했다. 하나는 '목소리의 소유자voice owner', 또 다른 하나는 '연기자performer'이다. 2004년에 나온 자서전적 성격을 띤 자신의 책 제목을《목소리Die Stimme》°로 한 것은 우연이 아니다. 그는 자신의 목소리 속에 자신의 존재를 모두 쏟아부으면서 그 목소리의 전적인 소유자가 되는 것이다.

한 인터뷰에서 그는 자신의 삶을 지켜내게 한 중요한 삶의 철학을 소개한다. "자기 자신에게 늘 진실하라. 자신이 아닌 어떤 사람의 모조품이 되지 마라. (…) 눈 속에서 자신의 고유한

° 미하엘 크바스토프 기록, 김민수 역《빅맨 빅보이스: 세상에서 가장 작은 성악가》, 일리, 2008.

발자국을 만들어가야 하는 것은, 나 자신이다. Stay true to yourself. Don't be an imitation of someone else. (…) I have to make my own footsteps in the snow."

"한 사람의 진정성은 냄새가 난다 You can smell the authenticity" 라고 나는 간호 학생들에게 말하곤 하는데, 나는 크바스토프에게서 바로 그러한 진정성의 냄새를 맡는다. 자신에게 언제나 진실한 것은 얼마나 치열한 자기와의 씨름인가.

어떠한 이유에서든 '저주받은 삶'이란 없다. 모든 개별 존재들은 그 자체 속에 한 인간으로서의 존엄성과 대체 불가능한 유일성을 지니고 있다. 그러나 그러한 생명의 선물을 '선물'로 키워내고 가꾸어가는 것은 자기 자신이다. '존재의 정원'을 치열하게 가꾸어내는 사람의 아름다움, 우리 각자는 이러한 아름다움을 오늘도 가꾸어내야 하는 '존재의 정원사'인 것이다.

어느 특별한 선물

우리의 삶은 무수한 '이야기들tales'로 가득하다. 그렇다고 해서 모든 사람들이 자신의 삶에서 벌어지고 있는 일을 이야기로 형상화하지는 않는다. 그래서 우리 각자의 삶을 형성하고 있는 무수한 이야기는 글로 쓰지 않으면 사라지고 만다. 한나 아렌트의 말이다. 아렌트는 자신의 친구인 메리 매카시Mary McCarthy, 남편인 하인리히 블뤼허Heinrich Blücher, 연인이었던 마르틴 하이데거Martin Heidegger, 선생이자 평생 동료·친구였던 카를 야스퍼스Karl Jaspers와 수십 년 동안 치열하게 편지들을 교환한다. 손편지이거나 타이프라이터로 쓴 것이다. 이 편지들은 무수한 '이야기'로 가득하다. 나는 아렌트가 네 사람과 주고받은 편지를 각기 엮은 네 권의 서간집을 모두 갖고 있고, 그가 하이데거와 나눈 편지를 담은 서간집은 독어와 영어로 모두 갖고 있으니, 내게 아렌트의 서간집 다섯 권이 있는 셈이다. 그 외에 다른 사람들의 서간집도 갖고 있다.

나는 이 '편지'라는 장르에 매우 흥미가 있다. 그래서 학생들에게도 관심 있는 학자가 있다면 그들이 쓴 편지가 있는지 찾아보고 꼭 읽어보라고 권한다. 학술서와는 달리 개별인들이 주고받은 편지는 그 한 사람이 지닌 참으로 다양한 "존재의 결layers of being"을 느끼게 한다고 나는 생각하기 때문이다.

우리 삶에 가득 찬 이야기들, 그러나 '쓰기'를 통하지 않으면 영원히 사라져버리고 놓쳐버린다는 사실을 돌연히 다시 생각하게 되는 일이 있었다.

나는 주로 집에서 작업을 하기에 방학 중에 학교에 가는 일은 별로 없다. 그런데 학교에서 약속이 있어 연구실에 오랜만에 갔고, 뜻하지 않은 '편지'를 받았다. 학교로 오는 편지는 대부분 공식적인 것들이어서 쌓인 편지들을 사무적인 눈으로 얼른 얼른 들여다보고 있었는데, 그 속에서 정성스럽게 손으로 쓴 편지 봉투가 눈에 들어왔다. 편지 봉투를 조심스럽게 뜯어보니 손으로 그린 카드, 그리고 손으로 쓴 편지가 있는 것이 아닌가. 얼마 전 로스엔젤레스에서 강연을 하였는데, 그때 만난 분으로부터 온 것이었다. 그분이 '강연 후기'를 이렇게 정성스러운 그림과 손편지로 만들어서 하나의 아름다운 '이야기'로 만들어 보내신 것이었다.

내가 그분에 대해 아는 것은 별로 없다. 자연과학 분야를 대학에서 가르치고 있다는 것 이외에 아는 것은 거의 없지만, 그분이 이런저런 과제로 늘 시간과 씨름하는 삶을 살아야 한다는 것은 쉽게 추측할 수 있다. 그럼에도 카드와 편지를 손으로 그리고 쓴 그 시간과 마음은 참으로 나의 상상과 예상 너머의 '사건'으로 내게 느껴졌다.

나는 이 카드와 편지를 되풀이해서 들여다보고 읽었다. 카드는 내 강연의 키워드를 모두 담아내고 있었고, 편지는 강연을 통해서 갖게 된 생각들을 담고 있었다. 코즈모폴리터니즘° 이 지향하는 세계는 우리의 이 현실세계에서는 불가능한 꿈이다. 그러나 그 '불가능한 세계'에 대한 '꿈꾸기'의 소중함을 느끼게 되었다는 그분의 '이야기'는, 이런저런 내면적 딜레마와 씨름하던 내게 다시 그 '낮꿈 꾸기day-dreaming'의 의미를 상기시켜 주었다. 우리가 잘 때 꾸는 '밤꿈 night-dream'과는 달리, '낮꿈 day-dream'이란 아직 오지 않았지만 지향하는 보다 나은 세계에 대한 희망과 비전을 담아내는 꿈이다. 인류 역사에서 진정한 변화란 이러한 '낮꿈'을 끊임없이 꾸는 이들에 의하여 만들어진 것이다.

° 인류 전체를 하나의 세계의 시민으로 보는 입장을 말한다.

무심히 지나갈 수 있는 나와의 조우에 대한 '이야기들'이 어느 한 분의 열정을 통해서 그림으로 남겨지고 편지로 형성되면서 나의 세계에 뚜렷한 자취를 남기게 되었다. 그 손카드와 편지가 담은 '이야기'는 내게로 다가와 이렇게 다시 '이야기'가 되어 태어난다. 하나의 이야기는 다른 이야기로 이어지고, 그 다른 이야기들은 무수한 다른 이야기들을 품게 되는 것이다.

이 카드와 편지는 나의 연구실 한편에서 나와 함께하면서, 내가 이 세계의 변화에 대하여 갖게 될 절망감이나 회의주의로부터 나를 끄집어내는 자극제가 될 것이다. 강연하면서 강조했던 '미소'가 지닌 복합적인 의미[◎]를 잘 담아낸 이 카드는, 로스엔젤레스로부터 내게 아름다운 '미소'를 그대로 전하고 있다. 이렇듯 우리가 서로에게 보내는 '존재의 미소'가 바이러스처럼 확산되어 곳곳에 퍼진다면, 우리가 살아가는 세계는 지금보다 좀 더 나은 곳으로 전이되지 않을까.

◎ 미소란 실제적인 미소이기도 하고 메타포로서의 미소이기도 하다. 무작정 어느 상황에서나 웃기만 하라는 것이 아니라, 타자와의 관계에서 자신의 인간성을 상실하지 말아야 한다는 철학적 의미를 지닌 메타포로서의 미소.

두 살 사람의 절대적 환대

아침에 강가를 걸었다. 아주 작은 사람이 아빠와 함께 산책하고 있었다. 아빠 자전거에서 내려서 한 손으로는 자전거 뒤를 잡고, 다른 한 손으로는 노오란 민들레 한 송이를 들고서 나풀나풀 춤추듯 걷고 있는 작은 사람이다. 그 모습이 하도 예뻐서 내가 웃으며 눈길을 주니 "하이Hi" 하면서 손을 흔들기에 나도 "하이" 하면서 웃으며 손을 흔들고 가던 길을 걸었다.

그런데 잠시 후 뒤에서 무슨 소리가 들려서 돌아보니, 그 작은 사람이 나를 향해서 다시 "하이" 하면서 뛰어온다. 나는 그 작은 사람의 키에 맞도록 땅에 무릎을 대고 앉아서 왜 내게 오는지 의아하게 생각하며 기다렸다. 작은 사람은 내 앞에 다가오더니, 내 목을 두 손으로 감으며 포옹하는 게 아닌가. 그러고는 "이제는 안녕Good bye now"하면서 아빠에게로 뛰어간다. 나는 하도 작은 사람이라서 넘어질까 봐 그 뒷모습을 지켜보면서 예상치 않은 '포옹 선물'에 기분이 참으로 좋았다. 아빠에게로 간 것을 확인하고 서로 다시 손을 흔들며 나는 돌아섰다. 몇 발자국을 떼었는데, 다시 "하이" 하는 소리가 들린다. 돌아보니 그 작은 사람이 내게 다시 오고 있었다.

이번에는 양손에 민들레를 들고서 내게로 다가와 내 앞에 서기에, 나는 "아, 꽃 한 송이가 더 있구나, 너는 이 꽃처럼 참 예쁘단다"라고 했더니, 새로 꺾은 꽃을 내게 내밀면서 "이 꽃을 당신에게 주고 싶어요This is for you" 한다. 그리고는 다시 내 목을 꼭 끌어안으며 두 번째 포옹을 했다. 아빠와 가다가 민들레를 한 송이 꺾어서 내게 주려고 다시 온 것이다. 어른에게는 얼마 안 되는 거리겠지만 이 작은 사람에게는 꽤 먼 길이었을 텐데, 내게 꽃 한 송이를 주려고 다시 발걸음을 돌려서 온 그 작은 사람. 아빠에게 물으니 두 살 조금 넘었단다. 나는 노오란 꽃과 두 번의 포옹, 그리고 그 환한 웃음으로 예상치 않은 환대의 선물을 받은 것이다.

두 살짜리 작은 사람은 '절대적 환대'가 무엇인지 몸으로 알고 있다. 타자의 성별·인종·국적·계층 등 여타의 특정한 조건들이 맞아야만 환영하는 환대란 '조건적 환대'이며 진정한 환대는 아니다. 이 절대적 환대는 '무조건적 환대'로서, 인간의 '얼굴'만으로 타자를 향해 웃고, 환영하고, 나누는 것이다. 자크 데리다가 강조하는 절대적 환대가 어떻게 무조건적 선물처럼 주어지는 것인지, 작은 사람으로부터 배웠다. 한참을 서서 이 작은 사람의 뒷모습을 보다가, 사진을 찍었다. 자취를 간직하고 싶은 마음에서.

두 살짜리 작은 사람이 이날은 나의 선생이 되었다.

'나'를 선택하기의 과제

오전에 공식 모임이 없을 때는 가능하면 아침에 강가를 걷는다. 강가를 걸으면서 만나는 다양한 사람들을 보면, 이 세계의 축소판을 보는 듯하다. 각양각색의 피부색을 지닌 사람들이 각기 다른 몸의 생김새와 표정을 하고 걷기도 하고 뛰기도 한다. 어떤 이는 곁으로 지나가는 사람에게 모두 "하이"를 하며 손짓까지 하는 이도 있고, 상쾌한 웃음으로 "굿모닝 Good morning"을 하는 이도 있다. 그런가 하면 곁에 지나가는 사람의 얼굴을 전혀 보지 않고 자신에게만 시선을 고정하고 지나가는 사람도 있고, 그 아침에 걸으면서 계속 전화 통화를 하는 이도 있다. 유모차에 두 명의 아이를 싣고서 힘차게 조깅을 하며 지나가는 이들에게 "하이"와 "굿모닝"을 보내는 아빠도 있다.

그런데 아침 조깅을 하며 내 앞에서 오던 이가 "해피 튜스데이Happy Tuesday"라고 말하면서 환한 웃음과 손짓까지 보내며 지나간다. 머릿속에 해야 할 일들에 대하여 이 생각 저 생각을 하며 걷던 나에게 이 삶의 명랑성을 듬뿍 담은 "해피 튜스데이"가 내 마음을 환하게 해주는 것을 느꼈다. 이 사람의 인사로 '봄이구나' 하는 생각을 돌연히 하게 된 것이다. 이 사람은 자신의 그 명랑성과 지순한 웃음으로 누군가에게 봄의 도착을 느끼게 함으로써 마음을 환하게 해주었다는 것을, 그리고 이 글을 쓰게 하였다는 것을 전혀 모를 것이다. 자신의 주변과 연계하고 반응하는 방식이 이렇게 사람마다 다른 것을 보면서, 사실상 각기 다른 이 모습들이 특정한 사람에게 고정된 것이 아니라 우리 자신 속에 모두 담겨 있다는 생각이 들었다. '나'는 '하나의 나'가 아닌 것이다.

"자기 용서를 할 수 있는가"라는 물음에 데리다Jacques Derrida는 다음과 같은 말을 했다. "한편으로 나는 결코 나 자신을 용서할 수 없습니다. 그러나 또 다른 한편으로 나는 언제나 나 자신을 용서합니다. (…) 나는 나 자신과 혼자가 아닙니다.I am not alone with myself."

'나' 속에 '하나의 나'가 아닌 '무수한 나'가 있다는 것을 다양한 사람들이 말했다. 아우구스티누스는 "나는 나 자신에게 하나의 물음이 되고 있다I have become a question to myself"라고 했다. 바오로도 "나는 내가 원하는 것을 하지 않고, 내가 원하지 않는 것을 한다I do what I don't want to do, I don't do what I want to do"라고 했다. 또한 한나 아렌트는 비판적 사유란 "내가 나 자신과 대화를 하는 것having a conversation with myself"으로부터 시작된다고 했다. '나'의 외면성exteriority은 나의 선택권 밖에 있는 경우가 많지만, '나'의 내면성interiority은 '나'의 선택과 만들어감을 끊임없이 요청하고 있다는 것을 의미한다. 어떠한 무수한 잠재적 '나' 또는 실재적 '나'들 중에서 나는 어떠한 '나'를 선택하고 만들어갈 것인가는 사실상 매일매일 우리가 결정해야 하는 삶의 과제이기도 한 것이다.

오래전 빌 클린턴Bill Clinton이 대통령을 할 때 르윈스키 Monica Lewinsky 스캔들이 터졌었다. 그즈음에 내가 즐겨보는 찰리 로즈Charlie Rose의 인터뷰에 힐러리 클린턴Hillary Clinton이 나왔다. 인터뷰가 시작되면서 찰리 로즈가 평상적인 인사말인 "어떻게 지내십니까How are you?"를 힐러리에게 물었다. 아마 미국에서 사는 사람들이 가장 많이 하고, 많이 듣는 말 중의 하나는 이 "How are you?"일 것이다. 그런데 이 질문을 받아들이는 힐러리 클린턴의 반응이 내게는 참으로 흥미롭게 느껴졌고, 그 오랜 시간이 흐른 지금도 그의 표정과 모습을 선명하게 기억한다. 말 잘하기로 유명한 힐러리 클린턴이 이 너무나 통상적인 질문 앞에서 잠시 아무 말도 하지 않았다.

방송 인터뷰에서의 '침묵'이란 때로는 무수한 말보다도 강렬한 언어로 남는다는 것을 나는 그 순간 처음 경험했다. "어떻게 지내십니까?"라는 그 질문을 듣고 잠시 침묵하던 그녀가 이런 말을 했다. 내 기억 속에 남아 있는 그녀의 말을 옮겨본다.

"나는 매일 아침 침대에서 눈을 뜨면 나 자신에게 묻습니다. '자, 힐러리. 오늘 어떠한 자신을 선택할 것이지? 주변에 불만을 터뜨리며 아무것도 하지 않는 냉소적인 힐러리를 선택할 것인가, 아니면 네 주변에서 일어나고 있는 일에 가장 최선을 다하여 적극적으로 개입하는 힐러리를 선택할 것인가?' 그리고 나는 매일 아침 냉소적인 힐러리가 아니라, 이 삶을 인정하고 긍정하는 힐러리를 선택합니다."

강가에서 만난 이들, 그들이 주변에 자신을 연계하고 개입하는 그 다양한 모습들은 한 사람의 내면세계 속에 각기 다른 양태로 모두 자리 잡고 있다. 무수한 '나'들 속에서 매 순간, 매일 어떠한 '나'를 선택하고 만들어갈 것인가. 이것은 우리 각자만이 할 수 있는, 또한 해야 하는 중요한 삶의 과제인 것이다.

봄이다. 겨울 동안 죽었던 것 같은 겨울나무가 태양을 향해 강렬한 생명력을 내뿜으며 새로운 잎새들을 내고 있다. 이 나무는 우리 인간을 닮았다는 생각이 든다. 죽은 것 같은 겨울 잎새와 새로운 봄 잎새가 함께 얽히고설켜 있다. 생명의 태어남은 그 반복성에도 불구하고 매번 대체할 수 없는 고유한 사건이다. '나무 생명'만이 아니라 '나 생명'도 이렇듯 반복성과 고유성을 지닌 새로운 태어남을 매번 선택해야 하는 것이다.

살아감이란

아침에 강가를 산책하면서 겨울나무의 앙상한 가지들 안에서 찬란한 봄을 피우는 듯한 가지를 만났다. 우연히 올려다본 나무에서 이렇듯 홀연히 생명력을 분출하는 한 덩이의 가지를 보니, 마치 한 사람 속에 있는 끈질긴 희망의 줄기가 그 잎사귀들을 통해서 분출하는 것 같이 느껴졌다.

한 사람은 무수한 가지를 자신 속에 품고 산다. 그 가지들이 모두 한꺼번에 찬란한 녹색의 잎사귀들을 품어내지 못한다고 좌절하고 절망하곤 하지 않는가. 무수한 결을 지닌 한 사람 속에서 자신의 삶을 소중한 선물처럼 생각하며 끈질기게 이 삶에 대한 열정과 희망의 끈을 지니고 있다면, 무수한 앙상한 가지들 사이에서 저렇듯 찬란한 잎사귀가 한 가지의 귀퉁이에서라도 그 생명력을 분출하는 것이다. 그 생명력이 자생적으로 자신 속에서 나오든 자신의 외부에서 시작되든, 자기 존재의 집에서 찬란하게 그 생명력을 담아내고 분출하고 있다는 것은 여전히 이 살아감의 예측 불가능한, 계산 불가능한 신비다.

어떤 특정한 조건들이 충족되는 '무엇 때문 because of'이 아니라 그 '어떤 정황들에서라도 regardless' 한 사람의 내면 한 귀퉁이에서 저렇게 잎사귀가 나올 수 있게 하는 힘이 이 삶에 대한 치열한 사랑을 유지하게 하는 것이다. 자신이 지닌 백 개의 가지 중에서 아흔아홉 개가 앙상한 가지라 한들 어떠한가. 한 개의 가지라도 저렇듯 강렬한 생명력을 내뿜고 있는 그 어떤 것이 있다면, 그 단 한 개의 가지에서 어떠한 방식으로든 절절한 생명력이 움틀 수 있도록 만들어가도록 애쓰는 것, 그것이 이 삶이 여전히 귀한 선물이라고 생각할 수 있는 근거가 아닐까.

오늘 나의 선생, '노래하는 이'

컨퍼런스에서 가장 곤혹스러운 일 가운데 하나는, 급한 마감이 있는 일을 들고 왔을 경우인 것 같다. 대부분의 경우 나는 컨퍼런스에 오면, 이전의 일상생활 양식에서 나를 분리시켜 이 새로운 시간·공간에 가능하면 '전부' 몰입해야 한다는 나의 컨퍼런스 철학을 나름대로 실천해왔다. 그래야 컨퍼런스를 통해서 새로운 '나'와 만나기도 하고 낯선 타자들, 익숙한 타자들에 몰입할 수 있는 공간이 형성되기 때문이다. 그런데 컨퍼런스와 관계없이 반드시 해야 할 일이 따로 있는 경우, 이러한 나의 컨퍼런스 철학을 실천하는 데 장애가 된다.

유감스럽게도 마감일이 있는 과제를 안고서 컨퍼런스에 왔다. 주제강연 준비 때문에 해야 할 일을 끝내지 못하고 온 것이다. 테뉴어 받는 교수, 부교수에서 정교수로 승진하고자 하는 교수, 그리고 테뉴어 받기 전에 테뉴어 심사 과정에 들어가도 되는지를 최종 점검하는 교수, 이렇게 세 명의 교수에 대한 세 분야(교수 능력 teaching, 학문 업적 scholarship, 공적 활동 service)의 리뷰를 학교에 제출해야 한다.

교수들에 대한 심사 평가를 말로 하는 게 아니라 글로 분석하고 쓰려면 그들이 제출한 방대한 자료를 살펴보아야 한다. 차라리 한 권의 책을 리뷰하라면 편할 텐데, 각기 다른 전공 분야에서 각기 다른 필체로 쓴 자료를 검토하고 세 분야로 나누어 평가서를 쓰는 것은 참 복잡하고 거기에 많은 시간과 에너지를 쏟아야 한다. 실제로 테뉴어 받은 교수들이 모여서 최종 리뷰를 하기 일주일 전에 학장에게 각각 평가서를 보내면, 학장은 세 분야로 나뉘어진 평가서를 모두 종합하여 교수들이 모두 읽을 수 있도록 한다. 물론 종합한 문서에는 평가받는 이의 이름이 표시되어 있지 않으며, 문서를 읽고 난 후 회의가 끝나면 그 문서를 다시 당사자에게 되돌려주어야 한다. 소위 비밀의 법칙 confidentiality 이 매우 철저히 지켜진다. 회의장 밖에서는 회의장 안에서 논의하거나 결정한 일들을 함구한다.

컨퍼런스가 열리는 곳에서는 젊은 예술가들이 다양한 퍼포먼스를 하는 흥미로운 프로그램이 있었는데, 마감일을 지켜야 해서 호텔 방에 남아 일을 하고 있었다. '참 일복도 많다. 여기까지 와서도 이렇게 재미없는 일을 해야 하다니…'하며 투덜거리면서. 그런데 어디에선가 아주 명랑하고 경쾌한 노랫소리가 들려오는 것이 아닌가. 처음에는 호텔에서 틀어주는 음악이 복도에서 들리는 줄 알았다. 그런데 누군가가 부르는 노래라는 것이 분명해지면서, 나는 일손을 놓고 문에 귀를 대고 그 노래의 정체를 알고자 했다.

얼마나 경쾌하고 즐겁고 세련된 리듬 감각과 표현력이 담겼는지, 내가 자동으로 일손을 놓고 문으로 다가가게 만들었다. 나는 한동안 듣다가, 그 노래를 부르는 이의 정체를 확인하고 싶은 마음을 억누르지 않고 방문을 열고 나가서 두리번거렸다. 내 방에서 멀지 않은 가까운 방에서 청소하는 이가 바로 그 노래의 주인공이었다.

노래를 따라서 가보니, 방에서 청소하며 참으로 놀랍도록 명랑하고 아름다운 목소리로 노래를 부르는 사람, 방문을 열어놓고서 청소하는 그녀의 노래가 한 소절 끝나기를 기다려 문을 노크하며 "하이"라고 말을 건넸다. "하이"라고 말하며 웃고 있는 그녀에게 나는 당신의 노래가 참 아름답다는 것, 투덜거리며 일하고 있던 내게 에너지를 불어넣어주었다는 것을 이야기했다. 내 말을 듣고 환하게 웃으며 좋아하는 그녀, 그녀의 이름은 '재키 Jackie'였다.

노래하는 그녀는 내게 우리가 이 삶의 여정에서 매 순간 하고 있는 '선택'의 의미를 다시 생각하게 했다. 자신이 의식하든 하지 못하든 우리 각자는 매 순간 다양한 선택을 하며 살아간다. 동일한 정황에 놓였다 해도 사람들이 각기 다른 모습으로 살아가고 있는 것은 바로 그들이 만들어내는 선택의 차이 때문이다.

어떤 이는 자기 스스로 만들어낸 어둠의 공간 속에 자신을 집어넣는 선택을 한다. 온통 불평할 것밖에 없고 외부를 향한 불만으로 점철된 '희생자 의식victim-hood' 속에 침잠하여 살아간다. 그런데 어떤 이는 그 힘들고 지칠 수 있는 정황에서도 존재함의 그 지순한 기쁨을 발화하면서 '당당한 명랑성'으로 어려움을 헤쳐나간다. 희생자 의식이 아닌 '주체자 의식agent-hood'으로 자기 삶의 어두움을 넘어서는 선택을 하는 것이다.

우리 삶의 조건들 속에 은닉된 다양한 불평등의 구조와 문제점에 대한 예민성의 끈을 놓치지 않는 것은 중요하다. 그러면서 동시에 이 불완전한 삶의 조건들 속에서도 '당당한 명랑성'으로 자신의 고유한 목소리를 내면서 살아가는 연습을 하는 것도 참으로 중요하다.

이날 나에게 중요한 가르침을 준 선생은 이 '노래하는 이', 재키였다.

두 명의 한국인과 '구원'

한창 글 쓰는 작업에 몰두하고 있는 조용한 주말 아침에 별안간 초인종이 울렸다. 내가 사는 곳은 50여 가구가 한 거주 공동체를 형성하고 있어서, 이곳에 들어오려면 정문의 비밀번호를 알든가 거주자의 초대를 받아서 정문이 열려야 들어올 수 있다. 이렇게 오전에 초인종이 울리는 것은 십중팔구 우편함에 들어가지 않는 소포가 왔거나 내 사인이 필요한 우편물이 왔다는 것이다. 나는 '그런 우편물이 올 곳이 없는데…' 생각하며 현관문을 열었다.

젊은 두 한국인이 한국말로 내게 환한 웃음을 보이며 인사한다. 그리고 대뜸 손에 들고 있던 아이패드 화면을 내게 보여주며 나를 "구원 받게 하려고" 나와 잠깐 대화를 하고 싶단다. 그래서 내가 두 가지가 궁금하다고 했다. 이 집에 한국인이 산다는 것을 어떻게 알았는가, 그리고 이곳은 정문을 통과하기 위해서는 누가 초대를 해야 하는데 어떻게 내 집까지 들어왔는가, 했더니 첫 번째 질문에는 답을 하지 않고 누가 정문으로 들어오는 것을 따라 들어왔다고 한다.

구제 불능의 선교열을 띠는 한국 기독교인들은, 한국인들이 별로 없는 내가 사는 곳까지 등장해서 누군가를 '구원'하고자 그 뜨거운 열정을 불사르고 있다. 건강하게 보이는 두 젊은 한국 청년들, 나는 이들에게 왜 내가 그러한 기독교를 거부하는지, 왜 구원이란 그렇게 주고받을 수 있는 교리문답의 문제가 아닌지, 당신들의 그 열정과 에너지를 이렇게 한국인들이 어디에 사는가를 탐색하고 방문하는 곳에 쓰는 것은 심각한 낭비이며, 당신들이 그토록 '사랑'하는 예수가 하라고 하는 무조건적 환대의 의미를 실천하는 데 관심을 갖는 것이 좋겠다는 이야기를 하고 싶다는 생각이 잠시 스쳤다. 그러나 이 두 한국인과 이러한 대화를 하기 위해서 내가 시간과 공간을 할애할 만큼 여유롭지 않음을 이내 상기하고서, "나는 이런 식의 방문을 환영하지 않습니다"라고 '선언'하니 얼른 "알겠습니다" 하고 떠났다. 그들의 돌아서는 뒷모습을 보며, 그들도 어찌 보면 이 제도화되고 교리화된 종교들이 양산해내고 있는 참으로 복합적인 문제의 '희생자'들이기도 하다는 생각이 들어서, 그들을 마냥 불쾌하게만 생각할 수가 없었다.

그들에게 상기시켜주고 싶은 성서 구절이 있다. "두려움과 떨림으로 당신 자신의 구원을 끊임없이 이루어내십시오. Work out your own salvation with fear and trembling."(빌립보서 2:12) 키에르케고르Kierkegoard의 책 제목, 《두려움과 떨림》이 나온 구절이다. '구원'에 대한 지독한 왜곡들을 만날 때마다, 그리고 그러한 왜곡이 오히려 자명한 진리로 통용되는 것을 볼 때마다, 나는 왠지 저편에서 예수의 슬픔 가득한 시선과 마주치는 것 같은 느낌을 받게 된다.

구원이란 특정한 종교에 소속되어 있다거나, 특정한 종교적 교리를 믿는다고 선언하고 암송하는 것으로 이루어지는 것이 아니다. 종교란 죽어서 천당에 가게 해주거나 모든 일을 잘 되게 하고 물질적 축복을 가져오게 하는 '구원 클럽'이 아니다. 적어도 이들이 내게 믿으라고 권하는 '예수'에게서 구원이란, 타자에 대한 책임성·환대·사랑의 실천에 관한 것이다. 이 점에서 볼 때 자크 데리다가, "종교란 책임성이다. 그렇지 않다면 아무것도 아니다"라고 한 말은 사실상 예수가 자신의 삶과 가르침으로 가장 분명하게 제시한 구원의 단서를 가장 잘 표현했다고 나는 본다.

'함께 읽는 기쁨'이란

일주일 동안 아파서 주로 침대 생활을 하던 시간에, 나는 '저 밖 강가에서 떠오르는 해를 보고 싶다'는 생각을 줄곧 했다. 지척에 있는 강가에서 해가 뜨는 것을 본 적이 거의 없다는 사실이 침대에 누워서 생각나다니…. 전형적인 '올빼미형 인간'이니, 해가 지는 것은 자주 보지만 해가 뜨는 것을 본 경우는 별로 기억에 없다. 예상치 않았던 아픔이 손님처럼 찾아와 일상적인 것들과 돌연히 차단되니, 무엇이 나의 일상성 속에서 '부재'하고 있었던가 생각하게 된 것 같다.

나는 침대에 누워서야 이 '떠오르는 해'가 나의 삶에 없었다는 그 '부재'를 비로소 느끼게 된 것이다. 그래서 침상을 벗어나서 하기 시작한 것은, 해 뜨는 시간 이십 분 전에 일어나서 이십

분 동안 나갈 준비를 하고서, 해 뜨는 시간에 자전거를 타고 강가로 나가는 것이었다.

하루의 시작을 단호히 선언하는 떠오르는 해. 참으로 장엄하고, 엄숙하고, 아름답다. 이 떠오르는 해를 맞이하는 강가의 아침은, 새로운 날의 시작이 지닌 그 '대체 불가능한 소중함'을 내게 일깨워준다. 인간의 태어남과 죽음처럼, 떠오르는 해는 그 '반복성'에도 불구하고 매번 '유일한 사건'이다.

최근 거의 하루도 빠짐없이 이 떠오르는 해를 맞이하러 아침 일찍 일어나는 나를 보는 게 나 자신도 놀랍다. 밤늦게까지 작업하곤 하니, 이제까지 오전 강의도 거의 맡지 않았었다. 한 달에 한 번 아침에 하는 교수회의에 가는 것도 힘들어했는데, 이 떠오르는 해를 보기 위해 아침 일찍 일어나는 나는 내게도 여전히 '낯선 나'이다. 이렇게 새로운 나와 만나면서, 매일 지나치며 보았지만 '보지 못한 것'을 오늘 보게 되었다.

강가의 한 벤치에 있는 조각상. 오늘은 자전거에서 내려 이 조각상 옆에 가만히 앉아보았다. 내려다보니 다음과 같은 것이 바닥에 새겨져 있다.

"함께 읽는 기쁨을 위하여 포트워스의 가족들에게 -레드 오크 서점, 2007년 6월 28일 **Given to the Families of Fort Worth for the Joys of Reading Together -Red Oak Books, June 28, 2007**"

함께 읽는 기쁨이라…. '책을 함께 읽는' 조각상 옆에 가만히 앉으니, 예상하지 못했던 포근함이 나를 감싼다. '함께' 책을 읽는다는 것이 이러한 포근함의 느낌을 주는 수도 있겠구나 하는 생각이 들었다. 내게 누군가와 '함께' 책을 읽은 경험이 있던가. 내게 책 읽기란 언제나 나 자신만의, 홀로의 내면적 여행이었지 책 밖의 세계에서 누군가와 '함께'한 여행이었던 적은 없던 것 같다. 그런데 이 가상의 동반자와 나란히 앉아서 '함께' 책을 읽는 것 같이 잠시 있다가 그의 얼굴을 바라보면서 문득 이런 생각이 들었다.

이 '함께'는 구체적인 사람이 반드시 필요한 것은 아니라는 것. '홀로' 떠나는 것 같은 내면적 여행으로서의 '읽기'란, 사실상 나의 삶의 여정에서 조우했던, 그리고 앞으로 조우할 무수한 이들과의 보이는 또는 보이지 않는 '함께 존재함'의 몸짓이라는 것. 결국 모든 '읽기'란 '함께 존재함'의 의미를 체현하기 위한 거라는 것. 새로운 의미의 '함께' 읽는 기쁨을 예상치 않게 생각하게 된 아침이다. 장 뤽 낭시 Jean-Luc Nancy의 말처럼 "존재 being"란 "함께 존재 being with"이며, 결국 "실존이란 함께 existence is with"이지 않은가.

어떤 모자母子 이야기

한국에 온 이후 웬일인지 아침 일찍 일어나고 있다. 오전에 수업을 거의 하지 않는 전형적인 '밤 인간'인 내게는 신기한 일이다. 살고 있는 아파트 근처에 자그마한 산을 둔 산책할 수 있는 공원이 있어서 이른 아침에 시간 날 때마다 산책을 하고 있다. 이 산책로에 갈 때마다 만나는 두 사람, 어머니와 아들. 나는 이들이 천천히 걷다가 멈춰 서서 피어 있는 꽃도 보고, 나무들도 올려다보며 두런두런 나누는 이야기를 스쳐 지나가며, 이들의 모습이 참 아름답다는 생각을 하곤 했다.

오늘 아침도 만난 이 두 사람, 오늘은 이 두 분께 말을 걸었다. 이제 곧 한국을 떠나니 이분들을 만나지 못하겠구나 하는 생각이 들어서. 나는 두 분이 이렇게 아침마다 함께 걷는 모습이 참 좋다고, 함께 사시느냐고, 할머님이 참 고우시다 등의 말로 이분들과 대화를 시작했다. 아들보다 할머니께서 적극적으로 대화에 응하신다. 한집에 사는 것은 아니고 아들이 자기 집 근처에 사는데, 회사 가기 전에 이렇게 아침마다 자기에게 와서 같이 산책을 한다고, 그래서 참 좋다며 고운 미소를 띠고 '자랑' 하신다. 나는 할머님께서 참으로 고운 얼굴을 하고 계시고, 웃으시는 모습이 멋지다고 했다. 나의 찬사에 할머니께서도 내게 "얼굴이 예쁘다, 곱다"며 이런 저런 '찬사'를 보내신다. 우리 두 사람은 서로가 '예쁜' 사람들이 되어 잠시 동안 즐거운 대화를 나누었다.

80대 중반이 되신다는 이분, 딸 · 며느리 · 어머니 · 할머니 · 여자 · 사람… 무수한 호칭으로 불리어왔을 이 한 사람의 '인간'이 하루의 시작을 숲속에서 시작하고 계신다. 우리의 "삶은 무수한 이야기로 가득 차 있지요. 그러나 그 이야기들을 쓰거나 말하지 않으면 모두 사라진답니다"라고 한 한나 아렌트의 말이 떠올라서, 아름답게 하루를 여는 한 '사람'의 이야기를 내가 대신 이 세상에 전한다.

지금도 73억 개의 각기 다른 '삶의 이야기'가 세계 곳곳에서 매 순간 펼쳐지고 있다. 나 · 우리는 오늘 어떠한 이야기들을 나 · 우리의 삶 속에 담을 것인가. 이 두 사람의 뒷모습이 전하는 '아름다운 이야기'가 내게 오늘의 삶의 에너지를 줬다.

삶의 패러독스, 절망과 희망 사이에서

밤새 천둥과 번개 그리고 폭풍이 몰아쳤다. 텍사스에서 10여 년이 넘게 살았는데, 밤새 이렇게 무서운 비바람 때문에 잠을 설친 날은 손가락으로 꼽을 정도이다. 텍사스 곳곳에서 집이 무너지고 사람이 죽거나 다친다는 뉴스를 보았으니, 내 집이라고 안전지대에 있는 것은 아니다. 요란한 소리의 천둥과 번개를 동반한 폭풍우가 휘몰아치는 밤을 지나고 가까스로 새벽녘에 잠이 든 것 같다. 그런데 아침에 눈을 뜨니 방 안 가득 햇살이 찬란한 것이 아닌가. 늘상 보던 햇살인데 이날 아침엔 기적처럼 느껴졌다.

칠흑 같은, 공포스러운 절망의 한가운데 있는 것만 같은 밤을 지내고 다시 찬란한 햇살을 보면서, 절망의 한가운데에서 꾸역꾸역 이 삶을 이어가야만 하는 무수한 이들의 얼굴이 떠올랐다. 신문에서 단지 '뉴스'로만 등장하는 자살하는 이들. 그 자살의 이유가 무엇이든 공포스럽고 암흑처럼 느껴지는 절망의 늪에서 더 이상 아무런 빛줄기를 볼 수 없다고 생각될 때, 사람들은 죽음을 택한다.

그런데 이 칠흑 같은 어두움의 저편에 한 자락의 햇살이 있을 것이라는 상상이라도 한다면, 또한 절망과 희망은 반대말이 아니라 서로 함께 엉클어져서 춤을 추고 있는 것이라는 이 삶의 패러독스를 끌어안을 수 있다면, 두 축 사이에서 춤을 추며 이 주어진 삶을 선물처럼 살아낼 수 있지 않을까.

사무엘 베케트Samuel Beckett의 《고도를 기다리며》는 "아무것도 된 일이라곤 없어Nothing to be done"라는 말로 시작된다. 어느 시골길 나무 밑에서 고도Godot를 하염없이 기다리는 디디라고 불리는 블라디미르와 고고라고 불리는 에스트라곤. 이들은 고도가 누구인지, 왜 그리고 언제부터 그들이 고도를 기다리고 있었는지 알려고 하지도 않는다. 그저 막연히, 무작정 기다릴 뿐이다. '끝없는 기다림' 자체가 그들의 일상적 삶의 목표가 되어버린 것이다. 그러다 그토록 기다리던 고도는 결국 오지 않을 것이라는 것을 알아채고 절망하여 자살이라도 하려 하지만, 그나마 용기가 없어서 자살도 못 한다. 결국 디디와 고고는 "이제 떠나자Let's go"라고 말은 하지만 조금도 움직이지 못하고 그 나무 밑에 여전히 머물고 있는 소심한 모습을 보인다.

이 《고도를 기다리며》는 우리의 삶과 닮아 있다. 고도와 같은 무엇인가 나의 삶에 의미를 주는 것을 나 밖의 외적 세계에서만 찾으려고 하는 성향이 대부분의 인간에게 있기 때문이다. 그 고도가 신이든 직업적 성공이든 물질적 부유함이든, 우리는 이유도 모른 채 이 삶의 의미가 마치 외부에서 주어지는 고도를 기다리기만 하면 충족되는 것처럼 그 어떤 것이 나타나기만을 기다리고 있곤 한다. 그러나 이제 그러한 삶의 방식을 넘어 외부에서 찾아올 '고도'를 기다릴 것이 아니라, 단호히 '기다림의 나무 밑'을 떠나 절망과 희망 사이에서 춤추기를 연습해야 하지 않을까.

나는 '모든 것이 잘 될 거야'라는 상투적인 희망의 약속이나 위로의 말이 어떤 상황에서는 오히려 고문처럼 느껴질 수도 있다고 생각한다. 인간의 삶에서 그렇게 결국에는 모든 것이 잘 되는 '장밋빛 인생'은 없기 때문이다. 그러나 암흑처럼 느껴지는 절망의 터널만이 존재하는 것은 아님을 인지하는 것, 그 암흑을 바라보는 '나'가 가느다란 햇살을 만들어내어 암흑과 햇살 두 축 사이에서 춤추기를 연습하는 것, 그것이 살아 있음에 대하여 우리가 가져야 하는 엄숙한 과제인지 모른다. 그러다 보면 언젠가 우리는 우리 자신 속에서 돌연히 '고도'와 마주하게 되지 않을까.

프라하의 예수, 카프카 그리고 노숙인들

한 도시는 수천수만의 얼굴을 지니고 있다. 그 무수한 얼굴과 조금씩이라도 만나기 위해서 우선 우리는 여행 잡지가 보여주는 도시의 이미지들을 '지우는 작업unlearning·delearning'부터 해야 한다. 여행 잡지는 한 도시 속에서 살아가고 있는 다양한 사람들의 일상적 모습이라든지 그 도시가 지닌 복합적인 모습을 드러내지 않고, 그 도시를 정형화하고 단일화하고 총체화하고 낭만화한다. 특히 유명한 관광지로서의 명성을 지닌 도시는 이러한 정형화·단일화·총체화·낭만화의 전형적인 대상이다.

내가 프라하에 간다고 하니 대부분의 사람들이 가장 먼저 하는 말이 "낭만적인 도시"라는 표현이었다. 그런데 과연 "낭만적인 도시"는 존재하는 것일까? 나는 인간이 살아가고 있는 한 장소·공간 중에 전적으로 '낭만적인 곳'은 존재하지 않는다고 본다. 특히 세계화의 다양한 문제들과 연계되어 있는 이 21세기의 도시에서 순수한 "낭만적인 도시"가 존재하는 것은 더욱더 불가능해졌다. 사실상 인간이 살아가고 있는 공간에 대한 낭만화는 그 장소·공간의 진정한 모습을 왜곡시킴으로써 위험하기까지 하다.

그것이 사람과의 관계에 적용되든, 한 장소나 공간에 적용되든 낭만화의 위험성은 '어두운 이면'을 보지 않으려는 성향에 있다. 예를 들어 낭만화된 관계 속에서는 딜레마·패러독스·아이러니·한계 또는 회의적 측면들이 들어설 자리가 없음으로 해서, 인간의 다양하고 복합적이고 상충적이기까지 한 모습들은 부인되고 외면된다. 결과적으로 낭만적으로만 이해된 관계는 인간관계의 밝은 면뿐 아니라 어두운 면까지 끌어안고 나아갈 수 있는 '성숙한 관계'로 진행되기 어렵다.

내가 로마나 프라하와 같은 소위 '유명한' 여행지가 되어버린 도시를 방문할 때마다 느끼는 것은, 대부분의 이러한 도시가 (예외적인 몇 도시를 제외하고서) 현재가 지닌 긴급한 이슈들이나 다양한 모습들과 치열하게 연계되어 살아 숨 쉬지 못하고 '낭만화되고 총체화된 과거' 속에 박제화되고 있다는 것, 그래서 정작 그 도시 안에서 살아가는 사람들의 다양하고 복합적인 얼굴과 그들 삶의 이면을 보지 못하게 하는 것이다.

프라하에서 예수나 기독교 성인들은 철저히 상업화되고 박제화되어 있다. 프라하의 가장 유명한 명소 중 하나라고 일컬어지는 카를교 근처에 있는 관광정보센터 입구에 들어서자마자 모든 관광객을 '맞이하고' 있는 십자가 위 예수의 모습과 마주하며 나는 아득한 느낌을 받았다. 예수와 전혀 상관없는 예수가 다양한 방식으로 상업화되고 박제화됨으로써 '예수가 부재한' 공간이 되어버리고 있었다. 기독교의 다양한 인물들도 카를교 위의 무수한 동상들 속에서, 그리고 프라하 시내 곳곳에서 박제화되고 상업화되어 있었다. 프라하의 프란츠 카프카Franz Kafka는 관광 선물가게에서 자본주의화된 모습으로 '상품화'되어 프라하 속의 한 부분으로 자리 잡고 있었다.

동일한 도시에 갔다고 해서 그곳에 가는 사람들이 동일한 것을 보는 것은 결코 아니다. 그것은 똑같은 책을 읽었어도 사람들이 각기 다른 개념과 의미를 찾아내는 것과 같다. 우리 각자가 지닌 '사물을 보는 시선'에 따라서 우리는 각기 다른 것들을 보며, 각기 다른 의미를 부여한다.

내가 프라하에서 '본 것'은 상업화된 예수, 상업화된 카프카이다. 또한 "낭만적인 도시" 프라하도 여전히 세계의 모든 대도시가 지닌 문제들을 고스란히 지니고 있다는 점이다. 카를교에서 다양한 모습으로 구걸을 하는 이들, 한 작은 공원에 모여 있거나 대낮에 거리의 한 귀퉁이에 서서 술을 마시고 있는 노숙인들, 그리고 관광객들이 쏟아내는 쓰레기를 치우느라 돌아다니는 청소부들. 이들은 화려한 여행 잡지 속에는 등장하지 않는 이들이다. 그러나 구체적으로 한 도시가 대면해야 할 어두운 측면이고, 외면하지 말아야 할 우리 모두의 자화상이기도 하다.

인간이 모여 사는 도시 가운데 그 어디에도 '낭만적'인 곳이란 없다. 또한 소위 '지역적인 것local'과 '세계적인 것global'은 얽히고설켜 있으며, 자본주의화된 고도의 상업주의는 인간의 다양한 모습을 치밀하게 상품화하고 총체화해서 개별 인간이 지닌 고유하고 다양한 모습을 은밀하게 '비정상적인 것'으로 배제시킨다. 글로컬Glocal적인 관점으로 이 세계 곳곳에 있는 장소와 공간을 새롭게 보는 방식이 참으로 긴급하게 필요하다는 것을 프라하에서 다시 느꼈다.

우리가 만나는 사람·공간·책 속에서 우리는 무엇을 보는가, 또는 누가·무엇이 보이는가, 그리고 어떠한 의미들을 창출해 가는가, 하는 물음들은 사실상 '나는 누구인가'라는 물음과 깊숙이 연결되어 있는 것이리라.

시청 앞 광장, 들꽃 같은 이들

2016년 겨울 한국을 방문했을 때, 시청 앞 광장에서 있었던 두 번의 대규모 시위에 참여했다. 무수한 이름 모를 사람들의 물결 속에 있으면서 내게 든 생각은 '들꽃'이었다. 시청 앞 광장을 가득 메운 무수한 이름 없는 얼굴들 속에서 들판에 가득한 들꽃들이 주는, 표현하기 어려움 감동을 느꼈기 때문이다.

꽃에 이름을 붙이는 것은 철저히 인간중심적인 관점에서 하는 행위다. 그 이름은 꽃 자체의 본질과는 전혀 상관이 없고, 꽃 자신도 인식하지 못한다. 그런데 꽃에 이름을 붙이는 우리 인간의 행위는 분류를 위해 필요한 것일 수도 있지만, 동시에 문제를 만들어내고 있다는 점에서 딜레마를 양산하고 있다. 꽃에 이름 붙이는 행위 자체가 아니라, 그 행위에 의한 결과가 문제라는 것이다.

문제 중의 하나는 자본주의화된 가치로 꽃들 사이의 위계주의를 끊임없이 재생산한다는 점이다. 인간세계의 위계 구조와 자본주의적 가치 구조를 인간이 그대로 꽃들에게 전이시킨다. 예를 들어 장미·튤립·백합·국화 등의 이름이 붙여진 꽃은 돈을 주고 사야 하지만, 총칭 '들꽃'이라고 불리는 이름 없는 꽃은 꽃들의 세계에서 맨 하위층에 있어서 돈을 주고 사고팔지를 않는다. 이름 있는 꽃은 꽃의 세계에서 '상류층'에 속하지만, 이름 없는 들꽃들은 '하류층'에 속한다. 비싸게 돈을 주고 산 장미꽃을 한 다발 선물 받는 것과, 돈을 주고 사지 않는 들꽃을 한 묶음 선물 받는 것에 사람들이 동일하게 반응하는 것을 기대하기란 쉽지 않은 일이 된다. 꽃과 같이 사람도 이렇게 자본주의화되어 그 가치의 위계가 구성된다.

나는 시청 앞 광장에 모인 사람들을 한참 동안 바라보며, '들꽃과 같은 사람들'을 떠올렸다. 화려한 이름이 붙여져 있는 것도 아니고 누군가에게 그 외적인 아름다움이 칭송을 받는 것도 아니지만, 가만히 접근했을 때 자신의 공간에서 소우주를 담고 있는 들꽃과 같은 이들. 그 은은한 아름다움과 진정성, 그리고 그 어느 상황에서도 인간의 얼굴을 잃지 않는 이들. 자신을 전혀 과장하지 않으면서도, 다가가는 이들에게 진·선·미의 세계를 느끼게 하는 이들.

우리 대부분은 '화려한 이름'에 집착하는 순간, 자신의 가장 소중한 진정성을 상실하기 시작한다. 외적으로 화려한 이름이 아니라 타자에 대한 따스한 시선과 함께함의 세계를 갈망하고, 가꾸고, 소중하게 생각하는 이들. 사실은 이렇게 이름 없는 들꽃과 같은 이들이 우리의 세상을 밝혀주는 이들이 아닌가. 들꽃 같은 사람들의 존재가 우리 삶의 유한성과 공허성, 그리고 지독한 문제와 딜레마를 넘어서게 하는 가느다란 햇살을 비추어 주는 것이리라.

탈일상성의 공간, 공항에서

'비행기를 탄다'는 행위는 절대적인 불확실성의 시간과 공간 속에 자신의 존재를 저당 잡히는 것과 같다. 전적으로 통제 불가능한 영역 속에 '나를 맡기는 예식'을 하는 마음으로 비행기를 타곤 한다. 마치 매 순간순간이 내게 주어진 마지막 기회처럼 절실하게 느껴지곤 해서, 언제부터인가 나는 공항에 들어서는 순간부터 내 '존재 방식 mode of existence'에 급격한 전환이 생기는 것 같은 경험을 하는 것이다. '비행기를 탄다'는 행위에 대한 나의 생각이 바뀌기 시작하니 그것에 대한 나의 경험도 바뀌기 시작했다.

이 점에서 공항은 매우 흥미로운 공간이다. 출발과 도착 사이에 있는 '사이 공간 liminal space'이기도 하고, 일상적 삶으로부터 벗어나는 '탈일상성의 공간'이기도 하기 때문이다. 출발지와 도착지가 분명한 것 같지만, 출발이 곧 도착을 보장하는 것은 아니다. 불확실성 속에서 살아가는 인간의 삶의 조건 속에서 사실상 그 어느 것도 '보장'되는 것은 없다. 이 점에서 공항은 출발과 도착 사이의 긴장 관계 속에 있다.

공항은 또한 공적 환대와 적대가 어떻게 작동되고 있는가를 경험하는 공간이기도 하다. 내가 누구인가를 증명해내야 하는 여권 등 다양한 증명서를 통해서 내가 '환대의 대상'이 될 것인가 아니면 '적대의 대상'이 될 것인가가 국가권력 기구에 의하여 결정되는 '권력의 공간'이기도 하다. 한 사람의 피부색, 국적, 또는 육체 조건 등으로 잠재적 범죄자로 취급될 것인가 아닌가도 권력을 행사하는 사람들에 의하여 결정된다. 공항은 이 점에서 어느 나라를 방문하든 입국 비자를 받을 필요가 없는 '강한 패스포트strong passport'와 모든 나라의 허가를 받아야 하는 '약한 패스포트weak passport'가 사람들을 분류하는 '정치적 공간'이다. 나의 출발이나 도착이 타자에 의하여 거부되든가 용납되는 '공적 환대와 적대의 사이 공간'이 바로 공항인 것이다.

어딘가를 향해 떠난다는 것은 탈일상화가 일어나는 사건이다. 공항은 이러한 의미에서 '탈일상성의 공간'이기도 하다. 나의 일상성의 공간을 떠나 다른 공간으로 이동하는 '사이 공간'에서, 우리의 살아감이란 사실상 무수한 떠남과 도달함, 이별과 만남이 얽히고설키면서 이루어지고 있다는 것을 다시 상기한다. '탈일상성의 공간'으로서의 공항은 이렇게 익숙한 일상의 공간에서 묻지 않았던 근원적인 물음들과 다시 조우하게 하기도 한다.

우리의 살아감이란 이렇게 '길 위에' 있는 것이다. 불필요한 집착들을 끊임없이 놓아버리는 연습을 해야 한다는 것, '길 위의 삶'을 상징하는 공항에서 다시 생각하게 된다.

왜 '쓰기'를 하는가

사람들은 왜 쓰는 것일까. 다양한 양태의 수많은 글이 매 순간 쏟아지고 있는 세계에 우리는 살고 있다. 글을 쓰는 데는 사람마다 각기 다른 이유가 있을 것이며, 자신이 쓴 글이 각기 다른 결로 자기 삶의 여정에 자리 잡게 될 것이다. 내가 이 글을 쓰는 순간에도, 세계 곳곳에서는 무수한 이들이 갖가지 언어로 각양각색의 글쓰기를 하고 있다.

여러 종류의 글쓰기를 하는 것이 내가 하는 중요한 일 중의 하나이다. 그런데 나에게 '쓰기'란 무엇인가. 그리고 왜 이 '쓰기'를 하지 못하는 날이면 깊은 갈증과 허기를 느끼는 것인가를 다시 생각해본다.

'읽기'와 마찬가지로 '쓰기'란 정황적이며 자서전적이라는 두 가지 요소를 지닌다. 물론 어떠한 종류의 글인가에 따라서 쓰기의 시작점과 도착점은 다르겠지만, 쓰기란 언제나 특정한 정황에서 이루어지며 그 정황과 연계하게 된다. 동시에 쓰기에 대한 갈망은 자신의 삶을 들여다보고 자신과 대화를 하는 과정이라는 점에서 자서전적이다. 각기 다른 주제의 글쓰기란 각기 다른 '나'들이 호명되는 과정이다. 글쓰기란 이런 점에서 언제나 '사건event'이다. 특정한 주제의 글에 대하여 계획하고 구체적인 기획을 하지만, 글을 쓰는 공간에 들어서면 예상하지 않았던 에너지와 상상력이 작동되면서 '기획 너머', '예상 너머'의 글들이 생성된다. 그렇기에 동일한 주제로 글을 쓴다고 해도 각기 다른 시공간에서 동일한 글이 나오는 것은 불가능하다. 그 '대체 불가능성'과 '반복 불가능성'이라는 특성을 지니고 있다는 점에서 여타의 글쓰기란 하나의 '사건'인 것이다.

나의 지인의 쓰기가 나에게 읽히면서 또 다른 쓰기를 낳고 있다. 이런 정황에서는, 그 누구도 자신의 글에 대한 '절대적 저자권authorship'을 주장할 수 없다는 어느 철학자의 말이 시사하는 바가 크다. 하나의 쓰기는 또 다른 쓰기를 낳는 것이 아닌가. 나는 지금 쓰고 있는 글의 '저자'이기도 하면서, 동시에 '절대적 저자'가 아닌 셈이다. 쓰기란 다양한 방식으로 쓰기의 릴레이 속에서 이루어지고 있기 때문이다. 저자권의 패러독스라고 할까.

내 서재에 있는 보드에 쓰기에 대하여 다음과 같은 것을 붙여 놓았다.

> "I write to give meaning to my life."
> 나는 나의 삶에 의미를 부여하기 위하여 쓰기를 한다.
>
> "My meaning in life is bound up with my writing."
> 내 삶의 의미는 나의 쓰기와 굳건히 연결되어 있다.
>
> "I write my meaning."
> 나는 나의 의미를 쓴다.

말하기와 쓰기는 인간이 타자와 의사소통하는 데 가장 중요한 두 가지 통로이다(물론 만지기 touching와 바라보기 gaze가 가장 보편적인 타자 인식 방식이라는 것에 나는 전적으로 동의한다). 쓰기를 하는 것, 내게는 자신의 삶에서 의미를 끊임없이 창출하고, 발명하고, 만들어가기 위한 씨름이다. 그리고 무엇보다도 나 자신, 또한 다른 동료 인간들과 소통하고자 하는 소통에의 열정이다.

오늘도 쓰기를 나의 삶을 동반하는 친구로 맞이한다.

'함께 실존'은 인식에 선행한다

육체적 아픔이란 육체만의 사건이 아니다. 육체적으로 아픔을 경험하는 사람은 정신적 아픔의 사건과도 마주해야 한다. 반대로 정신적 아픔이 육체적 아픔을 낳기도 한다. 그런데 육체와 정신의 분리 불가능한 관계가 특정한 철학적·종교적 담론들에서 마치 분리해야 하는 것처럼, 또는 분리 가능한 것으로 왜곡되어 이해되곤 했다. 위험한, 때로는 파괴적이기까지 한 이분법적 사유의 전형이다. 인간의 육체성physicality과 정신성metaphysicality은 서로 분리할 수 없이 얽혀있는 관계 속에서 우리의 일상적 삶을 이어가게 한다는 것을, 특히 아픔의 경험과 마주하면 더욱 분명하게 인식하게 된다.

그뿐인가. 나의 존재가 타자의 존재와 '구분'됨에도 불구하고 결국 분리 불가능하다는 것을 인식하는 것, 즉 장 뤽 낭시의 말처럼 나의 실존이란 언제나 '함께 실존co-existence'임을 아픔의 순간들에 더욱 절절히 느끼게 된다.

아침에 강가를 걸었다. 이렇게 걸을 수 있다는 것에 새삼 감격을 느끼는 것은 최근 경험하고 있는 육체적 아픔 때문이다. 침대에 누워서 참으로 그리웠던 것은 햇살·하늘·물·나무들을 느끼며 이 강가를 걷는 것이었다. 그러다 드디어 나의 집 뒤에 있는 강가를 걸었다. 그런데 강가에서 만난 새들이 '함께 실존'의 의미를 돌연히 가져다주고 있는 것 아닌가. 늘 당연하게 여기고 있던, 그래서 존재하지만 보이지 않는 존재들이 당당하게 자신들의 존재를, 그리고 나의 삶이 어떻게 그들과 연계되어 있는가를 조용히, 그러나 강렬하게 상기시키고 있었다.

사람 생명, 동물 생명, 자연 생명과의 '함께 존재'란 단순히 낭만적인 구호가 아니다. 치열한 사회정치적 구상이며 매우 모험적인 정치적 행위인 것이다. 이 새들은 자신들이 내게 이렇게 '함께 실존'의 과제를 상기시켜주었다는 것을 전혀 알지 못할 것이다. 우리의 '인식·앎·인지'보다 이미 '함께 존재'하고 있으며, '함께 생존'해야 하는 것이 더 선행한다는 것을 또한 이 새들이 내게 상기시킨다.

사르트르Jean Paul Sartre는 "실존은 본질에 선행한다Existence

precedes essence"라고 했다. 그런데 나는 "'함께 실존'은 인식에 선행한다 Co-existence precedes episteme"라고 한다.

따스함이 필요한 존재들

'장소place'는 고정되어 있지만 '공간space'은 언제나 새롭게 창출되고 의미 부여가 이루어지면서 형성된다. 그렇기에 동일한 장소에 있다고 해도 사람들은 저마다 각기 다른 공간을 만들어내는 것이다. 짧은 일정으로 뉴욕에 머무는 동안, 틈새 시간에 두어 시간 걸었던 센트럴파크의 모습이 이런저런 마감일로 가득 찬 주말을 보내면서도 마음 한구석에 강하게 자리 잡았다. 뉴욕에 무수히 갔었지만, 이번에 처음으로 센트럴파크 안에 재클린 케네디 오나시스라는 이름이 붙여진 저수지를 한 바퀴 걸었다. 걸으며 비로소 분명하게 내 시야에 들어온 것은 참으로 각기 다른 사람들의 얼굴과 뒷모습들이다.

어떤 이들에게 이 공원과 저수지는 절망과 슬픔의 공간이기도 할 것이고, 고독의 공간이기도 할 것이며, 사랑의 공간이기도 할 것이다. 또는 알 수 없는 미래를 담고 있는 희망의 공간 또는 불확실성의 공간이기도 할 것이다. 그런데 다양한 이들의 각기 다른 뒷모습을 보면서 피부색, 성별, 몸의 생김새, 나이 등이 참으로 다른 우리 인간이 지니고 있는 공통점 하나가 있다는 생각이 들었다. 우리 모두 '따스함'을 느끼고 확인하며 살아가고 싶어 하는 존재라는 것.

무의미한 듯한 장소를 '유의미의 공간'으로 만드는 것은 바로 자기 자신이며, 또한 자신과 연결된 가까운 타자, 그리고 먼 타자들이다. 다양한 색채의 따스함 한 자락을 자신, 그리고 타자들과 나눌 수 있는 것. 우리 각자의 인간됨을 상실하지 않고 지켜내게 하는 보루인지 모른다.

그 따스함의 정체가 무엇이며 어디에서 오는 것이든 이 유한한 삶의 여정에서 자신의 온 존재가 따스함을 느낄 수 있는 순간의 경험들glimpse experience이라도 할 수 있다면, 이 대도시 한가운데에서 모든 이들을 끌어안으며 기다리고 있는 듯한 저수지처럼 지독한 절망감이나 외로움을 끌어안으며, 여전히 살아 있음을 선물처럼 느낄 수 있는 용기를 가질 수 있지 않을까.

치열함이 내미는 손길

내가 누군가에게 가슴 울리는 아름다움을 느끼는 경우는, 지순한 '치열함'의 세계를 보여주는 이를 만날 때이다.

텍사스의 대학으로 온 지 3년째 되던 해인 2009년에, 내가 가르치는 대학이 있는 도시인 포트워스에서 열리곤 하는 〈밴 클라이번 피아노 경연대회〉에 한 맹인 피아니스트가 참가하고 있다는 이야기를 들었다. 그 대회가 열리는 기간에 내가 있는 대학교의 음대 연주홀에서는 대회에 참가하는 이들의 연주를 들을 수 있는 시간을 마련하곤 한다. 나는 '맹인 아시아인 피아니스트'라는, 내 마음에는 별로 들지 않는 표제어로 기사가 났던 그 연주자의 연주를 꼭 듣고 싶었는데, 스케줄이 안 맞아서 그만 들을 기회를 놓쳤다. 세계적으로 이름난 이 〈밴 클라이번

피아노 경연대회〉에서 우승을 한 이가 바로 그 '맹인 아시아인' 노부유키 츠지Nobuyuki Tsujii라는 것을 알게 된 건 그 이후였다. 나는 그의 연주를 유튜브에서 찾아서 한참 동안 감상했다. 두 눈이 보이지 않는다고 하지만 마치 매 손가락에 눈이 있는 듯, 그의 연주는 피아노 건반을 열정적으로 오가며 심오하고 아름다운 세계를 치열하게 창출하고 있었다.

역사교과서의 국정화, '공산주의자' 이름 붙이기에 혈안이 된 소위 사회 인사, 그리고 국민을 국가의 주체로서가 아니라 여전히 계몽의 대상으로만 보는 여러 가지 정책들, 이 무렵 한국에서 들려오는 소식을 들으며 마음이 착잡했다. 도대체 한국의 '변화'란 어떻게, 얼마만큼 가능한 것일까…. 그런데 '치열함'으로 자신의 온 존재를 예술의 세계에 던지고 있는 아름다움과 만나며, 나는 또 한 번 그 어두움의 언덕을 넘어섰다.

이토록 치열하게 자기 존재를 저 아름다운 언어 너머의 세계에 쏟아부을 수 있는 게 가능하다면, 인간이 만들어내는 갖가지 추함과 폭력과 왜곡이 난무하는 세상일지라도, 그래도 살아볼 만한 삶이 아닐까. 이 치열한 '언어 너머 언어의 세계'에서 인간은 그 추함의 허물을 잠시라도 벗어던져버리고 있는 것이다. 침울함과 착잡함으로부터 헤어 나올 수 있도록 하는 구원의 손길을, 이렇게 예상치 않은 곳에서 조우하게도 된다.

소통 부재 속의 소통

뉴욕 지하철역에서 지하철을 기다리고 있는데, 수십 년은 더 되었을 것으로 보이는 의자가 나의 눈을 강하게 사로잡았다. 의자는 마치 현대인의 고독한 삶을 그대로 드러내고 있는 듯하였기 때문이다. 누군가와 '함께' 동일한 목적으로 앉아 있지만, 서로 간의 '접촉'은 금지되는 의자였다. 긴 나무 의자 앉는 자리에 대여섯 개의 칸막이를 해놓아서, 칸막이에 따라 고정된 수의 사람들만이 앉을 수 있도록 제작되었다. 같은 공간에 존재하고 있지만 그 어떤 부딪힘도 불가능하도록 만들어진 의자. 우리는 이러한 '견고한 경계'들을 편하고 안전하게 느끼는 삶의 방식 속으로 언제부터인가 들어와버렸다.

그런데 '부딪힘'과 '부담' 없이 관계가 가능한 것일까. '관계

맺음'이란, 이 칸막이와 같은 분명한 경계를 허물어야 하는 것이다. 고정된 경계를 넘어서는 것은 '불확실성'을 끌어안는 삶을 수용해야 함을 의미한다. 다양한 방식으로 도처에서 이렇게 칸막이로 분명한 경계를 긋는 현대의 삶이란, 누군가와 함께 있어도 함께 있지 않다. 진정한 '함께 있음'이 불가능한 것만 같은 시대를 우리는 살아가고 있는 것이다.

휴일 저녁 한가한 시간에 드문드문 오는 지하철을 십오 분여 기다리면서 눈을 돌려 건너편을 보니 다른 세계가 펼쳐져 있다. 수화를 하고 있는 두 사람. 그들은 우리와 같이 들을 수 있는 사람들과는 달리 참 열정적으로 소통하고 있었다. 스마트폰을 들여다보느라 정작 함께 있는 사람의 얼굴이나 눈조차 보지 않으며 피상적인 소통을 하고 있는 보통의 현대인들과는 달리, 들을 수 없는 그들은 서로 소통하기 위해 서로의 눈과 얼굴과 몸을 끊임없이 열정적으로 바라보고 느껴야 한다.

그래서일까. 그들의 소통 방식이 자아내고 있는 분위기에서 곳곳에 부재한 소통에 대한 열정이 가득한 것처럼 느꼈다. 이편에서도 감지할 수 있을 것 같은, 저편에서 소리 없지만 열정적인 의사소통을 하고 있는 이들, 이들이 이 세계를 아직도 살 만한 곳으로 유지하는 기반을 만들어가는 데에 일조하고 있을 것이다. 그들은 내가 멀리에서 그들을 향해 미소 짓고 있었다는 것을 꿈에도 모를 것이다.

뉴욕 한가운데서 만나는 세계들

하나의 거대한 도시는 이 세계의 축소판이다. 뉴욕에 올 때마다 뉴욕은 내게 이 세계가 지니고 있는 갖가지 모습을 생각하게 만든다. 수많은 나라에 가보았지만 뉴욕처럼 이 세계에서 살아가고 있는 사람들의 갖가지 모습을 골고루 보여주는 곳을 아직 만나지 못했다.

이 세계가 지닌, 또는 인간이 지닌 아름다움과 추함, 밝음과 어두움, 극도의 풍요와 빈곤, 자유와 구속, 창조적 예술과 반복적 일상, 자본주의화된 상업주의와 탈자본주의적 갈망과 열정. 이 모든 역설이 그 경계가 모호한 채로 공존하고 있다. 지독히 상충적인 것으로 보이는 것들이 묘하게 공존하고 있는 아이러니의 공간을 뉴욕은 곳곳에서 내게 보여준다.

거의 완벽한 전문성을 느끼게 하는 무수한 뮤지컬이 매일 공연되고, 거대한 빌딩들 한 가운데에 자리 잡고 있는 센트럴파크는 아름드리나무와 호수, 푸른 초원 안에 놓인 벤치와 산책길로 만들어내는 그 풍성한 공간들로 사람들을 끊임없이 끌어들이고 있다. 도시 곳곳에는 노숙인들과 방황하는 이들이 공존한다. 수많은 박물관·미술관은 예술·전쟁·폭력·약탈의 역사를 드러내고 있다.

같은 공간에 있다고 해서 모든 사람들이 동일한 사물을 보는 것은 아니다. 무엇인가를 '본다'는 행위는 그저 자동으로 생기는 것이 아니라 언제나 형성되고, 의도적으로 교육되기도 하고, 재구성되기도 한다. 그래서 한 사람의 '보는 방식mode of seeing'은 끊임없이 비판적 자기 점검을 필요로 한다.

뉴욕의 센트럴파크에서 만난 기타 치는 거리의 악사, 월스트리트가 주변을 맴돌고 있는 노숙인의 뒷모습, 많은 사람들이 자신의 삶을 즐겁고 행복하게 꾸며나가는 것 같이 보이는 센트럴파크의 광경들. 메트로폴리탄 미술관과 구겐하임 미술관은 우리 삶에서 보이는, 또는 보이지 않는 상충적 역설을 가득 담고서, 이 공간을 스쳐 지나가고 있는 이들에게 이 세계가 씨름하고 있는 무수한 질문을 던지고 있다.

어느 신부님 이야기

한국에 올 때마다 만나곤 하는 신부님이 계시다. 그분은 고무신을 주로 신으시고, 남들이 가기 꺼려하는 백령도·덕적도 등에 주임신부로 자원하여 가시기도 하며, 백령도에 계시는 동안 시집을 내시기도 했다. '개신교 학자'이며 '여자'이기까지 한 나를 주일 자신의 성당에 초청하여 강연을 하게도 하시고, 공식 강론 시간에 여성들도 사제가 될 수 있도록 해야 한다고 말씀하시는 멋진 신부님이시다. 한번은 그 지역 신부님들의 모임에 나를 초청하여 신부님 대상으로 강연을 하게도 주선하셨다(추측컨대 '개신교 여자 학자'를 초청하여 신부님들 모임에서 강연하게 한 이러한 일은 그 교구에서 전무후무한 '사건'일 것이다). 천주교 정의구현사제단에서 적극적으로 활동하시고, 모 신문에 칼럼을 연재하시기도 했다.

한번은 신부님의 짧은 산행에 동행한 적이 있는데, 그때 딱 한 번 초대하신 후에 다시는 안 하신다. 말씀은 안 하시지만, 나의 '몸 실력'에 적이 실망을 하시고는 산행 초대는 적절하지 않다고 판단하셨는가 보다. 산티아고도 다녀오시고 네팔에서 산행도 하셨던 분이니, 조금만 산길이 가팔라도 숨차서 몇 번을 쉬어야 하는 나를 보시고 얼마나 불쌍하게(?) 생각하셨을까. 불쑥 소식을 주셨을 때, 나는 이제 몸 실력을 잘 쌓고 있기 때문에 다음에 한국에 가면 산행을 할 실력이 될지 모른다고 인사를 전했는데, 별로 믿으시는 눈치가 아니었다. 산행을 하는 월요일에 만나자고 하셔야 하는데, 화요일이나 수요일이라고만 하시는 것을 보고 속으로 눈치챘다.

처음이자 마지막 산행 초대 이후, 신부님은 내가 한국에 나올 때마다 자신의 사제관으로 식사 초대를 하신다. 주임신부, 보좌신부, 그리고 신부님의 식사를 담당하시는 정식 직원이신 아주머니께서 식탁에 합석하신다. 내가 처음 속으로 놀랐던 것은 어느 집이든 그 집안의 주인·가장이 앉곤 하는 테이블의 상석에 신부님이 아닌 식사 담당하시는 직원(신부님께서 이렇게 정식 직원이라고 소개하신다)께서 앉으신다는 것이다. 더 놀라운 것은 그분이 처음 식사부터 과일과 커피로 이어지는 식사 시간 내내 끝까지 합석하셔서 함께 대화에 참여하신다는 것이다. 커피는 보좌신부님 담당인 듯, 매우 익숙하게 드립 커피를 적절한 타이밍에 맞추어 만들어오신다.

반찬 하나하나에 온갖 정성이 깃든 음식은 도무지 남기거나 버릴 수 없다. 내가 한국에 올 때마다 '화려한 성찬'으로 호사시켜주시는 신부님. 이 H 신부님은 수천 명 신자의 직책이 어떠하든지 모두가 신부님과 '맞먹게' 대하도록 하신다. 대충 서로 반말이어서 누가 신부인지, 누가 일하러 오신 분인지, 누가 신자인지 밖에서 온 사람은 도무지 알아차리지 못할 것이다. '교회의 일치'만이 아니라 '인간의 일치'라는 광의의 에큐메니즘° 이 무엇인지 몸으로, 삶으로 보이시는 분이다.

유학을 끝내고 한국에 돌아왔을 때 수녀님들 대상 수업을 여러 학기 가르친 적이 있었는데, 그때 만나게 되어 알기 시작한 신부님은 그 누구보다도 열렬한 변함없는 나의 지지자시다. 내가 한국의 대학에서 어려움을 겪을 때나 미국으로 갔을 때나, 언제나 변함없이 '무조건' 지지해주시고 내가 한국을 방문할 때마다 멋진 성찬을 내게 베푸신다.

내가 성찬을 대접받은 어느 날 생전 처음으로 SNS에 음식 사진을 올리게 되었던 것은, 모두 도대체 신부님 냄새는 조금도 나

° 기독교의 교파와 교회를 초월하여 하나로 통합하려는 세계교회주의 및 그 운동을 말한다.

지 않는 '신부님 같지 않은 진짜 신부님'이신 H 신부님 탓이라고 해야 할 것 같다.

낯설음과 익숙함의 교차 공간에서

공항에 내리자마자 이곳이 한국이라고 돌연히 인식하게 되는 것은, 주된 언어가 한국어라는 자각의 지점에서부터다. 한국의 공항은 한국어가 제1의 언어가 아닌 이들이 공식적으로 '외부자outsider'로서 존재하기 시작하는 지점이기도 하다. 비행기 안에서 내 옆에 탔던 10대로 보이는 아이 세 명이 있는 다섯 명의 한 가족은 영어가 주된 언어가 아닌 곳에 도착했다는 것을 비행기에서 내려 공항을 걸어가면서 서서히 인식하는 듯했다.

'고향'을 떠나본 이들은, 언어에 의해 교차되는 '주인'과 '손님'의 위치가 얼마나 예민하게 다양한 권력 구조에 따라 작동되는지를 무수히 경험한다. "당신은 어디에서 왔는가?"라는 물음은 늘상 주로 제1의 언어를 지닌 이들이 '외부인'들에게 마치 의무처럼 묻게 되는 물음이다. 비행기 안에서 영어로 끊임없이 명랑하게 조잘거리던 그 발랄한 세 명의 10대 소녀들은 돌연히 그들의 언어가 '외국어'로 간주되는 공간에 들어섰다. 그러나 하얀 피부색을 지닌 그들은 한국에서 '차별'을 경험하기 보다는 한국의 곳곳에서 다양한 의미로 '특별 대접'을 받을 것이다. 동일한 언어를 쓰는 남루한 옷차림의 비非백인들(갈색과 흑색의 피부를 지닌 이들이라고 규정되는)이 받을, 보이는 또는 보이지 않는 차별의 의미가 무엇인지 그 금발의 소녀들이 이해하기 위해서는 인식 확장을 위한 부단한 노력과 인식론적 도전을 거쳐야 비로소 조금씩 가능할 것이라고 생각하며, 돌연히 외국인들이 되어버린 그들의 뒷모습을 바라봤다.

'이론'이란, 익숙함의 공간을 떠나서 그 익숙함과 단호한 거리감을 가지며 무수한 제3의 공간들과의 비교와 도치를 통해서 비로소 성립 가능하게 된다. 이러한 의미에서 보자면 현실에 굳건히 뿌리를 내린 이론이란, 익숙함 속에서 침잠해 있을 때에는 생산될 수 없다. 그래서 제임스 클리포드James Clifford는 "이론화하기 위해서 우리는 고향을 떠나야 한다"고 말한다. 고향을 떠난 이들은 끊임없이 고향을 새롭게 창출하고, 넘어서고, 다시 만난다. 그렇기에 진정한 고향이란 고착되거나 그저 익숙함만이 존재하는 곳이 아니라, 익숙함과 낯설음이 무수히 교차

하는 공간이며, 새로운 고향성이 부단히 창출되어야 하는 곳이다. '고향에 대한 배고픔'이란 이러한 의미에서 참으로 진지한 철학적·종교적 물음이기도 하다.

'공간space'은 단지 '장소place'가 아니라는 것은 여러 가지 점을 시사한다. 이제 이 땅에 발을 디딘 이들은(내국인이든 외국인이든) 한국이라는 장소에서 창출되는 무수한 공간들과 조우하게 될 것이다. '내국인·주인'과 '외국인·손님'의 경계에 늘 서 있는 이들, 끊임없이 익숙함을 떠나고자 하는 열정을 가진 이들. 이러한 이들에게서 나는 '친구성·동료성'을 느끼곤 한다. 그들의 물음·시선은 어느 특정한 공간에 대한 독점의식이나 주인의식으로부터 언제나 '비판적 거리'를 유지할 줄 아는 것의 중요성을 상기시켜주기 때문이며, 경계를 넘어선 '인간성 나눔'의 의미를 되돌아보게 하기 때문이다. 그래서 신은 돌연히 아브람에게 "고향을 떠나라"고 명령하지 않는가.

나에게 지순하고 안온한 '익숙함'과 동시에 지독한 '낯설음'의 느낌을 주곤 하는 역설적 공간, 한국이다.

빵과 '더불어' 빵을 '넘어서' 사유하기

대전의 한 대학교에서 열리는 집중교육 프로그램에서 강의를 하기 위해 대전 유성에 간 적이 있다. 나는 한국이든 다른 나라든 새로운 도시에 가면 목적지를 정하지 않고 발길 닿는 대로 걸어 다니는 것을 좋아한다. 유성에서도 내가 머무는 곳에서 나와 한 시간여를 걸었다. 대로도 걷고 작은 골목길로도 걷고. 그런데 왜 이렇게 마음 가는 곳이 없을까. 큰 길이든 작은 길이든 온통 노래방, 마사지 가게, 그리고 미학적 자취라고는 전혀 느낄 수 없는 성의 없는 간판·메뉴판을 내건 음식점과 술집으로 가득 차 있다. 어느 도시를 가든 작은 골목길들을 걷다보면 마음 가는 곳, 그래서 가만히 앉거나 서서 그 공간이 품고 있는 정신을 느껴보고 싶은 곳이 있곤 한데, 한 시간여를 걸어도 그런 공간을 찾을 길이 없다. 그러다 보니 점점 마음속 깊은 곳에서 나오는 우울함이 나를 감쌌다.

도로테 죌레Dorothee Sölle의 《빵만으로의 죽음Death by Bread Alone》이라는 책 제목이 암시하듯, 종교·철학 등 여타의 인문학적 갈망은 인간에게 빵·밥이라는 물질적 조건만으로 인간이 지닌 존재론적 갈망과 배고픔을 채울 수 없다는 사실에서 시작된다. 그렇다고 해서 인간에게 물적 조건이 중요하지 않다거나 그것을 경시해야 한다는 것은 결코 아니다. 인간에게 생존을 위한 구체적인 물적 조건이 모두 채워진 후에도, 사유하는 인간이라면 그 물적 조건 '너머'의 세계를 갈망하며 '배고픔'을 느낀다는 것의 중요성을 이 개념은 암시하고 있는 것이다.

이러한 맥락에서 나는 소위 '웰빙well-being'이라는 개념이 미디어를 통해 인간의 물적 조건으로서 '나 하나 잘 먹고 잘 사는' 방식으로 값싸게 포장되는 것을 볼 때마다 착잡하다. 인간의 정신세계와 물적세계는 양자택일이나 위계적으로 존재하는 것이 아니라, 각기 다른 방식으로 인간의 삶에 요청되는 '필요조건'으로 자리매김하기 때문이다. 그 어느 하나도 '충분조건'으로서 절대적 자리매김을 할 수 없다는 사실을 인식하는 것은 종교를 포함한 다양한 인문학적 논의에서 매우 중요하다. 그렇기에 빵·밥이라는 물적 조건이 다 충족된 이후에도 사람들이 종종 자신의 삶에서 아무런 의미를 찾을 수 없다고 느낄 때, 자살이라는 극단적 방식으로 자기 삶에서의 의미 부재에 대한 반응을 하기도 한다.

그래서 이 물적 조건들, 빵·밥에 대한 우리의 관심은 언제나 정신세계·사유세계에 대한 배고픔에의 관심과 함께 같이 부여잡아야 하는 두 축이다. 종교·철학 등 여타의 소위 인문학적 물음이란, 무엇보다도 '빵과 더불어, 빵을 넘어서 사유하기Thinking with bread beyond bread'라는 인간의 외적·내적 세계들과 그 궤를 같이하는 것이다.

'대전 유성'이라는 특수한 지역이라는 것을 감안해도, '빵 너머의 세계'가 전혀 느껴지지 않는 이 도시의 크고 작은 공간들이 내게는 마치 우리가 지금 함몰되어 살아가고 있는 고도의 상업주의·자본주의세계의 한 자락 같아서 우울한 존재론적 위기감마저 느끼게 된다. '정신'이 느껴지는 공간들의 철저한 부재.

그대는, 나는, 우리는 어떠한 '배고픔'을 가지고 있는가? 이 물음에 대한 성찰로부터 사실상 종교·철학 등 소위 인문학적 갈망과 사유가 시작되리라.

2장

살아 있는 텍스트, 타자의 얼굴들

'자기 사랑'이라는 이름의 과제

K라는 한 학생이 긴 이메일을 보냈다. 사실상 그 긴 이메일은 나의 '제안'에 따른 것이다. 학부에서 철학을 전공한 K는 매우 창의적이고 늘 새로운 물음과 문제의식으로 그 지적 호기심을 번득이는 사람이다. 박사과정까지 해서 대학에서 가르치거나 비정부기구NGO에서 일하고 싶어 한다. 그는 우리 학교 석사과정에 입학하기 전에 나의 책을 읽고서 캠퍼스 방문 시 나를 만나고 싶다고 입학처에 요청해, 한 시간여 나와 만나고 내가 가르치는 세미나 수업에 참관한 적이 있다. 대부분의 미국 대학원에서는 자신들이 잡고 싶은 예비 학생prospective student이 캠퍼스 방문을 요청하면 항공료와 숙박처를 제공하면서 그 학생에게 호의를 베푼다. K는 작년 가을 학기 결국 우리 학교의

석사과정에 들어왔고, 내 과목을 계속 택하여 듣고 있다.

그런데 예민한 감수성을 지닌 그가 늘 힘들어하는 것이 있다. 간혹 우울증에 시달리는 것이다. 물론 정신과 상담과 치료를 받지만, 우울증이 강하게 찾아올 때마다 그 우울증이 그의 일상생활에 얼마나 다층적 영향을 미치고 있는지 강의 시간에 앉아 있는 그를 관찰하면서 감지하곤 한다.

K가 아무런 사전 연락 없이 두 주째 강의 시간에 나타나지 않았다. 오토바이를 타고 다니는 그가 늘 헬멧을 들고 강의실에 들어오곤 했는데, 계속 나타나지 않으니 나는 내심 걱정이 되었다. 학교를 그만두려는 것인가 하는 생각도 들어서 이메일을 보낼까 하다가, 스스로 그가 내게 연락을 할 때까지 기다리기로 했다. 불가피하게 결석을 해야 하는 경우, 학생들은 반드시 교수에게 이메일로 그 이유를 사전에 밝혀야 하는 것이 대학원에서 기대되는 행동이다.

그런데 아무 연락도 하지 않고 결석했던 그가, 어느 날 수업이 모두 끝난 시간에 내 연구실로 찾아왔다. 자신의 가장 친한 친구가 자살했고, 그것이 자신에게 너무나 커다란 충격이 되어서 정상 생활을 하기 힘들었단다. 밤새 잠이 오지 않아서 약을 먹고 자니 수업 시간에 늦을 정도로 너무 늦게 일어나기도 하고, 제 시간에 일어나도 아무 의욕이 생기지 않아 학교에 오고 싶은 생각도 들지 않았단다. 나는 그가 눈물 범벅이 되어 내게 자기 친구의 죽음에 대해 이야기하는 것을 가만히 들었다. 그의 이야기가 끝나고 내가 이야기할 차례가 되어 다음과 같은 말을 했다.

"네가 정말 그 친구를 사랑하고 그의 죽음을 슬퍼한다면, 너는 그 친구의 몫까지 이 삶을 치열하게 살아야 할 책임과 의무를 끌어안고 살아가야 한다. 그것을 그 친구도 바랄 것이다. '친구 관계'를 포함해서 모든 여타의 관계에 자신을 헌신한다는 것은, 둘 중 한 사람은 언제나 다른 친구의 '죽음'을 경험하게 되는 것을 받아들여야 함을 의미한다. 그 누구도 동시에 죽는 것은 불가능한 것이 인간의 조건이기 때문이다. 그러니 이전보다 더욱 자신을 사랑하는 것을 의도적으로 생각하고 행동으로 옮기기를 바란다. '자기 사랑'을 배우고 연습하지 않으면, '타자 사랑'을 하는 법도 알 수가 없다. 그리고 '자기 사랑'이란 자동으로 알게 되는 것이 아니라 끊임없이 배워야 하고 연습해야 하는 것이다. 그렇게 하고자 하는 너의 결단과 의도성을 내게 편지로 보내달라. 그리고 앞으로 이 학기가 끝날 때까지 강의 시작 시간 5분 전에 강의실에 도착해서 앉아 있어라."

대략 이러한 말을 하면서, 내 말에 수긍이 된다면 나의 제안에 관하여 성찰해보고 그것을 정리해서 내게 편지를 하라고 했다. 물론 이러한 방식이 미국의 대학원에서 일어나는 광경은 아님을 나는 잘 안다. 그러나 그에게 그저 '오케이. 나는 너의 아픔을 이해해'라고만 하는 것이 도움 되지 않을 것이라는 생각이 들어서 좀 더 '강하고 엄숙한' 어조로 내 생각을 그에게 전한 것이다. 그는 나와 이러한 대화를 나누고 며칠 후, 긴 이메일을 내게 보내면서 '자기 사랑'의 의미를 성찰하게 도와주어 진심으로 고맙다고 했다. 그리고 수업 시간 5분 전에 반드시 도착하는 것은 물론, 자신이 결석했던 시간에 다루었던 주제들과 관련된 읽기 자료들을 모두 읽고서 그것에 대한 성찰 에세이를 각각 두 페이지씩 써서 제출하겠다는 '자기 과제'를 하겠다고 한다. 이 이메일을 읽으며, 내 얼굴에 미소가 번지고 있었다.

우리는 가끔 이렇게 그늘 속에 있는 우리 자신을 햇살이 비치는 쪽으로 밀어붙이는 '외부자'가 필요하다. 이번에는 내가 K에게 그러한 외부자가 되었으니, 이제 그는 다른 사람에게 그러한 외부자의 역할을 하게 될 거라고 생각한다. '자기 사랑'을 어떻게 하는 것인지 가르쳐주지 않는 세계에서 우리는 살아가고 있다. '자기 사랑'과 '타자 사랑'이 어떻게 깊숙하게 불가분의 관계 속에 있는 것인지, 우리는 죽음에 이르기까지 배워야 한다. 나의 학생 K로부터 내가 다시 배운 것이다.

목사탕 다섯 개, 그 소중한 선물

나는 한 학기에 가르쳐야 하는 두 과목을 한 날에 모두 가르친다. 여러 학기 해보니 시간 관리에 가장 효과적인 강의 스케줄이기 때문이다.

오후에 가르치는 과목에서 기침 때문에 몇 주째 고생하는 제니퍼라는 학생이 있다. 제니퍼는 나오는 기침을 억제하느라 매우 애를 쓰곤 한다. 그 기침이 감기 때문인지 알러지 때문인지 묻지는 않았지만, 기침 자체보다 그 기침을 안 하려고 애쓰는 모습이 늘 마음에 걸리곤 했다. 그런데 돌연히 생각나는 것이 있었다. 지난겨울 호주 멜버른에 갔었는데, 심한 감기 때문에 기침에 좋다는 여러 가지를 먹었던 적이 있다. 그중에서 특별한 '목사탕'이 있었는데 내가 미국에서 먹던 것보다 훨씬 목을 부드럽게 하고 기침을 억제하는 데 도움이 되었던 기억이 난 것이다. 그래서 강의 전날 미리 목사탕 다섯 개를 작은 비닐봉지에 넣어서 잊지 않으려고 교재들 사이에 끼워놓고, 제니퍼에게 강의 중간 쉬는 시간에 전해주었다.

그날 저녁에 이메일함을 여니, 제니퍼로부터 긴 편지가 와 있다. 그에게서 처음 받는 개인 편지이다. 그 편지에는 내가 준 그 작은 봉투가 그녀에게 얼마나 커다란 기쁨을 주었는지, 공부하는 여러 가지 어려움 속에서 갖가지 문제들과 씨름하며 우울한 날들을 보내고 있던 자신에게 계속 공부를 해야겠다는 용기를 어떻게 주었는지 절절하게 쓰고 있었다. 나는 그녀가 싱글맘으로서 아이를 기르며, 일하며, 그리고 풀타임으로 공부하면서 하루하루를 마치 전쟁을 치르듯 숨 가쁜 삶을 견디어왔음을 비로소 알게 되었다.

이러한 사적인 이야기를 교수에게 하는 것은 개인의 생활을 타인에게 드러내지 않는 미국사회에서는 흔한 경우가 아니다. 오늘 나는 이 '목사탕 다섯 개'로 한 학생이 전적으로 신뢰하는 선생으로, 그래서 자신의 속 이야기를 모두 하고 싶은 선생으로 '승격'되었다. 목사탕 다섯 개. 이 작고 작은 사소한 것이 누군가에게는 그토록 소중한 의미가 될 수 있다는 것, 목사탕이 나에게 훨씬 커다란 선물을 되돌려준 것이다.

우리 대부분은 나에게는 아무것도 아닌 지극히 작은 배려가 누군가에게는 커다란 힘이 될 수 있다는 것을 종종 잊곤 한다. 우리 자신의 인간성을 끊임없이 상기시킴으로써 서로의 인간됨을 가꾸는 일은 사실상 거창한 것들만이 아니라 우리가 무심히 건네는 따스한 웃음, 한두 개의 사탕을 통해서도 가능한 것이다. 제니퍼가 내게 준 소중한 선물이며 교훈이다.

상賞의 폭력성

내가 있는 대학에서는 학년이 끝나는 4월 말 종강 후에 '봄 연회 Spring Banquet'라는 이름이 붙여진 행사를 한다. 이날 교수들은 물론 학생들은 갖가지 상을 받고 연회장에서 함께 식사한다. 그런데 이날은 내게 매우 복합적인 착잡함과 씨름하는 날이기도 하다. 상금이 있는 상은 주로 어느 가족들의 기부금으로 만들어지는 것이기에 그 기부자의 이름이 붙어 있다. 교수들이 학생에게 주는 상이 있는데, '교수도서상 Faculty Book Award'이라는 이름이다. 각 교수는 자신이 가르쳐온 지난 1년 동안의 과목을 택한 학생 중 한 명을 뽑아서 상으로 줄 책의 제목과 함께 사무처에 제출한다. 그리고 행사를 준비하는 사무처는 책을 구매하고, 그 책 안에 교수의 사인과 학생의 이름이 멋지게 적힌 특별한 스티커를 붙인다. 이 수상식에서 누가 상을 받을지는 상을 받는 순간까지 비밀이다.

내가 매년 이 즐거울 수 있는 봄 연회에서 느끼는 착잡함은, 바로 이 상들 자체가 아니라 이 상의 '기능functionality'이다. 상을 받는 이의 이름이 호명되자마자, 돌연히 연회장은 두 그룹으로 나뉘면서 독특한 위계주의를 형성한다. 수상자와 비수상자.

나는 매년 단 한 명의 학생을 선택하는 과정에서 다수 학생의 실망스러운 얼굴과 상대적 박탈감을 아프게 느낀다. 마라톤을 해서 1~2등을 가려내는 것은 가능하겠지만, 인문학적 공부를 하는 이들 가운데서 객관적으로 누가 가장 우수한 학생인가를 선택하는 것은 이미 불가능한 임무이다. 따라서 학생 선택은 사실상 내게는 피하고 싶은 매우 곤혹스러운 과정이다. 모든 학생에게 주지 못한다면 차라리 이 교수도서상에 쓰이는 기금을 학생들 장학금으로 돌리면 좋겠다는 제안을 하기도 했었다. 그럼에도 결국 불가피하게 나름대로 '기준'을 정해놓고 학생을 선택하곤 한다. 예를 들어 '입학하여 첫해를 보내면서 자신의 인식세계를 흔드는 새로운 담론들과 끈기 있게 씨름했던 학생'과 같은 기준이다. 그런데 이 기준에서 상을 주고 싶은 학생들은 늘 넘친다.

시상식이 끝나고 연회장에서 식사하는데, 내가 앉은 테이블에 세 명의 학생이 함께 있었다. 그들은 내 과목을 들었던 학생들이고 모두 성실하게 공부했다. 그중 한 명이 "어떻게 수업 시간에 임해야 교수도서상의 대상이 될 수 있는가? 그저 어떻게 선별되는지 궁금해서 묻는다"라고 내게 물었다. 나는 내 테이블에서 상의 수여가 지닌 지독한 딜레마를 나누었다. 학생에게는 교수도서상이 단지 한 권의 책이라는 '경제적 가치'만을 갖는 것이 아니다. 그것은 자신의 지적 능력이 공적으로 인정받는 중요한 '지성적 가치'를 지니는 것이다. 그들은 자신의 이력서에 수상 내용을 한 줄 적으며 웃음 짓겠지만, 다수의 학생은 상대적 배제를 경험하게 될 것이다. 나의 교수 철학으로 보자면 참으로 '반反교육적'이다.

교수들의 경우는 어떤가. 교수들에게 수여되는 상은 세 가지가 있다. 하나는 수상자를 학생들이 뽑고, 다른 두 개는 교수들이 뽑는다. 이 모두 어느 가족이 기부한 기부금으로 운영되며 약 3,000달러의 상금을 준다. 10년 일하면서 나는 운이 좋게도 이러한 상을 여러 번 받았다. 한 번 상을 받으면 그다음 2년은 수여 대상 리스트에 이름이 오르지 않는다. 그런데 내가 이 역시 심각한 문제라고 보는 것은, 바로 교수들 사이에 보이지 않는 분리가 형성된다는 것이다. 이 학교에 상당히 오래 있던 교수 중에 한 번도 상을 받지 못한 사람이 다수이다. 그렇다고 그들이 상을 받은 교수보다 실력이 부족하거나 못 가르치는 것도 아니다. 그렇지만 이 수상 제도로 인해 교수세계에도 학생들 사이에서와 마찬가지로 '수상자와 비非수상자'라는 위계 그룹이 형성되는 것이다. 내가 '상의 폭력성'을 민감하게 경험하고 느끼는 이유이다.

노벨상과 같은 소위 국제적 상의 경우는 어떤가. 특히 노벨문학상과 같은 것은 한국어와 같이 종속적 언어 그룹에 속한 시인과 소설가들에게 이미 부당하고 불공평한 제도이다. 우선 심사자들이 이해하는 소위 국제 언어인 영어나 최소한 독어·불어·스페인어로 번역되어야 비로소 고려 대상에 들어갈 수 있다. 한국어로 된 시나 소설을 서구 언어로 섬세하게 번역하는 것이란 얼마나 '불가능한 과제'인가. 소설가 한강의 소설이 국제적 상을 수상한 것도 영어가 모국어인 사람이 그 소설을 영어로 번역하였기에 가능했던 것이다. 시나 소설이 원어를 떠나 번역어로 읽힐 때의 그 엄청난 거리는 제치고라도, 누가 '한국어'라는 알려지지 않은 변방 언어로 쓰인 많은 작가의 작품을 국제상의 대상이 되도록 번역하겠는가. 이미 부당한 게임의 결과가 바로 '국제상'인 것이다. 영어가 모국어인 작가들이나 학자들은 어떤 책을 내든 자연스럽게 '국제적'이 된다. 그러나 그렇지 않은 언어세계 속에서 태어난 이들은, 이러한 언어 문화적 특권으로부터 이미 배제된 것이다.

이날 밤, 나는 한 학년이 드디어 끝났다는 후련함보다는 다중적 착잡함으로 밤잠을 설쳤다. 수상자의 리스트에 포함되지 못한 그 많은 학생들의 얼굴이 떠올라서만은 아니었다. 제도적 구조 속에서 우리가 무비판적으로 수용하고 있는 다양한 전통들이 어떻게 우리 자신의 교육철학을 배반하고 있는지에 대한 그 지독한 딜레마가 내 마음을 괴롭혔다. 막강한 '제도와 전통'에 대한 한두 개별인들의 비판적 문제 제기는 끈질긴 설득 과정을 필요로 한다. 그렇다고 해서 그 설득 과정이 반드시 성공을 가져다주면서 변혁을 보장하는 것도 아니다.

이 제도적 삶의 의미성과 무의미성의 경계에서, 의지와 무력감의 경계에서, 나는 뒤척이며 씨름하고 있었다. 그런데 어찌하랴. 내가 선택해야 하는 것은 하나일 뿐이다. '사소한 것'이 전혀 사소하지 않다는 것, 배제·차별·불의·불공평에 대한 예민성을 지니는 것의 중요성을 가르치고 쓰고 말하는 것이 내가 해야 하는 실천이고 운동이며, 내게 주어진 유일한 선택지일 뿐이다.

사랑의 행위

저녁에 학교에서 있었던 특별한 행사에 참석하고 돌아왔다. 늘 해야 할 일이 많으니, 이렇게 강의나 회의가 아닌 행사에 가는 것은 특별한 경우이다. 내 집에서 학교까지 약 10킬로미터이니 멀지는 않지만, 이렇게 행사에 참석하는 것은 준비하고 오고 가는 시간 등을 합치면 세 시간 삼십 분 이상은 일을 하지 못한다는 것을 의미한다. 시간뿐인가. 작업하고 있던 것으로 돌아가려면 다시 시간이 필요하다. 이렇게 늘 외출하는 데 드는 시간을 계산하고, 그 모임의 의미를 재고하면서 외출 여부를 결정하곤 한다. 저녁 학교 행사를 위하여 외출한 것은 그만큼 이 모임에 내가 의미를 두었다는 것이다. 행사는 〈사랑의 행위An Act of Love〉라는 제목의 다큐멘터리 필름을 보고서, 그 주인공에게 질문하는 시간을 갖는 것이었다.

미국의 감리교는 미국에서 두 번째로 큰 교단이다. 이 교단의 한 목사가 게이인 자기 아들의 결혼을 주례한 후, 교단에서 목사직을 박탈당했던 사건이 있었다. 펜실베이니아의 한 작은 시골에서 평범한 목사로 있던 프랭크 섀퍼Frank Schaefer는 자기 아들이 게이라는 사실을 알게 되었고, 그 아들이 자신의 성 정체성 때문에 괴로워하면서 자살 충동을 강하게 느끼고 있다는 사실까지 알게 된다. 이럴 때 부모로서 어떻게 해야 하는가. 오랜 고민 끝에 그는 '교단의 법'보다 예수의 '사랑의 법'이 더 우선한다고 믿게 되었다. 그리고 '사랑의 행위'로서 자신의 아들의 성 정체성을 포용하고, 그 아들이 결혼 주례를 부탁했을 때 기쁨으로 주례를 섰다. 이 주례 사건 때문에 그가 목사직을 박탈당하고 다시 여러 번의 청문회와 교회 재판을 거치면서 2014년 결국 다시 목사직을 회복하게 된다.

이 사건은 여러 방송에 등장했으며, 사건의 과정을 다룬 다큐멘터리 필름의 제목이 바로 〈사랑의 행위〉가 되었다. 섀퍼 목사는 현재 성소수자들의 권리와 평등한 대우를 위한 운동에 적극적으로 참여하고 있다. 보스턴대학교에서 정치학을 전공한 그의 아들 팀Tim은, 현재 나의 학교에서 학생이 되어 두 번째 학기를 맞았다.

미국 정치에서 기독교의 위력은 한국에서 상상할 수 없을 정도로 강력하다. 선거 때 미국 대통령 후보들의 신학적 노선이나 신앙적 배경이 여전히 사람들에게 큰 영향을 미치고 있는 이유이다. 공화당 후보들은 언제나 복음주의적인 보수 기독교인임을 자처하고(트럼프까지 자신이 보수적인 장로교인임을 강조했다), 민주당 후보들은 많은 경우 공화당 후보들보다 자유주의적이고 진보적인 기독교 신앙을 지니고 있다. 공화당과 민주당이 가진 신앙관의 보수성이나 진보성을 드러내는 이슈 가운데 하나는 바로 성소수자 문제, 그리고 인공유산 문제이다.

종교의 존재 이유가 그 자체의 존속을 위해 있는 경우들이 참으로 많다. 온통 문제투성이인 종교들의 행태로 착잡하던 중에 내가 이날 저녁 모임에서 느낀 것이 있다. 부여잡고 있어야 할 가느다란 희망의 줄기들. 한 사회가 보다 정의롭고 평등한 사회로 나아가는 데 종교가 중요한 기여를 하지 못하고 오히려 다양한 주변부인들의 평등과 권리를 가로막는 역할을 하고 있는 현실, 그 현실에 대한 안타까움으로 무엇인가 변화를 만들고자 하는 열망을 가진 이들이 이 저녁 이렇게 자신의 시간을 할애하여 모였다는 것. 어두움을 비추는 작은 촛불들이 이렇게 세계 곳곳의 작은 귀퉁이에서 살아 있다는 증거 아닐까. 네 시간 여를 할애한 저녁 외출이 의미 있게 느껴지는 밤이었다.

사랑의 상투성을 넘어서

한국에서 가르쳤을 때, 학생들이 보낸 카드나 편지에서 글을 시작하는 첫 마디는 많은 경우 "사랑하는 교수님"이었다. 이 "사랑하는"이 진정 무엇을 의미하는지 철학적으로 되새길 필요 없이 "사랑하는 교수님"은 여기저기에서 많이 만나곤 했기에, 그 어구에 마음 깊은 감동을 받는 일이 그리 쉽게 찾아오지는 않았다. 더구나 이 '사랑'이라는 말은 얼마나 도처에서 남발되고 있는가. 정치적 플래카드에서 "사랑해요, ○○○ 시장님"이라든지 또는 영어 표현에서는 "나는 초콜릿을 진짜 사랑해"라든지 개인적인 입맛, 자동차, 영화 등등 도처에서 사랑이라는 개념이 차용되고 있다. '사랑의 상투성' 속에서 정작 그 중요한 사랑의 의미는 퇴색되거나 변질되고 있어서 이제는 도대체 무엇을 사랑이라고 표현해야 하는지 점점 알 수가 없는 세상이 되어가고 있다.

영어로 사랑love은 명사이기도 하면서 동사이기도 하다. 즉, 사랑은 만져지거나 보이지 않는 가치를 담고 있는 심오한, 그래서 추상적일 수 있는 '명사적 개념'이면서도 구체적 행동을 예시하는 '동사적 개념'이기도 한 것이다. 인간의 구체적 삶 속에서 누군가를, 무엇인가를 '사랑하는 것' 또는 누군가에게 '사랑받는 것'처럼 한 개인에게 삶의 에너지를 주고, 살아감의 의미를 충족시키는 강력한 그 어떤 것이 또 있을까. 그런데 개인적이고 사적인 삶, 그리고 제도적이고 공적인 세계에서의 이 '사랑함·사랑받음'의 동사적 의미를 실천해내는 것은, 사실상 '정의Justice'의 문제와 얽히고설켜 있는 참으로 복잡한 행위이며 사건이다.

한 국제학술대회에서 발제를 부탁받았는데, 그 주제가 '사랑과 정의: 협화 아니면 불협화?Love and Justice: Consonance or Dissonance?'였다. 그 학술대회에서 발표할 발제문 제목을 몇 가지 중에서 고민하고 있을 때, 한국에서 "사랑하는 교수님"으로 시작하는 메시지를 받았다. 아무리 특별한 의미가 담길 필요는 없는, 그래서 어찌 보면 상투적인 어구라고 해도 "사랑하는 교수님"이라고 호명되는 것은 사실상 보통 일은 아니다. 세계 도처에서 비극적인 사건들이 중층으로 겹쳐 있는 이 척박한 현실 속에서 얼마나 귀한 사건인가. 다른 때 같으면 무심히 지나갔을 이 구절이, 돌연히 내 마음에 정체 모를 '따스함'을 전해주고 있었다.

이 "사랑하는 교수님"으로 시작되는 짧은 메시지를 받고 나서, 몇 개의 발제 제목 중에서 최종으로 하나를 결정하여 국제학술대회 담당 교수에게 이메일을 보냈다. "사랑·정의의 상투성을 넘어서: 목격의 시대에 연민의 신정치학 Beyond the Banality of Love/Justice: Theopolitics of Compassion in an Era of Witness"

"사랑하는 교수님…"의 어구로 내가 새삼스러운 감동을 받은 것은, 유독 요즈음 불거지고 있는 난민 문제, 폭력과 전쟁 문제, 자살 문제 등이 곳곳에서 어두운 장막을 내리며 우리의 삶이 우울한 그늘로 가득 차 있다고 느끼면서, 사랑과 정의의 문제를 되돌아보아야 하는 지점이었기 때문인지 모르겠다. 내게 따스함을 전해준 "사랑하는 교수님…"을 '상투성의 덫'에서 끄집어내어 넘어서는 것은 이제 나의 책임이며 과제이다.

성적 매기는 행위의 아이러니

나는 학생들과 만나고 가르치는 일을 참으로 즐긴다. 그런데 내가 대학 교수 생활을 하면서 언제나 곤혹스럽게 느끼는 일이 한 가지 있다. 그것은 성적을 내야 한다는 것이다. 보이지 않고 만져지지 않는 가치를 가르치는 인문학적 분야에서, 학생들의 '배움'이란 본질적으로 보자면 양적으로 수치화할 수 없다. 그런데 성적을 매기는 것은 양적으로 수치화해야 하는 행위이다. 학생들이 제출하는 열 번의 독서 저널critical reading journal, 책에 대한 성찰 페이퍼reflection paper, 발제, 학기말 페이퍼final research paper 등의 과제를 일일이 점검하고 종합적인 성적을 내야 하는 일을 하면서, 나는 교수 생활에서 매 학기마다 경험하는 이 성적 내는 일의 딜레마와 마주한다.

대학 시스템에 성적을 입력하면서 학생들의 얼굴이 떠올랐다. A 학점을 받은 학생들은 웃을 것이고, 그렇지 않은 성적을 받은 학생들은 실망하여 시무룩할 것이다. 내 학생들의 일생을 따라다닐 성적을 낸다는 것은 참으로 하고 싶지 않은 일이나, 언제나 해야 하는 일이다. 내 마음 같아서는 열심히 수업에 참석한 모두에게 A를 주고 싶지만 제도 속에 몸담고 있으니 소위 '객관적' 기준을 가지고 '공평한' 방식으로 성적을 내야 한다. 그렇지만 나의 교수 철학적 관점에서 보자면, 각기 다른 지적 세계 속에 있는 학생들에게 이러한 객관적이고 공평한 기준이란 사실상 이미 '불공평한' 것이다.

복잡한 대학 시스템에 성적을 입력한 후에도 과제는 남아 있다. 학생들의 학기 말 페이퍼에 코멘트를 써서 그들에게 돌려주어야 하는 일이다. 성적을 낼 때마다, 나의 학생들 얼굴 하나하나가 떠오른다. 성적을 확인하면서 웃는 얼굴, 실망하는 얼굴들이 교차하면서 마음이 아프다. 흔히 '인생은 성적순이 아니다'라고들 하지만, 이러한 말이 학생들에게는 얼마나 상투적인 공허한 말인가를 나는 알기에, 성적을 내는 날이면 내 마음이 편하지가 않다. 삶의 지독한 아이러니를 이 성적 매기는 행위에서 나는 매번 확인하기 때문이다.

자신의 기대보다 낮은 성적을 받은 학생들이 조금만 실망하고 '이 삶의 의미는 사실상 성적으로 만들어지는 것이 아니야'

라며 잠깐의 실망을 훌훌 털어버리기를 바라게 된다. 자신의 선생이 이러한 아이러니 속에서 곤혹스러워 하는 것을 나의 학생들이 알기는 거의 불가능할 것 같아서 마음이 더 쓰리다.

한 학생의 자살을 마주하며

1년에 한두 번은 대학에서 학생과 교수·직원 전체에게 "슬픈 뉴스"라는 제목으로 이메일이 오곤 한다. 누군가가 특별한 병이나 사고로 죽었을 경우에는 암이라든지 교통사고라든지 병명이 나오는데, 단지 "우리는 슬프다"라고만 하면 십중팔구는 자살이다. 9,000여 명의 다양한 전공의 학생들이 모여 있는 곳이니 이런 일쯤이 큰일인가 하겠지만, 나는 이런 소식을 들을 때마다 마음이 아프다.

하루는 4학년 학생의 죽음에 대한 소식이 왔다. 그 가족들, 친구들은 이 죽음을 통해서 '세계의 종국'을 경험했을 것이다. 상담 전문가들에게 상담을 받을 수 있는 센터가 늘 열려 있고 다양한 종교인들로 구성된 상담실도 있건만, 자신의 삶을 매듭

짓겠다는 생각에 이르고 실행하는 것을 막지는 못한다.

인간은 끊임없이 '의미 물음'을 하는 존재이다. 생존하기 위한 물질적 토대가 마련된다고 삶의 의미 충족이 자동으로 보장되는 것은 아니라는 것. 인간만이 자살을 하는 동물인 이유이다. 알베르 까뮈 Albert Camus는 그의 《시지프스 신화》에서 "자살이야말로 가장 진지한 철학적 주제"라고 말했다. 까뮈에 의하면 자살이란 "삶이 살아갈 가치가 없다는 고백"이며, 그 고백은 "부조리의 감정 feeling of absurdity"과 연결되어 있다. 까뮈는 시지프스와 같이 무한한 일상성의 반복이 주는 공허함·부조리·허무를 넘어서는 용기를 갖는 것이야 말로 우리 인간에게 필요한 것이라고 한다. 자살은 이러한 용기의 부재에서 일어나는 일이라는 것이다. 까뮈의 말은 여러가지 점에서 시사하는 바가 많다.

찬란한 봄이 캠퍼스 곳곳을 아름답게 수놓고 있고, 대학 생활을 거의 마치고 있는 시점에, 그 학생이 왜 자신의 삶을 매듭지어야겠다고 결심했는지 알 길이 없다. 아마 그 학생 자신도 '설명'을 하라면 충분히 하지 못할 것이다. 그가 자신의 삶을 매듭짓고자 결심하기까지 무수하게 경험했을 이 삶에 대한 지독한 무의미의 느낌은, 이성적 언어나 논리적 해명으로 모두 드러내보일 수 있는 것이 아니기 때문이다. 이 삶의 모든 것이 '왜'와 이에 이어지는 '무엇무엇 때문에'로 명확하게 해명이 된다면 인간의 삶은 참으로 단순할 것이다. 이러한 측면에서 보자면 누군가의 자살에서 분명한 것은, 그 사람은 하루하루 이 삶 속에서 자신을 환하게 웃게 하는 지순한 행복감을 느낄 수 있는 삶을 살지 못했다는 것, 자신이 편안하고 따스하게 느끼는 진정한 관계를 가진 사람이 없었다는 것이다. 또한 인간의 삶이란 눈에 보이고 만져지는 것만으로 충족되는 게 아니라는 것, 그리고 눈에 보이지 않고 만져지지 않는 가치가 어떤 이들에게는 자기 생명과 맞바꿀 정도로 중요하고 절실한 것임을 황금만능주의와 성공지상주의가 절대 진리처럼 간주되는 이 시대 한 가운데에 강한 경고를 보낸다는 것이다.

자살은 언제나 '이 삶은 살아갈 가치가 있는 것일까'라는 의미 물음과 연결이 된다. 또한 그러한 의미 물음은 이 삶의 목적과 연결되어 있다. 그래서 의미 물음을 하는 인간이 충분히 이 삶의 의미를 느끼지 못했을 때, 그리고 이 삶의 부조리, 절망감, 지독한 고독을 넘어설 기쁨이나 행복감을 전혀 느끼지 못할 때 이 살아감은 더 이상 견디기 어려운 짐으로 다가오고, 그 견디기 어려운 짐을 자살로써 내려놓고 싶어 한다. 그래서 인간의 삶이란 다른 말로 하면 견디기 어려운 것을 견디는 것, 끌어안을 수 없는 것을 끌어안는 것, 희망할 수 없는 것을 희망하는 것인지 모른다. 이러한 지독한 역설이 인간의 삶의 근저를 이루고 있지 않은가.

이 삶을 살아간다는 것은 하나의 '과제'이다. 아무런 물음 없이 무심하게 살아가는 사람들도 물론 있고, 근원적인 의미 물음을 애써 외면하며 살아가는 이들도 있다. 그러나 우리는 매일 '이 삶이란 살아갈 가치가 있는 것인가'라는 의미 물음을 하며, 그 물음에 충분한 답이 주어지지 않을 때 극도의 절망감을 갖게 된다. 철학이나 종교는 그 자체의 권력 유지가 아니라 이러한 인간의 의미 물음에 대한 갈망에 진지하게 개입하여야 한다.

살아 있는 텍스트, 타자의 얼굴들

석사·박사과정의 대학원생만 모여 있는 나의 강의실은 이 세계의 축소판이다. 저변층/중상층, 건장한 몸/불편한 몸, 남자/여자/트랜스젠더, 이성애/동성애/양성애, 흑인/백인/갈색인/황색인, 날씬한 몸/비만의 몸, 청년층/노년층(20대부터 70대 학생까지 있다).

그들의 '얼굴'을 하나하나 들여다보노라면, 선생 역할의 의미를 가볍게 생각하지 못한다. 이런저런 편견과 인식의 사각지대를 지니고 있는 개개인들이, 자신과 다른 타자를 있는 그대로 포용하고 그들을 지지하는 사람들로 바뀌어가는 데 도움이 되는 이론을 가르쳐야 한다는 선생으로서의 '사명감' 같은 것을 내게 유지하게 하는 것은, 다름 아닌 내 학생들의 '얼굴'이다.

내가 가르치는 모든 과목에서 반드시 넣는 과제 중의 하나가 '2분 스피치'이다. 매주 읽어야 하는 과제를 읽고 주제를 성찰하는 것을 수업 전날 저녁 일곱 시까지 저널로 제출하고(나도 수업 전에 읽어야 하고, 학생들도 다른 사람의 저널을 읽어야 한다), 동시에 수업 시간에는 자신에게 중요하다고 생각하는 개념을 중심으로 2분 동안 스피치를 해야 한다.

인간은, 특히 지도자로서의 역할을 하려는 이들은 두 가지 통로, 즉 '말'과 '글'로 명확히, 설득력 있게, 그리고 효과적으로 자신의 생각을 타인들에게 전달할 줄 알아야 한다. 그러므로 이러한 글쓰기와 말하기로 지적 훈련을 하는 것이 이 과제의 목표라는 설명을 반드시 학기 초에 해준다. 자신이 하는 일을 누군가가 시켜서가 아니라 '왜 하는지' 아는 것은 매우 중요한 사항이기 때문이다.

그 2분 스피치 동안 나를 포함하여 모든 학생들은 '스피커'의 '얼굴'을 반드시 바라보도록 하고 있다. 목소리만 듣는 것이 아니라 얼굴을 보아야 한다는 것. 이것을 레비나스Emmanuel Levinas의 '얼굴의 철학'과 더불어 과목 첫 시간에 설명해주곤 한다. '얼굴'이란 한 인간이 타자의 존재를 비로소 인식하는 참으로 중요한 자리라는 레비나스의 철학과 함께 나는 이 '얼굴 반드시 보기'를 이론으로 접하는 것만이 아니라, 수업 시간에서부터 '실천'해야 한다고 설명해준다.

선생인 나의 얼굴은 물론, 곁에 앉은 '동료 인간'의 얼굴도 보아야 한다고 강조한다. 컴퓨터·전화기의 스크린만 들여다보는 것에 너무나 익숙한 학생들에게, 그 스크린으로부터 눈을 돌려 타자의 '얼굴'을 보는 것을 체득시키기 위해 나는 갖가지 철학을 동원하여 대학원생인 그들을 설득해야 하는 것이다. 누군가 하라고 해서 그냥 수동적으로 하는 학생들이 아니지 않은가. 그들도 마음이 움직여져야 하며, 지성적으로 설득되어야만 하는 이들이다.

나의 학생들이 차례로 이 2분 스피치를 하는 동안 그들의 '얼굴'을 가만히 들여다보노라면 그들의 피부색, 성적 성향, 성별, 몸매, 나이 등 이 현실에서 사람들을 집단으로 나누는 이런 저런 경계와 범주들이 사실상 참으로 비본질적인 것이라는 진리를 재확인하게 된다. 선생으로서의 보람과 의미, 그리고 어떠한 사명감 같은 것이 새롭게 확인되는 순간들이기도 하다. 그래서 내가 나의 학생들에게 종종 말하곤 하는 것이 있다.

"여러분들은 나에게 '살아 있는 텍스트living texts'이다."

이 말은 과장을 하는 것도, 또는 낭만화하는 것도 아니다. 이런저런 이론을 차용하거나 종교적 교리를 근거로 성별, 성적 성향, 인종, 국적 등에 따른 다양한 종류의 타자를 차별하고 배제하는 일이 이 현실세계에서 매일 벌어지고 있다. 이러한 차별 행위들을 정당화하는 이들이 그 타자들의 '얼굴'을 진정으로 가만히 들여다보는 법을 배운다면, 자신들이 행하는 차별이 사실상 살아 있는 그 '얼굴'들의 존재를 부정하는 것임을 조금이라도 깨닫게 되지 않을까. 그러한 '얼굴 보기'를 배우지 못하는 것, 그 '얼굴 보기'를 가르치는 교육을 하지 않거나 못 하고 있다는 것, 현대 교육이 지닌 심각한 위기 중의 하나라고 나는 본다.

타자가 이름, 성별, 성적 성향 '이전'에 한 인간으로 존재함을, 고귀한 생명으로 이 지구상에서 '나'와 함께 살아가는 '동료 인간'임을 그 '얼굴'들은 선언하는 것이다. 그 '얼굴'들은 타자에 의한 그 어떤 지배나 모욕이나 소유도 거부한다는 엄중한 진리를 담고 있는 살아 있는 텍스트다. 그 '얼굴'들 앞에서 차별하는 이들, 그들은 사실상 자신의 '얼굴'과 자신의 '인간됨'을 먼저 부정하는 것이다.

한국사회에서 일어나는 성소수자 차별과 다문화가족 차별에 관한 기사들을 읽다 보니, 내 학생들의 '얼굴'이 떠오른다. 그 누구도 부정해서는 안 되는, 차별해서는 안 되는 그 생생한 존재의 선언인 '얼굴들'.

진지한 눈빛에 대한 목마름

남아프리카공화국 요하네스버그에서 한 시간 비행기를 타고 가야 하는 피터마리츠버그의 한 대학교에서 강연을 한 적이 있다. 텍사스의 집을 떠나서 그 대학에 도착하기까지의 시간을 계산해보니 정확히 스물아홉 시간이 걸렸고, 비행기를 탄 시간만 해도 열아홉 시간 삼십 분이었다. 이곳저곳에서 비행기를 갈아타느라고 기다린 시간을 합하니 꼬박 하루도 넘게 걸려 그 먼 곳까지 가면서, 나는 "휴… 이렇게 먼 줄 알았다면 내가 이곳에서의 초청에 '예스yes'를 하지 않았을 텐데…" 라는 후회를 몇 번도 더 했다. 그러나 그 대학교에는 내가 여러 국제 모임에서 알게 된 세 명의 동료 학자들이 있고, 그들의 정의와 평화를 위한 헌신적 기여에 평소 깊은 존경심을 가지고 있었던 터라, 그들의 초청에 나는 그 지리적 거리를 전혀 계산하지도 않고 바로 수락을 했던 것이다. 그렇지만 내 그러한 후회는 곧 의미 있는 시간에 대한 감동으로 대체되기 시작하였다.

강연 후 진행된 열띤 질문·토론 시간을 거치면서, 내가 살고 있는 공간과 그렇게 지리적으로 먼 곳에서 살고 있는 사람들이 씨름하는 문제들과 내가 씨름하는 문제들의 유사성을 알고는 참으로 놀랐고, 무엇보다도 그들의 지순한 진지함에 깊은 감동을 받았다. 무수한 정보에 노출되어 있는 이 '정보화 시대'에, 외부에서 온 사람의 강연에서 그렇게 순전한 '진지한 눈빛'을 전하며 강연자를 바라보는 시선을 몸으로 느끼는 것은 참으로 감동적인 일이었다. 학생이든 동료든 그 누군가와의 대화에서든 이러한 진지함에 내가 얼마나 목말라하고 있는지를 다시 깨닫게 되었다. 일상적 삶에서 무엇이 결여되어 있었는가를 느끼게 된 순간이랄까.

갑자기 그때 남아공의 한 대학교 학생·교수들과의 만남에서 조우했던 그 진지한 눈빛들이 돌연히 떠오른 것에는 아무런 논리적 이유가 없다. 어떤 글을 쓰려고 컴퓨터 스크린을 마주하고 있다가 이 땅에서 참으로 먼 저편에 있는 이들의 눈빛이, 도대체 '왜' 돌연히 나를 바라보고 있는 것 같은 전율을 순간적으로 느끼게 되었는지 아무런 합리적 논리가 작동하지 않는다. 지리적으로 그렇게 '먼 타자들'이 나의 내면세계 속에서 참으로

'가까운 타자들'로 느껴지고 있으니, 인간에게 '상상의 세계'가 없다면 우리의 삶은 얼마나 건조하고 숨 막힐까.

타자를 향해 던지는, 그 지순한 호기심으로 가득 찬 진지한 눈빛. 어쩌면 나는 이 진지한 눈빛에 대한 깊은 목마름 때문에 이런저런 글을 쓰고 학생을 가르치는 사람으로 살아오고 있는지 모른다. 그렇다면 그때 남아공에서 조우한 눈빛이 지금 돌연히 나를 감싸는 것처럼 느끼는 것은, 이러한 나의 '존재함의 정체성'을 나 스스로 다시 확인하고 싶어진 것인지 내가 나에게 묻는다. 그리고 어쩌면 대부분의 사건들이 그저 소리 없이 스쳐 지나가는 듯한 우리의 일상적 삶에서, 사실상 '무엇이 부재한가'에 대한 물음과 내가 깊이 있게 대면하는 과정의 시작인지도 모른다.

'나 자신도 모르는 나' 또는 '나에게 아직 알려지지 않은 나'. 이 무수한 '나'들을 가만히 대면하고 있다.

무수한 선택과의 대면

살아간다는 것은 사실상 무수한 선택과 결단을 해야 함을 의미하기도 한다. 눈을 뜨는 순간부터 우리는 크고 작은 선택들과 대면해야 한다. 한 독일인 비행조종사가 자신만이 아니라 150여 명 사람들의 생명까지 함께 죽음으로 모는 '선택'을 하기도 하고, 어떤 이들은 종교와 신의 이름으로 끔찍한 폭력과 증오와 살상을 하는 '선택'을 하기도 한다. 독일인 비행사의 '선택' 이야기를 뉴스로 들으며 그 끔찍한 이야기를 지우고 싶어서였을까. 다른 종류의 선택에 대한 어떤 이야기를 떠올렸다. 내 학생의 선택, 그 선택 앞에서 선생인 내가 한 선택, 그리고 그 학생과 내가 함께 한 '공동의 선택' 이야기이다.

데리다 세미나를 듣는 한 학생이 밤늦게 내게 이메일을 보냈다. 이제 봄방학을 막 끝내고, 학기가 5주밖에 안 남은 시점에 과목의 등록을 취소하겠다는 것이다. 그래도 내게 알려는 주어야 할 것 같아서 이메일을 보낸다며, 그동안 이 과목을 좋아하고 즐겼음을 기억해달라는 것으로 이메일은 끝났다. 나는 이 이메일을 받고서 어떻게 할까 잠시 생각했다. 내가 어떤 '선택'을 해야 하는 순간인 것이다. 이 대학 문화에서는 '성숙한' 어른인 대학원생이 그러한 결정을 하면, "알았다. 알려주어서 고맙다" 하는 한 줄의 회신을 보내는 것이 상식적인 대응이다. 그냥 그렇게 해버릴까 하다가, 한 가지 의문이 생기기 시작했다. 그는 왜 학기 초도 아니고 이제 5주밖에 안 남은 시점에 등록을 취소하겠다는 것인가. 데리다가 너무 어려워 '지적 좌절'이라도 하는 것인가. 아니면 내가 모르는 어떤 문제가 있는 것인가. 선생으로서 지적 상담intellectual care을 해주어야겠다는 생각에 이르렀다.

그는 풀타임으로 일하면서 공부하는, 전형적인 성실한 학생이었다. 매주 제출하는 독서 저널도 빠뜨리거나 마감 시간을 넘겨 제출한 적이 없었으며, 수업 시간에 자신이 이해 못 하는 것을 늘 솔직히 드러내며 열심히 배우려는 학생이었다. 그런데 그가 왜 이러한 결정을 한 것일까. "알았다"라고만 하기에는 아무래도 마음이 편하지 않아 나는 그에게 등록을 취소하기 전에 나와 한번 만나자고 하는 이메일을 보냈다. 이메일을 보낸 후에 학교 시스템에 들어가보니 그는 이미 등록을 취소한 상태였다. 그러니까 그는 학교 인터넷 시스템에서 등록 취소를 하고 나서 내게 이메일을 보낸 것이다. 이미 취소했는데 나와 만나려고 할까 하는 생각을 하는데 그가 바로 회신을 했다. 만날 시간을 내어준다니 고맙다고. 그래서 우리는 오후에 데리다 세미나가 있는 날 아침으로 약속 시간을 잡았다.

그가 내 연구실에 와서 앉은 후 처음 하는 말, 대학원 공부하는 과정에서 교수로부터 '먼저' 만나자고 하는 이메일을 받은 것은 처음이라고, 그래서 굉장히 놀랐고 기쁘기까지 했다고. 그와 마주 앉아서 나는 "왜 등록을 취소하려고 하는가"라는 질문을 하지 않았다. 그를 잠시 바라본 후, 우선 나는 내가 박사과정을 하면서 수없이 많은 순간을 '그만두겠다'는 생각과 씨름했어야 했다는 것, 그리고 '지금' 별로 커다란 의미를 못 느끼는 것들의 의미를 '나중에' 깨닫게 되는 경우가 이 삶에 참으로 많다는 것을 알게 되었다는 말로 대화의 문을 열었다. 그리고 이 데리다 수업은 지금은 당신이 그 의미를 못 느껴도, 나중에 이 과목에서 배우는 개념들, 분석적 시각들에 참으로 고마워할 때가 있을 것이다 등 내가 할 수 있는 '설득'의 도구를 동원하여 '재고'할 것을 이야기했다. 당신이 이 과목을 듣든 안 듣든 내게는 별로 문제가 아니지만, 당신의 삶의 여정에서는 커다란 차이가 있을 것임이 당신에게는 안 보일지 모르나 내게는 벌써 '보인다'는 엄포(?)의 분위기가 도는 언설과 함께.

내 차례가 끝나고 그다음은 그가 말할 차례였다. 그는 육체적으로 부분 장애가 있는 부인과 살아가면서 아이를 키우고 일을 하며 공부하고 있다는 이야기부터 시작하여 말문을 열었다. 그의 꿈은 대학에서 교수가 되는 것이란다. 그래서 성적을 '완벽'하게 받아야 하는데, 이번 학기 과목이 어렵게 느껴져 자신이 받아야 할 그 점수를 제대로 받지 못할 것 같다는 생각에 우울해졌다고 한다.

한 시간 반 동안 이야기를 나누고 난 후 그는 마음을 바꾸었다. 환한 미소로 내게 "고맙다"고 하며 내 연구실을 나갔다. 그리고 등록 취소한 것을 다시 되돌려 놓기 위해 나도 교무담당자에게 공식 이메일을 보내야 했고, 그도 이런저런 조치를 하고서 그날 오후 수업에 '정상적으로' 들어왔다. 늘상 앉던 자리에 동일하게 앉아서 들어오는 선생을 미소로 맞이해주는 그를 바라보니, 기분이 참으로 좋아 나도 모르게 미소가 내 얼굴에 가득해졌다.

이 미소의 정체를 다른 학생들은 모를 것이다. 아무도 그와 나 사이에 일어난 해프닝을 모르고 있으니 이제 그 학생과 나만이 함께 공유하는 '사건'이 된 것이다. 적어도 이번에는 해피엔딩으로 새로운 전환점이 된 것 같다는 생각과 함께 선생 일을 하는 보람을 크게 느낀 날이었다. 크고 작은 다양한 선택과 대면하며 살아가야 하는 우리, 그와 나는 이러한 '선택'의 길목에서 함께 만나서 다시 '공동의 선택'을 하게 된 것이다. 언젠가 그는 학교를 떠난 후에도 이날의 '선택'을 기억하게 될 날이 있을 것이다.

슬픔과 기쁨, 비극과 희극, 어두움과 밝음, 우울함과 즐거움은 각기 반대가 아니며, 서로가 나선형처럼 겹치기도 하고 갈라지기도 하면서 얽혀 있는 것이 우리 인간의 삶이다. 매 순간 새로운 삶의 에너지를 스스로 속에서 만들어가는 선택을 하는 것. 살아 있음이라는 '존재의 선물'을 가진 우리의 엄숙한 의무이리라. 오늘도 살아 있는 이들이 대면해야 하는 물음, 나는 오늘 어떠한 선택들을 할 것인가.

나는, 우리는 어떠한 '물음'들과 대면하고 있는가

내가 러닝머신에서 운동할 때마다 종종 즐겨보는 방송이 있다. 그것은 〈찰리 로즈 쇼Charlie Rose show〉인데, 찰리 로즈라는 사람이 하는 인터뷰 방송이다. 그는 1942년생이니 현재 일흔이 넘었지만 1991년부터 방송되기 시작한 그의 쇼에서 지금도 다양한 사람들에게 '물음'을 던지고 있다. 그의 방송에 등장하는 사람들은 정치·경제·종교·문화 등 다양한 분야에서 일한다. 그의 방송에 출연한 사람들 리스트를 보면 출연자들의 다양성을 볼 수 있다. 그러나 내가 그 방송을 즐겨보는 이유는 유명한 사람들이 많이 나와서가 아니라 바로 그가 질문을 던지는 방식 때문이다.

그는 배우들과 인터뷰를 하면서도 그들이 '배우'라는 직업인

이 아닌 무수한 층을 지닌 한 '인간'으로 드러나게 하는 질문들을 한다. 그는 수십 년 같은 방송을 한 방송인으로서 틀에 박힌 매너를 보이거나 상투적 방식으로 만들어진 질문을 던지지 않는다. 자신의 앞에 있는 그 고유한 목소리를 존중하고 들여다보는 자세로 질문을 생각하고 던진다. 한 사람이 지닌 수천의 신비한 층에 대한 호기심과 독특한 저마다의 개성을 존중하는 듯한 시선과 자세로 그는 상대방의 눈빛 속으로 진지하게 질문을 던진다. 이 점이 찰리 로즈가 지닌 매우 독특하고 귀한 개성이라고 본다.

2016년 2월 19일 〈찰리 로즈 쇼〉는 오스카상 후보로 지명받은 열다섯 개의 영화와 관련된 사람들과 짧게 대화를 나누는 내용으로 방영되었다. 찰리 로즈는 질문을 통해서 배우·감독들이 '직업인'으로서만이 아니라 자신의 삶의 철학과 고민이 있고 또한 아픔과 상실의 경험이 있는 한 '인간'임을 드러냈다. 배우들은 다양한 방송 매체를 통해서 이런저런 인터뷰를 할 텐데, 아마 찰리 로즈의 질문 방식과 질문 내용들을 만나는 경우는 별로 많지 않을 것 같다는 생각이 든다.

학기 초 첫 수업에는 학생들이 '자기소개'하는 시간이 있다. 물론 강의실에서의 자기소개란 늘 일정한 틀 속에서 진행되곤 한다. 자신의 이름, 현재 공부하고 있는 과정, 이 학교에서 공부한 시간, 현재 하고 있는 일 정도로 자신을 소개하는 것이다. 그런데 이러한 틀에 박힌 자기소개로 내가 정작 그 학생을 알 길은 없다. 그래서 종종 쓰는 자기소개 방식이 하나 있다. 그것은 다음 물음에 답하는 방식으로 자기를 소개하는 것이다. "내가 현재 씨름하고 있는 물음이 무엇인가?"

한 인간으로서의 '나'를 소개한다는 것은 단순한 듯하지만 사실상 참으로 복잡한 일이다. 그런데 한 사람이 씨름하고 있는 물음들, 타자에게 건네는 질문들을 통해서 나는 그 사람이 지니고 있는 한 인간으로서의 내면세계의 내음을 느끼게 된다. 자신이 씨름하고 있는 물음들, 자신이나 이 세계에 던지는 질문들이 그 사람이 '누구인가'라는 '정체성의 그림'을 그리고 있다는 것이다.

인류의 역사에서 새로운 변화는 '답'을 가져오는 사람이 아니라 '새로운 물음'을 묻는 이들에 의해서 가능했다는 것, 그래서 배운다는 것은 '해답'을 배우는 것이 아니라 '올바른·좋은 물음 묻기'를 배우는 것이라는 점, 내가 학생들을 가르치며 늘 강조하는 것이다.

나는, 또 우리는 지금 어떠한 물음과 대면하고 씨름하고 있는가.

'불현듯'이 부재한 시대

오래전 영국 케임브리지대학교 신학부에서 가르치며 지낸 적이 있다. 어느 날 나의 연구실에서 나와 문을 잠그는데, 복도 끝 편에 다른 교수도 자신의 연구실에서 나와 문을 잠그는 것이 보였다. 약속한 듯이 그녀와 내가 동시에 연구실을 나온 것이다. 나는 그녀가 내 쪽으로 다가오기를 기다렸다가 "집에 이제 가는 것인가?"라고 말문을 떼고, 그녀도 나처럼 혼자 지내고 있는 것을 알기에 "오늘 저녁 계획이 있는가?"라고 물었다. 그녀는 얼른 "아니… 그렇지만…"하면서 말꼬리를 흐렸다. 나는 마지막 부분을 못 들은 척하고, 그럼 우리 이렇게 동시에 연구실에서 나온 것을 기념하기 위해 가까운 데 가서 저녁을 같이 먹는 것이 어떠냐고 제안했다. 이 돌연한 제안에 그녀는 매우 당황해하는 기색이 역력했고, 나는 모른 척 그녀의 답을 기다렸다. 내가 단호해 보였는지, 그녀는 주저하며 간신히 "오케이…"를 하는 것 같았다.

이렇게 해서 그녀와 나는 내가 그곳에 간 지 거의 1년이 지나서야 처음으로 식사를 같이 하게 되었다. 처음에 마주 앉으니 서로 조금 어색했지만, 어쨌든 나는 매우 열심히 그녀와 나의 공통 관심 주제를 찾아내어 이야기하며 '즐겁게' 식사를 하였다. 이제 계산을 하고 나가야 하는 시점에 "따로 계산서를 가져올까요?"라는 점원의 물음에 그녀는 "네" 나는 "아니오"를 거의 동시에 하였다. 그녀가 의아한 눈으로 나를 보기에, "오늘은 내가 당신을 초대한 것이니 내가 내고, 다음에 기회가 되면 당신이 나를 초대하라"며 "I insist"라고 했다. 영어문화권에서 누군가가 이 "I insist"를 하면 내 입장을 양보하지 않겠다는 강력한 의사를 밝히는 것이니 대부분 그 표현을 한 사람의 말을 들어야 한다.

더치페이가 '정상'인 문화에서 내가 식사 값을 모두 내겠다고 하는 것은 상당히 흔하지 않은 일임을 분명히 알지만, 웬일인지 그날 저녁은 그렇게 '진리'처럼 받아들여지는 문화적 코드를 깨고 싶다는 생각이 강하게 들었다. 돌이켜 생각해보니 '문화적 저항'이었달까…. 그다음 날 그녀는 자기가 저녁에 나와 함께한 경험이 자신에게 여러 가지를 생각하게 해주었노라고,

미리 약속하지 않은 예정에 없던 그 '불현듯의 축제'가 참으로 고마웠다는 이메일을 보내왔다. 몇 달이 지나서 그녀와 나는 어느 날 점심을 같이 했고, 물론 식사 값은 그녀가 계산했다.

이 오래전 이야기가 생각난 것은, 지금 너무나 익숙해서 아주 '자연스럽게' 적응하여 받아들이며 살아가고 있는 이 삶의 다양한 코드가 사실상 우리에게 많은 것들을 상실하게 하고 있다는 생각이 돌연히 들어서이다. 미리 약속하지 않으면 사람들과 만나는 일이 거의 없고, '불현듯' 또는 '돌연히' 어느 곳을 가거나 누군가와 밥을 먹고 차 마시는 일조차 사라지는 시대에 살아가고 있다는 것. 이 '불현듯'이 부재한 시대에 우리는 무엇을 상실하고 있는 것인가. 모든 것을 '미리' 계획하고 약속하고 살아가는 이 '세련된(?)' 문화 속에서 점점 인간성을 잃어가고 있는 것은 아닐까. 그렇다고 내가 이 '불현듯'을 일상화해야 한다고 생각하는 것은 아니다. 이 '불현듯'이 일상화될 때, 이미 그 행위는 내가 지칭하는 '불현듯'이라는 이름의 의미를 상실하게 되기 때문이다.

우리의 일상세계 너머를 돌연히 느끼게 해주는 이 '불현듯'이 사라지는, 모든 것이 틀에 짜여야 하는 기계적 문화 속에서, 일의 능률과 보이는 성과물만으로 한 사람의 '성공적 삶'이 측정되고 평가되는 이 시대에, 어쩌다 한 번씩은 그러한 고정된 삶의 코드들을 깨고 대안적 코드를 실행해보는 몸짓이라도 해야 하는 것 아닐까 하는 생각이 든다. 그래야 우리가 '예측 가능한' 기계적 삶을 사는 인간이 아니라 그 예측가능성 너머의 시적 세계, 아직 오지 않은 세계에 대한 갈망의 촛불을 우리 내면 속에서 지켜낼 수 있는 것 아닐까.

편지, 그 '말 건네기'의 아름다움

12월 중순 겨울 졸업식 때 학교에 나간 이후, 오랜만에 다시 학교 연구실에 나갔다. 그동안 잔뜩 쌓인 우편물 중에서 손이 제일 먼저 간 것은 손으로 주소를 쓴 봉투들. 인쇄된 주소 라벨들이 붙여진 것이 아닌 손으로 쓴 주소가 있는 봉투를 받아보는 것이 드문 요즘, 쌓인 우편물 중에서 손으로 주소를 쓴 봉투를 발견하는 것은 내게 즐거운 흥분을 주곤 한다. 그중에서 한국 학생으로부터 온 봉투를 우선 집어 들었다(글씨체를 보면 그것이 한국인인지 미국인인지 금세 알아차릴 수 있다).

"그리스도의 나심을 핑계(?)로, 평소 그리운 분들에게 손글씨로 마음을 전하는 시기라 여기며, 항상 그리운 교수님께

편지를 드립니다. 지식의 습득을 위한 여행길이라 여겼던 이곳 생활에서 오히려 끝없이 만나는 좌절과 막막함·한계들을 통해, 저는 '나'를 만나고 있는 것 같습니다. 이토록 추운 경험들 속에서 '나'는 누구인가. '나'를 위협하는 많은 것들 속에서, 저는 휘청거리면서도 갈 길을 가려 노력하고 있어요.
"Hoffnung" 교수님이 가르쳐주신 이 단어가 무거운 추가 되어 흔들리는 저를 잡아줍니다. 항상 깊이 감사합니다. 어디로 갈지 알지 못하지만, 최선을 다해 살아보겠습니다. '빛'이 되어주셔서 감사합니다. 건강하세요, 교수님."

카드에 담긴 이 편지를 단숨에 읽은 후, 나는 다시 천천히 읽어내려 갔다. 한국을 떠나 이 미국 대학에서 몇 년 동안 공부하며 일하며 지내고 있는 H가 그 오랜 시간들 속에서 얼마나 많은 내적·외적 씨름 속에서 지내왔을까. 그리고 그 고독의 순간들 속에서 씨름하면서도 가느다란 '희망Hoffnung'의 촛불을 자신의 내면 속에서 지켜내고, 타오르게 하기 위해 얼마나 힘든 시간들을 견디어내야 했을까. 나의 마음이 찡한 아픔으로 가득해지면서 동시에 따스함을 느꼈다. 그래도 H가 이렇게 내게 지순한 '말 건네기'를 하고 있구나.

내게 '편지'란, 인간에 대한 희망을 부여잡게 하는 경험을 주는 독특한 공간 중의 하나이다. 인간이란 갖가지 추한 일을 행하는 존재이면서 동시에 마음 깊은 곳에 감동을 전해주는 아름다움을 지닌 존재라는 역설을 다양한 '편지'들은 전해주기 때문이다. 편지는 사람 사이의 사적 공간과 공적 공간이 만나는 곳이며, 자신과 타자가 함께 아름다운 춤을 추는 공간이기도 하다고 나는 느낀다.

그래서일까. 나는 오래전부터 관심 있는 사람들의 편지들을 소중한 자료로 생각해왔고, 그들의 편지를 읽으면서 그들과 '친구 됨'의 경험을 하곤 한다. 한나 아렌트의 편지를 묶은 다섯 권의 책(연인이었던 하이데거Martin Heidegger, 스승이며 동료이자 친구가 된 야스퍼스Karl Jaspers, 친구인 매카시Mary McCarthy, 남편 블뤼허Heinrich Blücher와 나눈 편지들), 고흐Vincent van Gogh의 편지, 시몬느 드 보부아르Simone de Beauvoir, 본 회퍼Dietrich Bonhöffer, 버지니아 울프Virginia Woolf의 편지들 등 여러 사람의 편지를 가끔 꺼내어 읽곤 한다. 그 편지들은 '개별인'으로서의 독특한 내면세계뿐 아니라 '인간'으로 살아감이 주는 인간 보편의 실존적 물음들이 구체적인 역사적·정치적·문화적 정황들 속에서 다양한 모습으로 경험되고 사유되는 것을 내게 보여줌으로써, 내게 그들과 '동료 인간'으로서의 친밀성을 경험하게 한다. 그래서 그 편지들은 내게 중요한 사실을 상기시키곤 하는 것이다. '나'는, '우리'는 혼자이면서 혼자가 아니다.

내적인, 그리고 외적인 삶의 다양한 문제와 씨름하느라 잠

못 이루는 무수한 밤을 보내 왔을 H. 그래도 이 삶에 대한 '희망'을 내려놓지 않고 부여잡고 있다는 H. H의 편지 속에서 나는 '나'의 한 자락, '우리'의 모습을 보게 된다.

본 회퍼가 옥중에서 쓴 〈나는 누구인가?〉라는 제목의 시도 사실상 자신에게 '말 건네기'를 하는 '자신에게 쓴 편지'가 아닌가. 이러한 편지들은 내게 타자에게 이러한 '지순한 말 건네기'를 할 수 있는 이들이 있는 한, 인간은 여전히 이 절망으로 가득 찬 세계 한 가운데에서도 '존재의 아름다움'을 지켜내고 있다는 희망을 준다.

자기 자신과의 관계의 정원

J라는 학생이 나와 의논하고 싶은 것이 있다고 만나줄 수 있겠느냐는 이메일을 보내왔다. 학기가 끝나고 학교 공식 프로그램도 모두 종결되었다. 성적 평가와 졸업식만 남겨 둔 시점에 학생이 교수를 만나고 싶다는 이메일을 보내는 일은 이제껏 이곳 대학에서 가르치면서 좀처럼 없었던 일이다. 뭔가 심각하고 절실한 문제가 있는가 보다 하는 생각으로 약속 시간을 잡고 학교에 나갔다.

J는 이제 곧 결혼을 앞두고 있으며, 박사과정에 진학할 계획으로 여러 대학에 이미 지원한 상태였다. 내가 추천서를 써주었으니, 나도 J가 좋은 장학금을 받고서 그 길고 긴 박사과정이라는 여정을 힘차게 시작하기를 오래전부터 바라고 있었다.

"리서치하는 것이 취미"라고 말할 정도로 어떤 한 주제를 가지고 깊이 들여다보는 것을 참 즐거워하는 그녀다. 나와 마주 앉은 J는 자신이 왜 이렇게 급하게 나와 이야기하고 싶었는지를 "이제 졸업식이 끝나면 교수님은 학교 주변에 계시지 않을 것 같아서, 페이퍼 읽고 성적 매기는 일로 매우 바쁘실 것을 알지만…"이라는 말로 조심스럽게 말문을 열기 시작했다. 이렇게 시간 내주어서 정말 고맙다는 인사도 같이 하면서 그녀는, 자신 속에 있는 내면적 갈등을 가족이나 친구에게도 하기가 어려워 용기를 내어 내게 연락을 했다고 말했다.

그녀가 내게 듣고 싶은 것은 결국 '결혼하고 아기 낳고도 자신이 오랫동안 꿈꾸어오던 일들을 해낼 수 있는지'였다. 결혼식이 점점 앞으로 다가오니, 깊은 불안감이 생기기 시작했단다. 사랑하는 사람과의 결혼이 기쁘기도 하면서 한편으로 자기 자신을 상실하는 것은 아닌가 하는 불안감, 자신이 하고 싶은 일들을 모두 할 수 있을까 하는 불안감이 마음에서 떠나지 않아 힘들었는데, 강의실에서 내가 한 말이 떠올랐단다. "아무리 바빠도 자기 자신과의 만남을 할 수 있는 시간과 공간을 의도적으로 만들라"고 하는 것.

무수한 관계망 속에서 우리는 살아간다. 이러한 무수한 관계망들은 '나'의 특정한 역할들을 규정하고 나에게 기대하면서 그 '역할의 상자' 속에 '나'를 넣어버린다. 사적인 친밀성의 영역에서든 공적 영역에서든 우리는 무수한 역할 속에서 규정되고 관계 맺기를 하고 있다. 그런데 이러한 관계망들이 복잡해지면 질수록 가장 중요한, 모든 관계의 가장 근원이 되는 관계가 무엇인지는 종종 망각한다. '자기 자신과의 관계.'

모든 관계는 무수한 다층적 의도에 의하여 위로가 되기도 하고, 상처가 되기도 하고, 파괴적인 것이 되기도 하고, 아름답게 성숙하기도 한다. 이러한 관계의 특성이 오로지 타자들과의 관계에만 적용된다고 생각하면서 '자기 자신과의 관계'는 자동으로 형성될 것이라고 생각하는 것은 커다란 오해이다. 자기 자신과의 관계를 포함한 그 어느 관계도 저절로 형성되는 경우는 없다는 것이다.

자기 자신과의 관계는 '나'와 '또 다른 나'가 끊임없이 대화해야 성립한다. 그 대화를 통해서만 '나'가 가졌던, 깊숙이 가지고 있는, 앞으로도 지키고 싶은 이 삶에의 열정과 애정을 확인하고 긍정하고 격려하는 일이 가능하게 된다. '나'는 이미 만들어진 '고정된 존재fixed being'가 아니라 끊임없이 만들어가야 하는 '형성 중의 존재becoming being'이기 때문이다. 그렇게 '자기 자신과의 관계의 정원'을 소중하고 아름답게 가꾸고 키우는 작업을 끈기 있게 하겠다는 각오를 지니고 살아가는 것은, 모든 여타의 사적·공적 관계망 속에서 소중한 밑거름이 된다고 나는 본다. 그래서 예수도 "너 자신을 사랑하듯" 타자·이웃을 사랑하라고 하지 않았는가. 이것은 자기 자신을 사랑할 줄 모르는 이는 타자를 사랑하는 것도 불가능하며, 자기 자신과의 관계의 정원이 황폐화된 사람이 여타의 타자와의 관계를 아름답게 가꾸어내는 것은 불가능하다는 중요한 '관계의 철학'을 담고 있다고 나는 본다.

이러한 이야기들을 나눈 후, 나는 그녀가 내게 처음 물었던 질문, "내가 결혼도 하고, 아이도 낳고, 박사과정에서 공부도 할 수 있을까?"라고 했던 물음으로 돌아갔다. "자 내가 이제 J가 처음에 물은 그 질문에 답을 하지요." 호기심 가득 찬 눈으로 나를 바라보는 그녀, 아마 그녀는 "물론, J는 할 수 있지요!"라는 확답을 나로부터 확인하고 싶어 내게 왔는지 모른다. 나는 그녀의 눈을 들여다보며 말했다. "그 질문에 대한 답은 그대의 선생인 나도 아니고 친구나 가족도 아닌 바로 'J 자신'이 만들어가는 거예요. J가 그 질문에 'No'를 만들어갈 수도, 'Yes'를 만들어낼 수도 있어요. 왜냐하면 J를 만들어가는 사람은 그 누구도 아닌 자기 자신이므로."

그녀는 이 말을 듣고 가만히 앉아 있었다. 그리고 잠시 후에, 나를 바라보며 "Thank You"라고 천천히, 그리고 단호한 어조로 말했다. 삼십 분만 시간을 내달라고 한 그녀와 한 시간 삼십 분가량 연구실에서 이야기를 나눈 후 헤어지기 전 포옹을 하는데, 그녀가 내게 한 가지 약속을 하고 싶다고 한다. "내게 이제 어떠한 외적인 삶의 변화가 있어도 '나 자신과의 관계의 정원'을 가꾸기 위해 늘 의도적으로 노력할 것이며, 언젠가 교수님을 그 정원에 초대하고 싶다"고. 나는 그녀에게 "그대의 그 '약속'은 그대가 내게 주는 '선물'로 받지요"라고 말하며 그녀의 어깨를 다시 감싸 안았다. 앞으로 다가올 다양한 어려움들을 꿋꿋하게 헤쳐나가면서 자신만의 내적 정원을 풍성하고 아름답게 가꾸어나가라는 의미의, 내가 그녀에게 주는 무언의 격려의 몸짓.

다음 봄 학기가 지나면 이 학교를 떠날 J가 내 연구실에서 나가는 뒷모습을 보며, 나는 그녀가 자신의 삶의 여정에서 만나게 될 여러가지 어려운 문제들과 씨름하면서도 결국에는 자신의 삶에 대한 열정과 애정으로 "Yes"를 만들어갈 것이라는 생각에 더욱 확신이 생겼다.

나 자신과의 관계의 정원을 가꾸어내는 일, 이것은 사실상 다양한 관계의 정원들을 가꾸어내는 데에 소중한 밑거름이라는 것을 J와의 시간 속에서 다시 확인하며, 나도 다시 나 자신과 만나기 위한 약속을 잡았다. 나만의 방식으로.

'위험한 교수'의 말과 글

한 신학대학교에서 세 단체가 공동으로 주관하는 강연회가 오후 한 시에 있었다. 그런데 오전 열 시 삼십 분경 강연장 사용을 허락하지 않겠다는 대학 측의 연락을 받았다며, 강연회를 준비하던 팀이 내게 전화를 했다. 대학교와 이 강연회를 준비하는 단체에 업무 마비가 생길 정도로 항의 전화가 폭주했다는 것이다. 학교에 항의 전화를 한 사람들은 "동성애를 지지"하는 "위험한 교수"를 강연자로 하는 강연회를 허락하는 것 자체가 신학대학에서 해서는 안 되는 부당한 일이라고 하면서, 강연장을 빌려줄 경우 항의 시위를 하겠다고 위협했다 한다.

강연자인 내게 강연 장소를 학교가 아닌 곳으로 옮겨야 하겠는데 괜찮은지 문의를 하기에 나는 강연장을 옮기더라도 학교에 세 가지 질의를 하는 것이 좋겠다는 제안을 했다. 첫째, 강연장 사용을 금하는 것이 누구의 결정인가. 둘째, 그 허용 취소의 공식적 이유는 무엇인가. 셋째, 학교의 총장도 이 사실을 알고 있는가.

결국 우여곡절 끝에 예정했던 장소에서 강연회를 '무사히' 진행하게 되었다. 강연의 시작을 나는 한나 아렌트의 말로 열었다. "위험한 사상이란 없다. 사유 자체가 위험한 것이다. There are no dangerous thoughts. Thinking itself is dangerous." 여기에서 아렌트가 말하는 사유란 비판적 사유를 의미하며, 위험한 것이란 기존 권력의 중심부에 위험하다는 것이다. 비판적 사유는 자명하다고 생각되는 것에 물음표를 던짐으로써, 절대적 권위에 저항하면서 새로운 변화를 촉구하게 되기에 위험하다.

나는 이 예상하지 않았던 해프닝을 경험하면서, 소위 한국 개신교가 "개독교"라는 별명까지 들으면서 혐오를 진리로 왜곡하는 일들을 자행하고 있는 일그러진 종교의 모습을 아프게 다시 확인하게 되었다. "다시, 정의를 위하여: 비판적 성찰, 일상 속의 인문학"이라는 강연 내용과는 상관없이 강연자가 "위험한 교수"이니 강연장을 사용하지 못하게 하는 것이 신학대학교가 해야 할 일이라고 이해하는 기독교인들은 신에 대하여, 예수에 대하여 어떻게 배운 것인가. 누군가를 "위험한 교수"라고 부르는 그 이유가, 사실상 자신들이 '구주'라고 고백하는 예수의 가르침에 역행하는 것임을 어떻게 인식하게 될 것인가. 예수가 말하는 "가장 작은 자", 즉 한 사회에서 주변부인으로 살아가는 사람들에 대한 연민과 연대와 환대의 나눔이 아니라, 오히려 그들에게 혐오와 적대를 가하는 것이야 말로 위험한 것임을 어떻게 해야 비로소 깨닫게 될까. 가야 할 정의를 향한 여정이 참으로 멀다.

기독교 단체들의 항의를 받았던 강연이 끝난 후 돌아오는 길에, 내 책의 편집자로부터 연락이 왔다. "위험한 교수"의 최근 책이 한 온라인서점에서 사회 분야 신간베스트 1위, 인문 분야 신간베스트 3위에 올랐다며 캡처 사진 파일을 보내며 기뻐하는 소식이었다. "위험한 교수"가 말하는 《정의를 위하여》가 어떤 이들에게는 '위험한 책'으로 인식되지 않는다는 상충적 현상이 이 작은 사회에서 동시적으로 나타난다. 착잡함과 즐거움, '가야 할 길이 참으로 멀다'는 요원함과 '작은 변화가 커다란 차이를 만들어낸다'는 신념에 기반한 이 현실세계에 대한 치열한 개입 요청이라는 양가적 느낌이 동시에 내 속에 자리 잡고 있음을 보는 날이었다. 한편 생각해보니, 내가 받은 이 "위험한 교수"라는 표지는 문제 많은 우리의 현실세계 속에서 어쩌면 명예로운 표지로 받아들여야 하는지도 모르겠다.

예순아홉 살 소녀, 로즈메리

졸업식 날, 나는 흔하지 않은 저녁 식사 초대를 받았다. 미국에 와서 가르치는 동안 졸업하는 학생으로부터 저녁 식사 초대를 받은 것은 처음이었다. 아마 나만이 아니라 대부분의 교수들이 졸업하는 학생이 개인적으로 여는 파티에 초대되는 경우는 거의 없는 것 같다. 하루 종일 하는 졸업식 행사로 몸은 피곤했지만, 나는 그 학생의 초대를 거절할 수 없었다. 그녀는 내게 참으로 각별한 학생이기 때문이다.

저녁 졸업 파티가 있는 조촐한 레스토랑에 들어서서 나는 깜짝 놀랐다. 그녀의 졸업식에 온 사람들이 30여 명이었다는 사실, 그것도 직계가족은 두 사람뿐이고 모두 가지각색의 배경을 가진 사람들이 모여 있지 않은가. 나이도 참으로 다르고 옷차림도 다 달랐다. 한 사람의 졸업식에 이렇게 많은 사람이 참석하는 것을 본 것은 이 대학에 와서 처음이었다. 더욱 놀라운 것은 가족도 아닌 각계각층의 사람들이 이 한 사람의 졸업식을 축하하기 위하여 어떤 사람은 여덟 시간이나 버스를 타고 왔다고 하며, 대부분 하룻밤을 숙박할 생각까지 하면서 이 졸업식에 왔다는 사실이었다. 나는 별안간 이 파티에 초대된 것이 예삿일이 아니구나 생각을 하기 시작했다. 내가 나와 같이 초대받은 다른 교수와 함께 레스토랑에 들어서자, 로즈메리Rosemary는 우리를 가운데 세우고 모두에게 조용히 해달라며 이제 자기가 제일 중요한 사람을 소개하겠다고 한다. 4년 반 신학 공부 하는 동안 자신에게 가장 중요했던 교수가 바로 이 두 사람이라고. 조용히 저녁 식사만 얼른 하고 오면 되겠지 하고 예상하며 갔던 모임에서 예상치 않은 이러한 특별한 분위기에 들어서게 되니 돌연히 로즈메리를 다시 보기 시작했다.

도대체 30여 명이나 되는 이 사람들은 누구인가. 그들은 왜 이렇게 생전 처음 보는 이 두 교수에게 진정으로 고맙다는 인사를 하는 것일까. 그녀와 18년을 같이 살아온 그녀의 파트너는 두 페이지의 글을 써서 둘러앉은 사람들에게 들려주고 나누어 주었다. 자기가 보아온 로즈메리의 삶이 진솔하게 그려져 있었다. 사회에서 가장 약자인 버림받은 사람들, 하다못해 버림받는 동물들에게까지 도움의 손길을 나누는 삶을 살아온 로즈메리. 그녀가 길에서 버려진 개들을 데려와 돌보아주느라 한때는 열 마리의 개가 거실에 가득한 적도 있었다는 사실을 나는 그 글로 비로소 알게 되었다.

저녁 식사를 하는데 사람마다 번갈아가며 두 교수가 앉아 있는 곳에 와서 악수를 청하기도 하고, 어떤 이들은 로즈메리로부터 우리 이야기를 참으로 많이 들어서 마치 오래전부터 알던 사람 같다고 하면서 포옹까지 했다. 나중에 알고 보니 이 사람들은 변호사인 로즈메리로부터 이런저런 도움을 받았던 가난한 노인들, 로즈메리가 설교하고 있는 작은 교회의 사람들, 그리고 오래전부터 로즈메리의 도움을 계속 받아온 사람들이었다. 그들의 옷차림이 흔히 졸업식장에 오는 사람들과 같은 화려한 차림이 아닌 것임을 비로소 보게 된 것도 그들의 이야기를 들으면서였다. 또한 그들에게 이 졸업식에 오는 것은, 로즈메리에 대한 지순한 감사의 표시이며 진정한 선물의 의미라는 것을 나는 알아차리게 되었다.

참으로 아름답고 감동스러운 졸업 파티. 집에 돌아와서 더욱 그 깊은 의미가 내게 다가왔다. 그녀의 나이는 현재 만으로 예순아홉, 12월이면 일흔 살이 된다고 한다.

아웃사이더, 데리다와의 만남

로스엔젤레스에서의 강연이 끝난 후, 캘리포니아 대학교 어바인 캠퍼스에 있는 데리다 아카이브에 갔다. 2014년에 들린 후, 두 번째 방문이었다. 이번에는 데리다가 학생일 때 썼던 노트들을 중점적으로 살펴보았다. 대부분 불어로 쓰여 있고, 아주 일부가 영어로 되어 있다. 미리 도서관에 이메일로 내가 보고 싶은 자료를 요청하였기에, 내가 아카이브에 도착하니 담당자가 열여섯 살부터의 필기 노트가 차곡차곡 모아져 있는 박스를 준비해놓았다. 방대한 문서들이기에, 한 장 한 장 살펴보는 데 시간이 많이 들었다. 그의 글씨는 소위 '깨알 같은 글씨'라고 할 수 있을 만큼 크기가 작다. 불어를 전문적으로 읽지 못하지만, 그가 직접 쓴 글씨를 보고 그의 노트 종이를 만지는 것은 내게 깊은 감동을 주는 신비하기까지 한 경험이었다.

사진으로만 보던 그의 유명한 '영어 에세이'를 직접 볼 수 있었다. 이 영어 에세이는 1950년에 그가 고등학교를 졸업하고서 파리고등사범학교에 들어가기 위한 문과 수험 준비반에 다니면서 쓴 것이라고 한다. 20점 만점에 10점을 받았으니, 우리 식으로 환산하면 100점 만점에 50점을 받았다. 그의 영어 점수는 좋지 않았다. 그는 어릴 때부터 공적인 학교 생활에 잘 적응하지 못했다. 학교에 가기 싫으면 몸에 아픈 증상이 생기기도 했다.

데리다가 죽은 2004년, 프랑스 자크 시라크Jacques Chirac 대통령실은 '우리 시대의 지성세계에서 주요 인물 중의 한 명'인 일흔네 살의 철학자 자크 데리다의 죽음을 통보하였다. 데리다는 국제적으로 20세기 후반의 가장 중요한 철학자 가운데 한 사람으로 간주되고 있다. 2004년 죽기 전까지 그는 "세계에서 가장 위대한 살아 있는 철학자"라고 종종 일컬어지기도 했다. 프랑스 통치하의 알제리에서 태어나 유년기와 사춘기를 보낸 데리다는, 열한 살이던 해에 다니던 학교에서 유대인이라는 것 때문에 강제 추방을 당한다. 죽음 직전까지 세계적인 명성을 누린 데리다이지만, 데리다에 대한 나의 인상은 언제나 '아웃사이더'이다. 그의 눈빛은 늘 고독하게 느껴지며, 무수한 사람들에 둘러싸인 강연장에서의 모습도 언제나 '혼자'로 느껴진다. 그의 글들을 통해서 내 속에 생기게 된, 나의 주관적인 인상이다.

자크 데리다의 글은 난해하기로 유명하다. 데리다에 대한 비난 중의 하나는 그의 글이 도무지 이해하기 어렵다는 것이다. 한 인터뷰에서 데리다는 아무도 수학자나 과학자, 또는 외국어를 말하는 사람을 이해하지 못한다고 해서 그들에게 이해할 수 없다고 화내지는 않는다고 반문했다. 그러면서 보통 사람들로부터 "읽기 어렵다"며 비난을 받는 대상은 과학자들이 아닌 철학자들이라고 지적했다. 더 나아가서 누구나가 다 쉽게 이해할 수 있는 '모든 사람들의 언어'란 존재하지 않는다고 강조했다. 데리다를 이해하기 어려운 이유 중의 하나는, 그의 글이 사람들이 편하게 느끼는 기존의 사유 방식, 전통적인 서술 방식, 또는 소위 전문 영역의 영토 안에 머무는 것이 아니기 때문이다. 그의 글은 철학·신학·정신분석·법·문학·역사·언어학·미술사 등 우리가 전통적으로 규정해놓은 다양한 전문 영역을 넘나들고 있고, 여러 가지가 복합적으로 얽혀 있다. 즉, 영역을 '탈영토화'하고 있으며 기존의 범주들을 넘어서서 '탈범주화'한다는 것이다.

나는 그가 열여섯 살 때부터 20대 초반에 걸쳐 쓴 친필 노트들을 한 장 한 장 살펴보면서, 그가 공부해온 주제들의 방대함에 참으로 놀랐다. 열여섯 살 때 그는 이미 소크라테스Socrates · 플라톤Plato · 헤라클레이토스Heraclitus · 베이컨Francis Bacon · 칸트Immanuel Kant 등을 그 작은 글씨로 빽빽하게 쓰며 공부하였다. 열여덟 살 때의 노트에는 사르트르·심리학·현상학 등에 관한 것이 많았다. 그의 사상적 해박함과 예리함의 뿌리가 사춘기 나이에서부터 형성되어 왔음을 나는 느꼈다. 데리다의 영어 에세이에 코멘트를 쓴 선생은, "너는 언제나 분명하게 설명하지를 못하고 있다"라고 하면서 곳곳에 매우 부정적인 코멘트를 쓰고, 20점 만점에 10점을 줬다. 우리가 무심히 사용하는 모든 단어·개념을 예리하게 분석했던 데리다가 이 코멘트에 등장하는 "언제나"를 어떻게 읽었을지가 나는 참으로 궁금했다. 그 선생이 누구인지는 밝혀지지 않았다고 하는데, 자신이 '형편없다'고 생각한 '영어 불량학생'인 데리다가 후에 불어권만이 아니라 영어권에서도 인문학적 사유 방식을 뒤흔드는 영향력 있는 사상가가 될 것이라고는 상상조차 할 수 없었을 것이다. 학생을 향한 '평가'란 이렇듯 지극히 단편적이고 편협한 주관성 속에 제한될 수 있다.

나는 데리다 스스로가 말한 것처럼, '데리다는 누구인가'를 알고자 하는 호기심을 가진 사람은 데리다에 대한 이미 나온 여러 가지 전기를 모두 읽는 것보다, 데리다가 쓴 글들에서 단 한 문장·한 페이지라도 반복하여 읽고, 그것과 조우하고, 그것을 해석하고 자신의 삶과 연계시켜보는 치열한 시도가 오히려 데리다를 깊이 있게 느끼게 해주는 것이라고 본다. '철학자 데리다는 누구인가'라는 물음을 지금 누가 묻는다면 나는 다음과 같은 한 문장으로 표현할 수밖에 없다. "데리다는 태어났고, 사유했고, 죽었다."

이 표현은 "아리스토텔레스Aristoteles가 누구인가"라는 물음에 하이데거가 대답한 방식이다. 데리다는 이러한 하이데거의 서술 방식에 동조하지 않는다. 데리다는 '전기biography' 또는 '자서전'에 매우 강한 관심이 있었기 때문이다. 그러면서 전기가 철학에서 배제되고 외면된 것에 문제 제기를 한다. 동시에 전통적인 방식의 전기가 한 사람who이나 사람들의 삶에서의 외면적 사실들과 작업들what이 지닌 무한한 다중성을 고정된 사실facts로 고착시키고 있는 한계에 관하여 근원적인 비판을 한다. 전기의 '필요성'과 '불가능성'이라는 아이러니를 받아들일 때, 비로소 '전기·자서전'의 의미가 살아날 수 있게 되는 것이다. 내가 데리다가 동의하지 않았던 하이데거의 아리스토텔레스에 대한 묘사 방식을 여전히 차용하는 이유이다. '데리다'라고 하는 심오한 세계를 '요약'하는 것의 불가능성을 강조하고자 하는 의도인 것이다.

죽은 사람과의 우정이 가능한가. 데리다는 그렇다고 말한다. 데리다 아카이브에서 그의 친필 노트들을 들여다보면서, 나는 '우정'의 복합적인 의미를 다시 생각해보게 되었다. 데리다와의 만남은 나의 사유세계에 참으로 많은 변화를 가져왔다.

내가 데리다에게 '친구의 우정'을 느끼게 된 이유이다. 비록 일방적 우정이지만.

데리다, 스스로 쓴 자신의 장례식 조사

한국에서 미국의 대학으로 옮긴 후 내가 누리는 즐거움이 있다. 그것은 가르쳐야만 하는 지정된 과목만이 아니라, 가르치고 싶은 과목을 개설하여 가르칠 수 있다는 학문적 자유이다. 어찌 보면 당연한 일인데, 내가 일하던 한국의 대학에서는 그런 자유가 없었다. 비정규 과목이면 아무런 공식 절차 없이 특별 주제 또는 특별 사상가·인물 등의 이름이 붙여진 과목으로 열면 된다. 그리고 새로운 강의를 정규 과목으로 만들고 싶으면 세 단계의 승인 과정을 거쳐야 한다.

우선 그 과목의 교수요목과 그 강의가 어떤 의미와 중요성을 지니는가지를 설명하는 문서를 첨부하여, 자신이 속한 분야 위원회에 제출한다. 이 분야 위원회에서 통과되면, 그다음에 석사과정 위원회와 박사과정 위원회에 이 두 문서를 제출하여 승인 과정을 거쳐야 한다. 이 두 위원회에서 승인이 되면, 마지막 단계로 전체 교수회의에 올려서 교수 전체의 투표를 통한 승인 과정을 거친다. 새로운 과목을 정규 과목으로 열려는 교수에게 질문을 하기도 하고, 제안을 하기도 하면서 최종 투표를 하여 과반수가 찬성하면 그 과목이 정규 과목으로 규정된다.

2017년 봄 학기에 '데리다와 신학정치적 이슈Derrida and Theopolitical Issues'라는 과목을 이 대학에 온 이후 네 번째로 열었다. 이 과목을 처음 가르친 후부터, 정규 과목 개설을 신청하여 승인받아 2년에 한 번씩 이 과목을 가르치곤 한다. 물론 내가 이 학교에서 가르치는 다양한 과목마다 각기 다른 의미와 즐거움이 있지만, 이 과목은 내가 가장 애정과 열정을 기울이는 과목이라고 고백하지 않을 수 없다. 학생들에게도 "이제부터 데리다와 데이트"하는 마음으로, 떨리는 호기심과 애정으로 한 학기 동안 데리다를 만나라고 한다. 가르치고 싶은 과목이 참으로 많으니, 이 과목을 매년 가르치고 싶지만 2년에 한 번 가르치는 것만으로도 만족해야 할 일이다.

데리다는 가장 난해하기로 이름난 사상가 중의 한 명이고, 따라서 가장 오해를 많이 받는 철학자 중의 한 사람이기도 하다. 데리다의 '해체deconstruction' 개념은 '파괴destruction'의 의미로 종종 오해되고 있어서, 데리다는 허무주의자·파괴주의자·

무신론자·상대주의자라는 이름으로 불리기도 하면서 그가 과연 어떠한 사람인가에 관해 지독한 왜곡과 오해가 난무한다. 내가 개인적으로 데리다에게 처음으로 끌리기 시작한 것은, 그의 유명한 학문적 책이 아닌 그가 암으로 죽기 바로 얼마 전에 했던 2004년 8월 19일 프랑스 신문 《르 몽드Le Monde》와의 인터뷰를 보고서였다. 이 인터뷰는 "나는 나 자신과의 싸움을 하고 있다"라는 제목으로 신문에 소개되었다. 데리다가 죽은 것이 2004년 10월 9일이니, 이 인터뷰는 데리다의 생애 마지막 모습을 담고 있다. 인터뷰라는 방식을 '인터뷰 예식ritual of interview'이라고 부르면서 평소에 인터뷰라는 장르가 지닌 근원적인 문제에 매우 비판적인 입장을 가졌던 데리다가 자신이 곧 죽을 것이라는 것을 알면서, 그리고 그것이 자신의 생애 마지막이라는 것을 인지하면서 한 인터뷰이다. 이 인터뷰는 후에 《마침내 사는 법을 배우다Learning to Live Finally》라는 매우 얇은 책으로 출판되었다.

이 인터뷰를 읽으면서 '데리다'라는 이름이 유명한 철학자·이론가만으로서가 아니라 이 세계와 그 안에 살아가고 있는 생명들을 향한 따스한 연민의 시선을 지닌 한 '인간'의 모습으로 내게 다가왔던 것이다. 그 이후 데리다와 나의 '일방적인 데이트'가 시작되었다. "어찌 된 일인지 내 데이트 상대자들은 대부분 죽은 사람들이다"라는 농담을 내가 하게 된 것도 이때부터이다.

그의 해체·환대·정의·용서·우정·코즈모폴리터니즘 등의 개념을 통해서 데리다는 나의 영어 책《코즈모폴리턴 신학Cosmopolitan Theology》에서 가장 중요한 대화 상대자가 되었고,《디아스포라 페미니스트 신학Diasporic Feminist Theology》의 헌사 페이지에서 나는 다른 세 명의 사상가들(한나 아렌트, 에드워드 사이드Edward Said, 가야트리 스피박Gayatri Spivak)과 함께 그의 이름을 포함시켰다.

데리다가 쓴 책, 그리고 데리다에 관한 책은 무수하게 많아서 나는 매번 이 과목을 가르칠 때 이전에 사용하던 책들을 반복해서 쓰지 않고 다른 책들을 쓰곤 한다. 그래서 8페이지가 되곤 하는 교수요목도 이전에 만들었던 것을 쓰지 못하고, 매번 가르칠 때마다 다시 만들어야 하니 나 스스로 고생을 자초하는 셈이다. 그렇지만 동일한 책만을 쓰면 선생인 내가 신나지 않고, 그렇게 되면 학생들도 영감을 못 받을 테니 하는 수 없는 일이다.

다음 학기에 쓸 교재들을 선택하기 위해서 이런저런 책들을 살펴보다가 내가 늘 학생들에게 읽게 하는 데리다의 장례식 조사funeral address가 어느 책갈피에서 나왔다. 생전에 데리다는 들뢰즈Gilles Deleuze, 레비나스, 푸코Michel Foucault, 리오타르Jean-François Lyotard 등 다양한 사람들의 장례식 조사를 썼고, 그 조사들만을 묶은 책은《애도의 책The Work of Mourning》이라는 제목으로 출판되었다. 그가 남긴 말 중에 "나는 애도한다 고로 존재한다 I mourn therefore I am"라는 말은 데리다의 깊은 시선을 잘 느끼게 해주는 것처럼 느껴져서 나는 참 좋아한다.

그에게서 '애도'는 매우 중요한 개념이다. 그는 자신이 죽기 3일 전, 죽음이 임박한 것을 느끼며 자신의 장례식에서의 조사를 '나'가 아닌 '자크 데리다'라는 3인칭으로 작성한다. 자신이 자신의 장례식에서 조사를 읽을 수 없다는 것을 알기에 3인칭으로 조사를 써서 자신의 아들인 피에르에게 읽도록 부탁하였고, 그의 부탁대로 피에르는 자기 아버지의 장례식에서 그 조사를 낭독했다.

> "자크는 어떠한 장례 예식이나 장례 연설도 원하지 않습니다. 그는 자신의 경험으로 그러한 일들을 해야 하는 책임을 맡은 친구에게 그것이 얼마나 힘든 것인지 알고 있기 때문입니다. 그는 이 장례식에 오신 여러분들에게 참으로 감사하며, 여러분을 축복한다는 말을 전해달라고 했습니다.
>
> 또한 그는 제발 슬퍼하지 말고 여러분이 그에게 준 무수한 행복한 순간들, 그리고 여러분과 그가 함께 삶을 나눌 수 있었던 순간들만을 생각할 것을 여러분에게 부탁했습니다. 그는 다음과 같은 말을 이 자리에 오신 여러분들께 전했습니다.
>
> 나는 마지막 순간까지 여러분을 향해 미소 지을 것입니

다. 그렇게 여러분도 나를 향해 미소 지어주십시오. 언제나 삶을 사랑하고 생존하여 살아냄을 긍정하는 것을 멈추지 마십시오.

나는 여러분을 사랑합니다. 그리고 내가 어디에 있든지 여러분을 향해 언제나 미소 짓고 있을 것입니다."

나는 이 글을 읽을 때마다, 자기 죽음의 침상에서 이 글을 쓰고 있는 데리다의 모습을 상상해 떠올리며 마음이 저리곤 한다. 데리다에 대한 무수한 오해·오독을 담은 글들을 읽다가 데리다가 스스로 쓴 장례식 조사를 보니, 그것이 담고 있는 따스한 연민을 가진 한 '인간 데리다'의 모습이 다시 생생하게 다가온다. 한 사람이 지닌 수천의 층과 결을 이해하는 것은 죽음에 이르기까지 불가능하다. 자기 자신도 자신을 온전히 '아는 것'은 불가능하다는 사실을 알아차리는 것은, 사실상 진정한 우정·사랑의 전제 조건이다. 내가 누군가를 '안다'는 생각을 하자마자, 그 순간 '나'는 그 대상을 무의식적으로 나 자신의 제한된 인식의 상자 속에 가두어놓고 말기 때문이다.

그래서 진정한 우정이나 사랑이란 상대를 '안다'는 인식이 아니라, '알지 못함'의 차원을 끊임없이 남겨놓고 받아들이는 것임을 데리다는 강조한다. 그래서 마이스터 에크하르트Meister Eckhart의 "나는 내 속의 신을 제거해달라고 신에게 기도한다"라는 기도는 매우 중요한 신학적 통찰을 준다. '유한한 나'의 제한된 인식 속에서 '무한한 신'을 안다고 마침표를 찍는 순간, 신을 왜곡하는 것이 되고 말기 때문이다.

데리다가 "칸트는 읽을 때마다 언제나 처음이다"라는 말을 했듯이, 나는 데리다를 읽을 때마다 언제나 처음 같다. 그는 그의 한 인간으로서의 따스한 연민의 시선들, 이 삶에 대한 강한 긍정과 열정을 지닌 사람으로 다가오면서, 누군가를 '온전히 아는 것'은 언제나 불가능한 일임을, 그리고 언제나 그 '알지 못함·알 수 없음'의 영역을 남겨놓고 타자를 받아들여야 함을 그 특유의 웃음으로 나지막이 말한다.

동료들 · 친구들이 있다는 것

'왜 용서인가(용서가 아닌가)Why (Why Not) Forgiveness'라는 제목으로 나를 포함한 세 명의 교수들이 발제하고 대화를 하는 교수 대화faculty colloquy가 있었다. 세 명의 전공이 모두 다르기에 발제 내용들이 내게는 무척 흥미로웠다.

그런데 이날 모임에서 내게 가장 커다란 만족감을 주었던 것은, 사실 내 마음속에서 새삼스럽게 그 소중함을 느끼게 된 어떤 것이었다. 학문적 대화는 물론 개인적인 대화 등 다층적 대화가 가능한 동료들이 내 곁에 있다는 사실에 대한 새삼스러운 인식. 함께 발제를 맡은 교수들은 물론, 청중 속에 앉아서 동료 교수들의 발제를 참으로 진지하게 경청하고 있는 다른 교수들의 존재가 새삼 고맙게 느껴졌다.

내가 태어나고, 자라고, 교육받아온 한국에서 일할 때에, 나는 이러한 동료 관계를 경험하지 못했다. 나의 전공 분야는 소위 '남성들의 영역'이어서 더욱더 나이·성별·직책 등의 요소로 규정되는 관계 속에서 진솔한 학문적 또는 개인적 대화를 나눌 수 있는 동료를 갖는 것은 거의 기대하기가 어려웠다.

이곳 미국의 대학으로 와서 내가 갖게 된 것은 학문적 자유, 연구 지원, 그리고 '동료들'이다. 물론 "출판하든가 소멸하라"라는 말이 종종 회자되는 것처럼, 대학에서 교수로 일한다는 것이 지닌 엄중한 연구에 대한 부담과 요구들이 있다. 이런저런 무거운 부담과 짐에도 불구하고 내가 이 대학에서 일하면서 행운처럼 느끼는 것은 바로 이 동료들의 존재이다.

학교 홍보를 위해 사진을 찍곤 하는 학교 직원이 이날 찍은 사진들을 내게 보여주며 내가 미소 짓는 것이 참 좋다고 했다. 내가 왜 저렇게 미소를 짓고 있는가를 돌이켜보니 바로 동료 교수의 발제를 들으며, 그리고 청중으로 앉아 있는 학생·교수·직원들을 바라보며 나도 모르게 내 깊은 곳에서 나온 미소가 아니었나 하는 생각이 들었다.

대화와 소통의 가능성을 느끼는 그 시간과 공간에서의 순간이 비록 짧아도, 그 순간의 경험이 황량하고 고독한 이 삶의 여정을 그래도 지탱하게 하는 에너지를 주고 있다는 생각을 다시 하게 된다. 동료들의 존재, 그리고 나의 학생들의 존재가 이 삶의 귀한 선물로 느껴진 그 순간의 미소를, 나 자신에게 종종 상기시켜야 할 것 같다.

불확실성의 시대의 신

캘리포니아에서 열린 〈신 세미나God Seminar〉에 참석했다. 이 세미나는 역사적 예수Historical Jesus 연구로 유명한 웨스타연구소에서 향후 5년 동안 1년에 두 차례 열리게 될 세미나이다. 〈예수 세미나Jesus Seminar〉의 후속 세미나라고 할 수 있다. 나는 존 카푸토John Caputo의 설득과 추천으로 이 〈신 세미나〉의 펠로우(투표권과 발언권을 부여하는 특별 회원)를 하기로 했다.

20대 후반의 대학원 학생부터 여든다섯 살의 학자를 포함하여 200여 명의 참석자들이 있었다. 참석자 중 철학이나 신학을 공부하지 않은 이들도 많다는 것을 보고서 나는 다소 놀랐다. 생물학적 나이를 넘어 새로운 물음에 대한 호기심을 유지하면서 시간과 돈과 에너지를 투자하여 이러한 세미나에 오는 그 열정이 내게는 무엇보다 감동을 주었다. 내 곁에 앉아 있던 일흔다섯 살의 존 카푸토는 여든다섯 살의 발제자 버턴 맥Burton Mack이 발제하는데 내게 자기는 여전히 매우 젊다고 농담을 했다. 여든이 넘도록 치열하게 새로운 책을 쓰고 연구하는 모습들이 아름답게 보였다. 무엇을 하든 '치열성'을 지니며 살아가는 것은 참 아름답다는 생각, 이때 다시 확인하게 되었다.

이번에 나는 리차드 커니Richard Kearney의 신에 관한 두 책(《존재할 수 있는 신The God Who May Be》과 《무신론Anatheism》)을 중심으로 신에 관한 철학적·신학적 물음에 대한 토론자로 발제를 하였다. 내 토론문의 제목은 〈불확실성에 대한 확실성의 딜레마: 끝없는 이행 중의 신Dilemma of Having Certainty about the Uncertainty: The God in the Perpetual Transit〉이다. 데리다·레비나스 등으로부터 직접 배우기도 하고 그들과 여러 가지 작업을 같이 한 리처드 커니를 책을 통해서가 아니라 얼굴을 직접 보고 그의 발제를 듣고 여러 토론을 할 수 있어서, 나로서는 의미 있는 시간과 공간을 경험했다.

니체Friedrich Nietzsche의 신 죽음 선언 이후, 그리고 홀로코스트를 경험한 인류는 무소부재의 전능한 전통적인 신을 더 이상 생각할 수 없게 되었다. 근대 이후 '확실성의 시대'는 더 이상 생각할 수 없으며, 이전에 확실하다고 생각되었던 모든 것에 물음표를 붙이기 시작하면서 사실상 탈근대 시대의 종교는 그 '신 물음'에 대한 근원적인 도전을 마주하고 서 있다.

환대·정의·사랑, 이 가치를 구체적인 삶의 정황에서 실현해 내려고 하는 바로 그 자리에서 우리는 신의 현존을 순간적으로 체험할 수 있다는 것. 리처드 커니의 신에 대한 철학적·신학적 강조이기도 하고, 존 카푸토·데리다·레비나스가 각기 다른 언어로 보여주는 신에 대한 이해이기도 하다. 정복적이고 전지전능한 신에 대한 확실성은 인류 역사 속에서 무수한 폭력과 살상을 낳아왔다. 이제 종교로 인한 전쟁·분쟁·폭력이 더욱 노골화되는 이 21세기에 근원적으로 자신이 믿는다고 하는 신은 진정 누구인지 진지하게 물어야 할 때이다.

미국의 대학교, 나의 강의실 이야기

어느 학기가 시작되기 얼마 전, 한 학생으로부터 이메일이 왔다. 그 이메일에는 자신의 이름이 학교의 공식 출석부에는 E라는 여자 이름으로 나와 있는데, 자기를 실제로 부를 때는 T라는 남자 이름으로 불러달라는 부탁이 써 있었다. 그(녀)는 자신이 트랜스젠더로서 현재 법적으로 이름을 바꾸는 과정에 있다는 것, 그리고 머지 않아 자신의 성이 법적으로 여성에서 남성으로 등록될 것이라는 점을 이야기했다. 나는 알았노라고, 이렇게 미리 알려주어서 고맙다는 회신을 보냈다. 이렇게 해서 나와 T의 만남은 시작되었다. 이 T와의 만남이 내가 트랜스젠더 학생을 나의 학생으로 만나게 된 첫 시작이다. 트랜스젠더에 대하여 이론으로 배우고 아는 것과 실제로 트랜스젠더인 사람을 나의 학생으로 만나서 가르치고 대화하는 것은 참으로 다른 경험이었다.

교수의 성향에 따라서 다르지만, 미국의 대학에서는 대부분의 경우 학생들이 교수와 만나기 위해서는 미리 이메일로 약속을 한다. 그런데 학기 말이 되어가던 어느 날, T가 내 연구실 문을 두드렸다. 미리 약속도 못했지만 내가 연구실에 있는 것을 보고 반가운 마음에 '기쁜 소식'을 함께 나누고 싶어서 불쑥 문을 두드렸노라고 하며 들어가도 되느냐고 한다. 그 기쁜 소식이란 그토록 오랫동안 기다리던 그의 성을 법적으로 바꾸는 과정이 성공적으로 끝났다는 것, 그래서 이제 그의 이름이 다음 학기부터는 T라고 공식화되어 나올 거라는 것이었다. 그의 얼굴이 환한 웃음으로 가득해서 나는 축하한다며 포옹을 해주었다. 나는 그가 어릴 때부터 자신의 성 정체성 때문에 얼마나 힘든 고민의 과정을 거쳐왔으며, 너무나 힘들어서 자살하려는 구체적인 계획을 여러 번 세웠었다는 이야기를 그의 글과 대화를 통해서 들어왔기에, 오랜만에 그의 얼굴에 환한 미소가 가득한 것을 보니 참으로 반갑고 기뻤다.

누군가에게는 숨 쉬는 공기같이 인식도 못하는 너무나 당연한 일이, 또 다른 이들에게는 삶과 죽음을 오가는 절실한 문제가 되는 것이다. T를 만난 이후, 트랜스젠더 학생은 물론 다양한 성소수자 학생을 내 강의실에서 여러 명 만나왔다. 분명한 것은, 우리가 생각하는 '그들'이 결국은 '우리'라는 사실이다. 대부분의 사람들이 무의식적으로 억압자의 역할을 하는 것은 권력이나 지배력의 문제가 아니다. '그들'에 대한 편견과 고정관념으로 소위 '정상'의 테두리 밖에 있는 이들을 '비정상'이라고 규정하고, '정상적인 나·우리'가 '비정상적인 너·그들'을 향한 편견과 부정적인 고정관념을 절대적 진리로 만드는 순간 우리는 이미 타자를 억압하고 식민화하는 억압자의 역할을 하게 된다는 것을, 나는 책을 통해서만이 아니라 강의실에서 나의 학생들을 통해 더욱 분명하게 배운다.

T는 내가 이론으로 배우기 어려웠을 '인간됨의 의미란 무엇인가'에 대한 매우 구체적인 중요한 깨우침들을 주곤 했다. 또한 내 속에 '비정상적 그들'이라는 편견이 나 자신도 모르게 은밀히 자리 잡고 있었음을 비로소 알아차리게 된 것도 내가 T를 만나게 되면서 가능했던 사건이었다. T는 다양한 방식으로 나에게 이런저런 깨달음을 줌으로써 나의 '학생'이면서 동시에 '선생'이 되어왔다. 가끔 매주 제출하는 과제물 마지막에 멋진 음악의 링크를 보내면서, 내가 학생들 페이퍼 읽느라고 힘든 시간에 이 음악이 작은 즐거움이 되면 좋겠다는 메모를 남기는 유머 감각으로 나에게 종종 웃음을 선사하는 학생이기도 했다.

한국의 대학 강의실에서와는 달리, 이곳 미국의 대학교 강의실에서는 참으로 다양한 인종과 문화, 같은 인종으로 분류되어도 다양한 피부 색깔, 다양한 종교적 또는 교단적 배경, 다양한 직업, 다양한 성적 성향의 학생들이 한 강의실에 공존한다. 그런데 이러한 육체적·철학적·종교적·직업적·성적 다양성에도 불구하고 그들이 지닌 중요한 하나의 공통점이 있다. 그들 모두는 '인간'이라는 것이다. 강의실에서, 또는 연구실에서 나와 마주하고 있는 그들의 '얼굴'을 가만히 바라보노라면, 그들이 지닌 다양한 다름이 절대적인 배타의 기준이 될 수 없다는 평범한, 그러나 무수히 외면되고 왜곡되는 진리와 조우하게 된다. 도대체 누가 어떠한 기준으로 이 생생한, 살아 있는, 절절한 생명으로서의 '얼굴'들을 부정하고 배제할 것인가. 이러한 진리가 지닌 보편적 공통성을 끊임없이 서로 상기시키면서 각기 지닌 상이함들을 포용하는 '포용의 원'을 넓히는 것, 이것이 가르침과 배움의 궁극적인 목표이리라.

'비결정성'의 존재, 그 가능성과 아름다움

봄 학기가 시작되고 두 번의 수업이 끝난 후, 한 학생으로부터 이메일을 받았다. 자신이 지금 데리다 수업에서 어떻게 하고 있는지 교수의 '솔직한' 의견을 듣고 싶다고 한다. 자기가 수업에서 가장 우둔한 사람에 속하는 것 같지는 않지만 자신보다 영민한 사람이 많은 것 같다는 생각이 들어서 도대체 이 데리다 수업에서 앞으로 잘 해낼 수 있을지 자신감이 안 생겨 고민하고 있다는 것이다. 데리다 수업에서 많은 영감과 통찰, 그리고 새로운 자극을 받지만 자신이 똑똑한 학생들처럼 잘 하지는 못하는 것 같아서 마음이 힘들단다.

나의 수업에서는 첫 번째 세션에 그 주간에 읽은 것을 돌아가면서 2분 동안 말하는 '2분 스피치'를 한다. 그 2분 동안의 스피치를 들으면 학생이 어떻게 데리다의 개념들을 이해하고 있는지 그 '인식의 위치성epistemic locationality'을 듣는 사람들은 느끼게 된다. 나는 이 2분 스피치 시간을 매우 중요하게 생각하기에 메모를 하며 경청한다. 간혹 나의 강의 노트를 제쳐놓고서 학생들의 2분 스피치를 들으며 그들이 나누는 주제·개념으로 강의를 하기도 한다. 동일한 책을 읽는데 학생들이 각기 가져오는 주제와 개념은 모두 다르다는 것, 그것은 우리 각자가 지닌 독특한 시선과 관점, 그리고 삶의 정황이 다르다는 사실을 확인하게 하는 것이다. 그리고 학기가 진행되면서 그들은 각기 다른 모습으로 성숙해지기도 하고 그들이 가진 인식의 세계가 확장된다는 사실을 나는 매 학기마다 감동스럽게 경험한다. 그 누구도 지금의 모습으로 절대화되어 결정되는 존재가 아니라는 것, 그 '비결정성'이 인간이 지닌 가능성이며 아름다움이라는 것을 특히 데리다 수업을 할 때마다 절감한다.

나는 자신이 다른 사람들보다 영민한 사람은 아닌 것 같아서 고민을 한다는 그 학생에게 이러한 '비결정성의 존재'의 개념을 담은 회신을 보냈다. 비결정성의 존재로서의 나와 너를 인정하고 받아들일 때에 타자와의 비교로 인한 고통을 경험할 필요가 없으며, 동시에 타자에 대한 고정된 인식으로 그 타자에 대한 다층적 편견을 쌓을 필요가 없다. 여타의 비교란 나 자신만이 아니라 타자를 고정된 존재로 설정해야 가능하다는 점에서, 비교 의식에 따른 자기 위치 설정, 그리고 '똑똑하다'든지 '우둔하다'든지 등의 타자에 대한 위치 설정은 '폭력'의 기능을 한다.

우리에게는 각자 자신도 모르는 자신의 모습이 있고, 우리는 지금의 자신만이 아니라 '형성 중의 자기becoming self, self-to-come'를 기대하고 기다리며 살아야 하는 존재들이다. 그 비결정성의 존재로서의 나와 너를 수용할 때, 자신이나 타자를 식민화하는 폭력성이 아닌 가능성과 아름다움의 공간으로 서로를 초대하게 되는 것이다.

나의 학생의 모습, 그 속에 우리 모습이 아프게 담겨 있다. 나는 나의 학생이 '비교 의식'을 벗어나서, 자신 속의 가능성과 잠재성을 확대하고자 하는 의도를 더욱 적극적으로 작동시키며 한 학기 동안 아름답게 성숙해가기를 바란다.

우리는 무엇을 보는가

미국 조지아주에 있는 애틀란타라는 도시에 와 있다. 1년에 한 번씩 열리는 미국종교학회에 참석하기 위해서다. 미국은 물론 세계 각지에서 1만여 명의 학자들이 오고, 발제 세션만 900여 개가 넘는다. 거대하게 들어서 있는 호텔들 사이로 무수한 사람들의 물결이 넘실댄다. 사람은 많지만 서로의 얼굴을 들여다보는 일은 좀처럼 하기 힘들다. 이러한 거대한 공간에서 우리는 사실상 참으로 다른 것들을 본다. 즉, 우리는 각자가 지닌 내면세계를 통해서 각기 다른 것들을 보고 있을 뿐이다.

이 학회에 오면 약속과 해야 할 일들이 많아서 글을 쓰겠다는 생각은 거의 하기가 힘든데, 내게 이 글을 쓰도록 만든 일이 있다. 우연히 나의 눈에 들어온 어느 SNS 이용자의 글이다. 그분은 레즈비언이 서울대학교 학생회장으로 선출된 것에 분노하며 심한 정죄적 언어를 거리낌 없이 자신의 SNS에 쓰고 있었다. 그분의 글을 접하면서, 한순간 아득한 마음이 들었다. 같은 하늘 아래 살아가고 있지만 우리가 각기 보는 세계는 참으로 다르다. 이 보는 방식의 거리를 우리는 어떻게 좁힐 수 있을까….

그분의 SNS에는 박근혜정부에 대한 신랄한 비판의 글이 있고, 프로필 사진은 노란색의 세월호 리본이 가득 메우고 있었다. 아마 자타가 공인하는 '진보적'인 분인지도 모른다. 그런데 분명한 것은 어떤 한 문제에 소위 진보적이라고 해서, 다른 문제에도 자연히 그럴 것이라고 추측해서는 안 된다는 점이다. 우리 각자는 저마다의 '인식의 사각지대'를 가질 수 있는 가능성·위험성에 늘 노출되어 있기 때문이다. 그분의 '보는 방식'으로는 세월호 유가족의 고통과 슬픔은 보지만 성소수자들의 고통은 전혀 보지 못한다. 그분의 글을 보면서, 학회장에서 우연히 찍은 사진 하나가 떠올랐다. 화장실 표지판.

학회가 열리는 호텔 화장실 앞에 다음과 같은 표지판이 세워져 있었다. "모든 성별을 위한 화장실: 이 화장실은 어떠한 성 정체성을 가지고 있든 누구나 사용할 수 있습니다. All Gender Restroom: Anyone can use this restroom, regardless of gender identity or expression." 그리고 화장실 표지판 그림에도 전통적 방식의 남자·여자만이 아니라 반쪽은 남자, 다른 반쪽은 여자인 그림도 있고, 장애인 그림도 있었다.

이 단순한 듯한 표지판이 이렇게 공식적으로 등장하게 되는 것은 오랜 토론과 합의 과정을 거쳐서이다. 즉 우리가 세상을 '보는 방식'을 다르게 만드는 시도인 것이다. 대부분의 '정상' 사람들에게는 어떤 화장실을 가는가 하는 것이 너무나 자명한 일이지만, 어떤 이들에게는 매우 고통스러운 경험이다. 이 세계에 존재하고 있는 이러한 문제들을 전혀 생각하지도 않고 보려고 하지도 않는 것은, 그만큼 이 세계에서 '비정상'이라는 라벨 속에서 일생을 고통스럽게 보내고 있는 이들이 있다는 것을 모르면서, 또는 '보지 않으며' 살아가고 있음을 의미한다.

미국만이 아니라 세계 각국의 학자들이 모이는 이 미국종교학회에 오는 사람들이 모두 이러한 개방적인 사고를 하는 것은 물론 아니다. 그러나 이렇게 '포용의 철학'을 실천하고자 하는 마음들이 세계 곳곳으로 확산되기를 바라게 된다. 이 화장실 앞에 등장한 표지판을 보면서, 나는 서울대학교 학생회장으로 뽑힌 그 레즈비언 학생을 떠올렸다. 앞으로 그녀가 받게 될 무수한 차별과 편견과 비하의 시선들을 용기 있게 마주하며, 당당히 회장으로서의 일들을 해나가기를 바라는 마음이다.

나의 강의실에는 양성애자만이 아니라 게이·레즈비언·트랜스젠더 등 모든 종류의 성 정체성을 지닌 학생들이 있다. 그 학생들 한 명 한 명이 내게는 소중한 나의 학생이며 '동료 인간'이다. 나는 그 모든 학생들과 이 세계를 함께 '보고' 있다. 누가, 그리고 어떠한 근거로 그들의 존재함을 부정할 수 있는가.

사회변혁과 얼굴 들

미주리주에서 나흘 동안 열리는 〈규범의 전복 컨퍼런스Subverting the Norm Conference〉에 와 있다. 이 컨퍼런스는 2년에 한 번씩 열리는데 지금이 세 번째이다. 2013년에 주제강연자 중의 한 사람으로 왔었으니, 참석은 이번이 두 번째이다. 한국어로 번역하니 매우 '위험한' 컨퍼런스인 것 같이 들리는데, 사실 어떤 이들에게는 그럴지도 모른다.

한 사회에서 작동하고 있는 다양한 규범들은 정상화normalization를 위하여 사용되곤 한다. 규범들은 정상과 비정상의 경계를 강화하면서, 그 규범적 틀에 들어맞지 않는 이들은 모두 '비정상'으로 몰아간다. 정상화는 미셸 푸코의 개념인데, 그는 어떻게 사회의 다양한 조직들(정부, 학교, 감옥, 기관, 종교 집단 등)이

정상화의 이름으로 권력을 강화하고 구성원들을 통제하고자 하는가를 세밀하게 분석한다. 나는 '비판적 전복의 신정치학: 담론과 실천'이라는 제목으로 주제강연을 했다.

존 카푸토, 피터 롤린스Peter Rollins, 캐서린 켈러Catherine Keller 등 여러 명의 주제강연자들이 왔고, 그밖에 다양한 세션에서 발제들이 이어졌다. 사실 내가 가장 중요하게 생각하는 것은 '강연들'보다, 이렇게 다양한 '얼굴들'과 만나는 것이다. 카푸토는 사진을 찍으면서 자신이 가장 키가 작다며 제일 작게 나오는 것이 싫다고 농담을 했다. 그래서 우리 모두가 무릎을 굽혀 카푸토를 가장 키 큰 사람으로 만들어주었다. 그는 이 사진이 아주 마음에 든다고 흡족해하며 자기 스마트폰으로 보내달라고 했다. 자신의 아내가 좋아할 것이라며. 세계적인 철학자 존 카푸토라고 알려진 그는, 그 곁에 있으면 주변 사람들을 늘 웃게 하는 따스한 사람이다. 그를 좋아하지 않을 수 없다.

낮의 프로그램들이 끝나고 컨퍼런스에 참석한 나의 학생들과 저녁을 먹었다. 텍사스에서 이곳 컨퍼런스가 열리는 미주리주의 스프링필드까지 일곱 시간 넘게 운전하여 온 제인Zane과 크리스천Christian(그의 이름이 '크리스천'이다. 내가 신입생이었던 그를 처음 만났을 때 그가 "나는 크리스천"이라고 자기 이름을 말하는데, 내게 농담을 하는 줄 알았다), 나와 석사 논문을 쓰고 지금은 다른 대학교의 박사과정에서 공부하고 있는 카일Kyle, 그리고 나의 학생이었고 지금은 대학 입학처에서 일하고 있는 네이선 Nathan…. 이 생생한 얼굴들과 저녁을 먹으며 함께 보낸 시간과 공간 속에서 나눈 웃음들, 크고 작은 이야기들은 이 컨퍼런스에서 내게 중요한 통찰의 근원이 되는 '사건'이었다.

사회 변화를 위한 열정은 구체적인 '얼굴들'을 늘 기억하면서 유지되어야 한다고 나는 본다. 그렇지 않게 될 때 끊임없이 타자를 악마화하고 자신은 의인화하면서 사람을 집단이나 이슈로밖에 보지 못하는 독선에 빠지게 된다. 인간화의 이름으로 비인간화가 자연스럽게 이루어지곤 하는 것이다. 변화와 정의의 이름으로 사실상 자신의 내면적인 권력 확장의 욕망을 은닉하곤 하는 이들은 사람들 한 사람 한 사람의 대체 불가능한 개별적인 '얼굴'들을 기억하지 않는다. 이 다양한 얼굴들과 만나면서 내가 다시 확인하게 되는 중요한 통찰이다.

3장

사랑,
치열한 생명

긍정의
희망

이중섭, 그 불가능한 가능성의 유토피아

나는 한 예술가의 작품세계를 경험하고자 할 때, 특정 작품에 '대표작'이라는 라벨을 붙이면서 고정시키는 것을 늘 경계한다. 어느 특정한 작품을 대표작이라고 고정시킬 때, 결국 대표작과 비대표작 사이의 위계가 매우 자연스럽게 형성되기 때문이다. 이중섭이라는 이름은 〈소〉와 연결되면서, 소를 다룬 다양한 작품이 〈길 떠나는 가족〉과 함께 이중섭의 대표작으로 고정되곤 한다.

언젠가 덕수궁에서 열린 이중섭 작품 전시회에서 천천히 하루를 보냈다. 그런데 나의 눈길을 끈 것은 그의 소위 대표작들이라기보다는 '편지화'와 '은지화'였다. 자신의 부인과 아이들에게 보내는 절절한 편지의 귀퉁이에 그들에 대한 그리움을 담은 그림이 담긴 편지화들, 그리고 담뱃갑 종이에 그린 다양한 은지화들은 한 신문사에서 발표한 소위 전문가들이 뽑은 '꼭 보아야 할 이중섭의 작품'에는 포함되지 않는다.

은지화들을 살펴보면서 나의 눈길을 끈 한 작품이 그림 엽서로 나와 있기에 샀는데, 제목은 〈사랑〉이라고 붙여져 있다. 내가 한참을 바라본 이중섭의 〈사랑〉은 유토피아적 갈망을 강렬하게 담고 있다. 그 '사랑'이 이 현실 세계에서 부부 간의 사랑이든, 부모와 자식 간의 사랑이든, 또는 다른 어떤 종류의 사랑이든 사실상 중요하지 않다. 이중섭의 은지화에서의 '사랑'은 두 존재의 서로에 대한 치열한 그리움과 지순한 합일을 참으로 아름답게 그려내고 있다. 현실과 초현실의 경계, 정물과 추상의 경계, 나와 너의 경계, 이곳과 저곳의 경계를 홀연히 넘어서 이 우주의 모든 '생명 에너지'를 서로에게 뿜어주고 있는 듯하다. 이중섭의 '사랑'은 내게 '살아감이란 함께 살아감 living is living-with'이라는 심오한 존재의 철학을 감동스럽게 전달해주고 있는 것이다.

인간은 '지금 너머의 세계'에 대한 '낮꿈 day-dream'을 꾸는 존재이다. '밤꿈 night-dream'과는 달리 이러한 낮꿈은 유토피아적 사유 방식으로 연결되면서 지금과는 다른 새로운 세계, 불가능한 것 같은 세계에 대한 꿈으로 이어진다. 이러한 낮꿈이 '지금'을 개혁하고자 하는 강렬한 동기를 제공하는 이유이다. 흔히

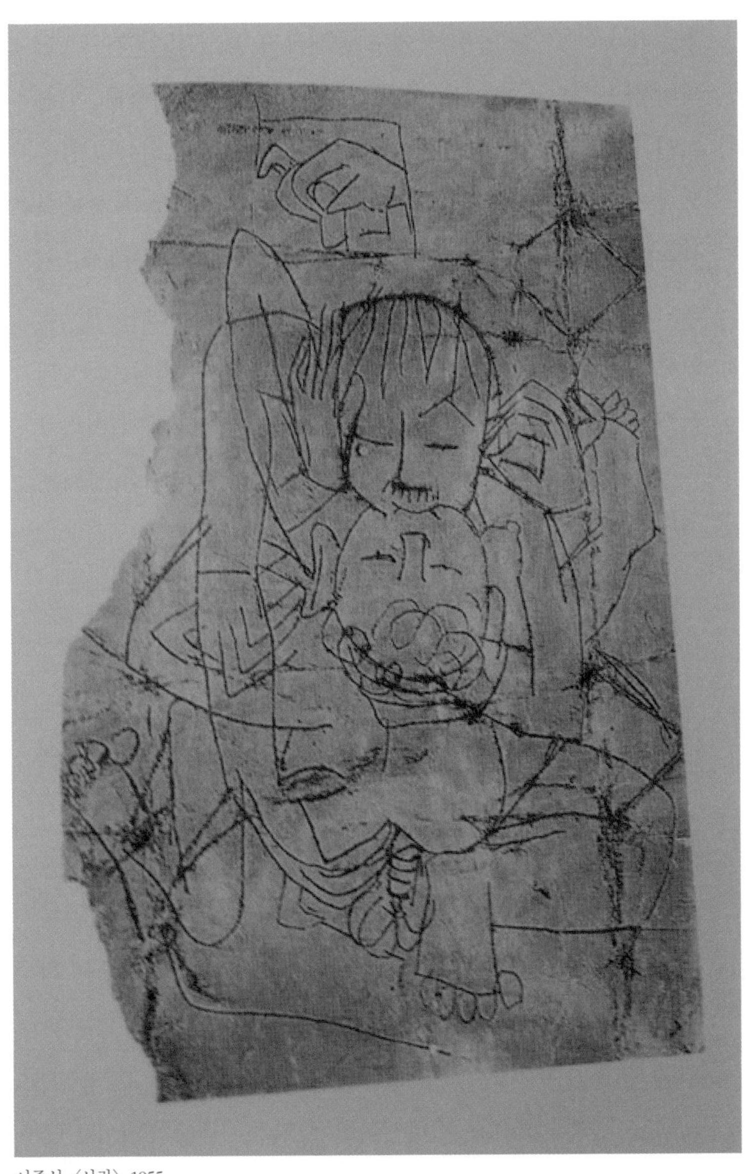

이중섭, 〈사랑〉, 1955

유토피아u-topia는 '아무 곳에도 존재하지 않는 장소no place'를 의미하는 것으로서 애초에 '불가능한 세계'를 예시하곤 한다. 그러나 카를 만하임Karl Mannheim은 두 종류의 유토피아가 있음을 분명히 한다. 하나는 '절대적으로 실현 불가능한 유토피아absolutely unrealizable utopia'이고 또 다른 하나는 '상대적으로 실현 불가능한 유토피아relatively unrealizable utopia'이다. 인간의 역사에서 끊임없는 변혁을 가능하게 했던 동력은 바로 이 '상대적으로 실현 불가능한 유토피아'적 정신이다. 그래서 이러한 유토피아적 정신을 억누르거나 그 정신이 아예 부재한 사회는 더 이상의 변혁이 불가능한, 절망적 사회이다.

여기에서 이중섭의 '사랑'이 어떠한 종류의 유토피아인지 판가름하는 것은 큰 의미가 없다. 어쩌면 절대적으로 실현 불가능한 유토피아와 상대적으로 실현 불가능한 유토피아, 즉 지금의 현실에서는 불가능하지만 이 현실 구조가 변화되었을 때에는 실현 가능성이 열려 있는 유토피아 사이에 그의 '사랑'은 자리 잡고 있을지 모르기 때문이다. 중요한 것은, 절망적 고독과 처절하게 씨름하는 그 삶의 한 가운데에서 이 두 생명·두 존재의 절절한 합일과 진정한 평화와 기쁨의 경험이 가져다주는 희망의 세계이다. 〈사랑〉이 담고 있는 합일과 평화의 경험은 비록 상상 속의 순간의 경험glimpse experience일지라도, 우리에게 이 살아 있음의 희열과 의미를 이어가게 하는 생명 에너지를 끊임없이 건네줄 것이다. 칠흑 같은 절망 한 가운데에서라도, 다가올 세계world-to-come에 대한 치열한 희망과 약속, 이중섭의 〈사랑〉이 내게 주는 강렬한 메시지이다.

고갱, 우리는 어디에서 왔고 누구이며 어디로 가고 있는가

이 세 가지 물음으로 이루어진 문장은, 폴 고갱Paul Gauguin의 유명한 그림 제목이다. 이 그림은 인간의 태어남, 살아감, 그리고 죽음에 대하여 근원적인 물음을 묻는다. 고갱은 그릴 때 깊은 좌절과 절망감 속에 빠져 있었다고 한다. 완성한 후 자살을 하기로 생각하고서 그린 그림이니 그 절실함이 이 그림 속에 담겨 있는 듯하다. 이 그림, 그리고 그림의 제목은 인간의 탄생, 삶, 그리고 죽음에 대한 사유로의 초대장이다.

삶과 죽음에 관한 물음, 그리고 누구나 태어난 후 죽음을 앞에 두고 있다는 피할 수 없는 인간의 한계성이란, 사실상 국적·인종·성별·종교 등과 상관없이 인간 모두가 경험하는 '인간의 조건'이다. 그런데 이러한 인간의 조건에 물음표를 붙이는 이

폴 고갱, 〈우리는 어디에서 왔고 누구이며 어디로 가고 있는가〉, 1897

들은 많지 않다. 물음표를 붙이는 행위는 '탈자연화'의 행위이다. '자연스러운 것'으로 받아들이는 어떠한 현상이 물음표를 붙이자마자 더 이상 자연스러운 것이 아니게 되고, 그러한 탈자연화를 통해서 자명하고 당연한 것 같았던 현상·일들이 '비판적 성찰'의 대상이 되어버린다. 그래서 물음표를 붙이는 행위는 현상 유지를 하고자 하는 이들에게는 매우 선동적이고 위험한 행위가 되어버린다. 자명하다고 생각되던 것들에 물음표를 던지던 소크라테스가 청년들을 '오염'시키고 '선동'하는 위협적인 존재로 간주되었던 이유이다.

인간이 동·식물과 다른 점이 있다면, 단지 생명이 붙어 있음에 자족하지 않고 살아 있음의 의미에 관하여 근원적인 물음을 묻는다는 것이다. 유럽 시리아 난민들의 그 처절한 행렬을 보면서, 고갱의 그림이 던지고 있는 물음들을 떠올린다. 그 '난민'이라는 라벨 속에 그들 한 사람 한 사람이 유일한 독특성을 지닌 대체 불가능한 인간이라는 엄중한 진실이 묻히지 않기를 바란다. 그들은 하나의 집단적 '범주'나 지나가버리는 '이슈'가 아니라, 그들 한 명 한 명이 대체 불가능한 고유성을 지니고 자기 삶의 유의미성을 추구하는 '인간'이라는 사실을 늘 기억해야 하는 것, 인류 공동체에 속한 우리의 지속적인 과제이다. 나는, 그리고 우리는 어디에서 왔고, 누구이며, 어디로 가고 있는가?

프리다 칼로, 그 치열한 '생명 긍정'에 대하여

내가 좋아하는 예술가나 사상가들을 살펴보면, 많은 이들이 '육체적 아픔'을 품고 있던 이들이다. 그들의 작품이나 글에는 육체적 고통을 경험하는 이들이 품고 있는 그 '아픔 너머의 세계'에 대한 절절한 갈망이 배어 있고, 자신과 타자에 대한 예민성이 늘 작동하고 있다. 그들은 그 아픔 속에 매몰되지 않고 아픔의 공간을 '좌절·절망의 공간'으로만이 아니라 '창의성의 공간'으로 단호하게, 그리고 치열하고 절절하게 전이시키고 있다는 점에서 나를 끌어당기곤 한다. 아마 잔병치레를 많이 하던 나의 어린 시절, 그리고 정신력과 상관없이 간혹 거치게 되는 육체적 한계의 경험들 때문에 더욱 이러한 이들에게 각별한 애정을 갖게 되는지도 모른다.

프리다 칼로Frida Kahlo도 내가 좋아하는, '아픔'을 품고 있는 예술가 중의 한 사람이다. 그렇기에 한국 방문 중 예술의 전당에서 열리는 프리다 칼로의 전시회에 갔던 경험은 내게 매우 고유한, 마음속에 깊이 남는 시간과 공간을 마련해주었다.

박사과정을 하면서 만나게 된 절친한 친구 한 사람이 있다. 그녀의 이름은 샤론Sharon이며, 한국 아이를 입양하여 기르고 있었고, 그 아이의 성이 우연히 나와 같은 '강'이었다. 샤론은 자신의 아이와 나의 성이 같다는 것을 참으로 기뻐했고, 나와의 만남을 '운명적인 만남'으로 여기기까지 했다. 나는 '큰 강big Kang' 그녀의 딸은 '작은 강little Kang'으로 부르고, 피부와 생김새가 유사한 한국인인 나를 자신의 딸에게 '롤모델'로 삼게 하고 싶다고 하면서 나를 그 딸에게 보여주기를 좋아했다. 밝고 명랑한 샤론과 틈새 시간에 만나 내가 공부하던 대학이 있는 도시의 시내를 걸어다니며 우리는 무수한 이야기를 나누고 웃곤 했다. 한참 시간이 흐른 뒤에 그 나날들을 되돌아보니, 고통스러웠던 박사과정 동안 내게 소중한 삶의 에너지를 제공한 시간이었다. 이렇게 '되돌아볼 때'에만 비로소 의미를 알 수 있는 것들이 있음을 샤론과 헤어진 후 더 절실히 알아차리게 되었다.

내가 먼저 박사과정이 끝나서 나는 한국으로 돌아왔다. 그런데 어느 날 샤론의 남편으로부터 한국에 있는 내게 편지가 왔

프리다 칼로, 〈부서진 기둥〉, 1944

다. 알 수 없는 바이러스 때문에 샤론이 한쪽 다리를 절단하게 되었다는 것, 그리고 그녀의 친한 친구였던 내게 알려야 할 것 같아서 이렇게 편지를 보낸다는 것이었다. 충격적인 소식이었다. 샤론의 명랑한 웃음소리, 활기차게 시내를 나와 함께 걷던 건강한 샤론이 한쪽 다리만으로 평생 살아야 한다는 것에 깊은 절망감이 들었다. 샤론이 쓰고 있던 논문도 마치지 못하고 평생 이 알 수 없는 저주와 같은 아픔 속에서 살아야 할 것이라는 생각이 나를 힘들게 했다. 그런데 주변 사람들의 예상과는 달리, 그녀는 몇 번의 힘든 수술을 거치면서도 학위논문을 마쳤고, 캐나다 밴쿠버의 대학에서 교수로 일하게 되었다.

한참 후에 그녀의 밴쿠버 집에서 3일 동안 머문 적이 있는데, 나는 그녀가 일상을 살아가는 모습을 지켜보며 내가 이 삶에 대하여 얼마나 '사치스러운 엄살'을 부리고 있었는지를 부끄럽게 돌아보게 되었다. 매 순간 그녀는 비장하게, 그러나 그 특유의 명랑함을 아름답게 지켜내며 매일 아침 한 다리로 두 개의 다리를 모두 가진 나보다 더 활기차게 바닷가를 걷고, 생태 정원을 가꾸고, 요리를 하고, 학자로서 해야 할 연구와 쓰기를 하는 것이다. 그녀의 첫 번째 책, 《정신 그리고 장애의 정치학 Spirit and the Politics of Disablement》은 프리다 칼로의 자화상을 그 표지에 담고 있다. 칼로는 이 점에서도 내게 각별한 의미를 주고 있다. 텍사스에 있는 나의 집 거실 한편에서도 칼로의 초상화가 나를 늘 바라보고 말을 건넨다.

내가 '육체적 아픔'과 씨름하던 예술가들의 작품에서 유난히 마음에 끌리는 것은 자화상이다. 반 고흐도 다양한 자화상을 그렸는데, 프리다 칼로는 더욱 다층적인 자화상을 그렸다. '아픔 너머의 세계'를 갈망하는 이들은 다양한 자신들과 만나는 예민성과 심오성을 지니고 있다고 나는 생각한다. 데리다는 "나는 나 자신과 혼자가 아니다 I am not alone with myself"라면서, 자신 속의 무수한 '나'와 만나고 대화했다. 프리다 칼로의 자화상들은 한 존재가 지니고 있는 다층적 모습을 참으로 섬세하게, 절절하게, 아프게 드러낸다. 칼로의 자화상들은 육체적 아픔이 가져다주는 처절한 절망과 고독은 물론, 그 아픔과 고독의 세계를 넘어서는 '새로운 나 · 세계'에 대한 절절한 갈망이나 희망까지 담고 있다. 이 두 세계는 모두 내게 각기 다른 '아픔들'을 전해온다. 그러면서 동시에 그 아픔들 속에 함몰되는 것이 아니라 그것을 넘어서는 강렬한 생명의 긍정을 느끼게 한다.

이 삶과 생명에 대한 우리의 엄중한 과제. 그것은 그 어떤 아픔과 절망적 정황 속에서도 끝까지 우리가 부여잡고 있어야 할 '생명 긍정의 과제'이다. 그래서 결국 우리 각자의 살아감이란 '그럼에도 불구하고의 삶'이라는 것. 칼로가 그녀의 그 치열성을 통해서 내게 전하고 있는 강렬한 메시지이다.

피카소, 비극의 한 가운데 에서

어느 밤, 피카소의 〈비극〉이라는 제목의 그림이 나의 마음을 끌었다. 한국의 광화문광장에서 세월호 참사의 유족들이 아직 그 비극의 공간에서 한 치도 벗어나지 못하고 있던 때였다. 또한 유럽 땅에서는 보다 인간다운 삶을 살고자 목숨을 걸고 국경을 넘는 난민들의 처절한 죽음의 행렬이 이어지고 있었다. 그뿐인가. 신의 이름으로, 국가의 이름으로, 사랑의 이름으로 세계 곳곳에서는 여전히 살상과 폭력의 일상이 계속되었다.

인간의 이 유한한 삶 속에서 폭력과 차별, 착취와 혐오가 사라지고 '모든' 사회 구성원들이 "나는 인간이다"를 선언할 필요가 없는 세계. 그러한 세계를 꿈꾸는 이들은 '낮꿈'을 꾸는 이들

파블로 피카소, 〈비극〉, 1903

이다. 그 '낮꿈'을 꾸는 이들에 의해서, 이 세계의 비극들 한가운데에서라도 치열한 '생명의 싹'들이 태어날 것이다. 비록 보일 듯 말 듯, 작고 작은 싹일지라도. 이 비극의 그림자가 이 세상을 너무 어둡게 감싸지 않게 하기 위해서라도 '낮꿈 꾸기'를 포기하지 말아야 한다.

어쩌면 이 말은 그 누구보다도 나 자신에게 하는 말인지 모른다. 보다 나은 세계에 대한 희망이라는 말이 너무나 퇴색한 것처럼 들리는 이 시대이지만, 여전히 우리에게는 보다 나은 세계에 대한 희망이 절실하게 필요하기 때문이다. 너무나 처절한 다양한 비극들과 마주하며 인간이기를 포기하지 않으려 할 때, 그래도 유일하게 남은 것은 '희망'이지 않은가.

4장

인식의 사각지대를 넘어서

순수주의의 위험성

어찌하다 보니 매우 다양한 운동에 개입하면서 살아왔다. 성차별은 물론 흑인 인종차별, 미국원주민(소위 Native American)차별, 성소수자차별, 그리고 홀로코스트 문제를 다루는 모임 등 다양한 종류의 변혁운동에 직·간접적으로 개입하게 되는 계기가 많았다. 그런데 이런 모임들에 가서 내가 언제나 경계하게 되는 것은 '순수주의' 열망을 가지고 '정통성'을 주장하는 사람들의 논지이다.

그러한 열망을 가진 사람들의 대부분은 '동질성'에 근거하여 있으며, 그 동질성이 자신의 정통성을 자동으로 보장하고 있다는 전제를 차용하고 있다. 성차별을 다루는 그룹에 가면 생물학적 동질성, 인종차별에서는 (적어도 미국에서는) 흑인이라는 인종적 동질성, 홀로코스트 문제를 다루는 데서는 유대인으로서의 동질성, 그리고 성소수자 모임에 가면 스스로 성소수자여야만 순수하고 정통성이 있다고 보는 것이다.

내가 어떤 그룹과의 인종적 또는 성적 성향의 동질성이 없다 해도 그러한 변혁운동을 지지하고 기회가 되면 거기에 개입하는 근거는 분명하다. 첫째, 다양한 형태의 차별과 억압은 그 집단에만 향한 것이 아니라 '인류에 대한 범죄와 차별'이라는 것이다. 둘째, 인간의 이기성은 설사 동질성을 나눈다 해서 그 의도가 '자기 이득self interest'과 '공공선common good'의 확장을 균형적으로 모색하는 데에 언제나 '순수'하게 작동되는 것이 아니라는 점이다. 나는 나의 '비동질성'이 변혁운동을 지지하는 데에 걸림돌이 되어서는 안 된다고 생각하고 개입해왔다. 그리고 비동질성을 지닌 이들이 그 변혁운동에 참으로 중요한 기여를 하고 있는 경우도 많이 보아왔다. 성소수자 모임에서 "이성애자인 당신이 어떻게 성소수자의 권리 문제에 개입할 수 있는가?"라는 질문을 받았을 때 내가 한 답변이기도 하다.

한국·미국, 또는 국제 여성운동 단체에서 일을 하면서, 인간이 지닌 이기성, 명예에 대한 욕망, 권력에 대한 집착은 여성이든 남성이든 모두 지니고 있다는 것을 무수히 경험해왔다. 이러한 실천적 경험을 하면서 여성이 남성보다 덜 이기적이고 평화를 사랑하며 생명을 사랑하는 존재biophilic이고, 남성은 폭력적이며 죽음을 사랑하는 존재necrophilic라고 보면서 여성에 대한 이상화와 미화를 이론화하는 그 어떤 이론에도 비판적이 되었다. 이러한 인간의 이기성 표출은 인종차별, 성소수자차별에 저항하는 단체 등 여타의 모임에서도 마찬가지로 일어난다. 특정 집단의 이상화, 낭만화, 또는 미화는 '인간이 누구인가'에 대한 복합적인 이해가 결여된 것이다. 사회적 차별과 억압의 대상이라고 해서 그 집단이 선과 악이 상충적으로 공존하고 있는 '인간의 조건'을 초월하는 것은 아니기 때문이다.

우리가 성, 인종, 성적 성향, 종교 등 다양한 형태의 차별과 억압에 반대하는 것은 그들과의 동질성에 근거해서가 아니다. 그러한 차별과 억압은 '너·그들'뿐 아니라 '나·우리'의 삶을 일그러지게 만드는 것이기 때문이다. 앨리스 워커Alice Walker가 그녀의 《컬러 퍼플》이라는 소설에서 다음과 같은 말을 했다. "모든 것은 다른 모든 것과 연결되어 있지요." 누군가가 '저편'에서 차별받고 있는 것은 결국 '이편'의 삶도 일그러져 있음을 의미하는 것이다.

성차별, 그 천의 얼굴

한 소설가와 시인의 성추행 사건이 표면으로 드러나면서 많이 이들이 분노했다. 그런데 이렇게 성추행이 있는 곳이 어디 문화계뿐인가. 한국사회 특유의 접대 문화나 음주 문화를 통해서 이러한 종류의 성추행은 각계각층에 '일상화'되어 있다고 해도 과언이 아닐 것이다. 대학은 물론 종교계에서의 성추행 사건도 끊이지 않고 등장하고 있지 않은가. 표면에 드러난 특정 사건에 대한 분노만이 아니라, 성차별적 의식과 가치가 한국사회 전반에 마치 공기처럼 퍼져 있어서 어떻게 많은 남성들 속에 '자연화'되어 있는지, 또한 여성들 스스로에게도 '내면화'되어 있는지를 비판적으로 성찰할 수 있으면 좋겠다.

성희롱·성폭력·성추행은 주로 남성에 의하여 여성에게 행하여지고 있으며, 이러한 일은 여성에 대한 왜곡된 이해로부터 시작된다. 여성이 공적 영역에서 어떠한 일을 하든 '생물학적 여자'라는 시선은 이미 여성혐오misogyny에 근거한 성차별주의sexism적 의식이다. 여성은 남성보다 '열등한 존재'이며, 남성을 유혹하는 '위험한 존재'라는 인식에서 출발하는 여성혐오 사상은 여성차별로 이어진다. 그리고 이러한 여성혐오나 여성차별은 다양한 얼굴을 하고서 행사된다. 노골적인 방식으로만이 아니라 매우 은밀하고 친절하고 부드러운 방식으로도 행사되는 것이다. 그 소설가가 "내 나름으로는 다정힘을 표현하고 분위기를 즐겁게 하느라…"라고 자신의 성희롱적 행위를 묘사한 것은 우연이 아니다. 가해자들의 대부분은 자신에게 성희롱·성폭력·성차별의 "의도가 없었다"는 레토릭을 사용하곤 한다. 성희롱·성폭력에서 가해자·행위자의 '의도성'이 아니라 피해자의 '경험·느낌'이 특정 행위의 성희롱·성폭력 여부를 결정하는 가장 중요한 잣대가 되는 이유이다.

화제의 주인공인 그 소설가는 70대 시인과 30대 제자, 열일곱 살 소녀의 관계를 그린 《은교》라는 소설의 저자이다. 그는 자신과 합석한 여성들을 나이에 따라서 '늙은 은교' 또는 '젊은 은교'라고 호명했다고 한다. 그 여성들이 무슨 일을 하는 사람인가에 상관없이, '어쨌든 여자'라는 가부장제적 시선은 그 여성들을 '사회적 여성'이 아닌 '생물학적 여자'로만 보게 한다.

따라서 생물학적 나이에 따라서 분류되고 호명되는 '성차별적 호명 장치'가 작동되고 있는 것이다. 그런데 이렇게 나이에 따라 여성들을 분류하고 호명하는 것이 그 소설가 개인만의 방식일까. 가부장제사회일수록 성차별적 시선에 의하여 남성의 나이는 '연륜'으로 존중되지만 여성의 나이는 사회적 가치가 떨어지는 '추함'으로 비하된다. 즉 여성이 누구인가에 상관없이 여성들은 '늙은 여자'와 '젊은 여자'로만 분류됨으로써 생물학적 나이나 외모에 따라서 그들의 사회적 가치가 결정되는 것이다.

현대세계를 조명하고자 하는 이들이 이제 차용해야 하는 분석적 틀이 있다. 대표적인 분석적 틀은 성sex·gender, 인종, 사회적 계층, 장애 여부, 그리고 성 정체성 등이다. 이러한 틀이 중요한 이유는, 이러한 것들이 각 집단 간의 우월/열등의 원리에 따라 소위 '지배의 논리'에 의하여 작동되면서 한 사회의 다층적 차별들을 만들어내고 있기 때문이다. 한 사회의 성숙도는 이와 같은 다양한 차별에 대한 인지가 어떻게 그 사회의 각계각층에 확산되어 있는지에 달렸다고 나는 본다.

그런데 성차별에는 다른 종류의 차별과는 다른 매우 독특한 특성이 있다. 다른 종류의 차별은 대부분 공적 공간에서 경험되는 차별이다. 반면 가장 친밀한 관계를 이루는 사적 공간과 공적 공간에서 모두 작동하는 것이 성차별이다. 예를 들어서 같은 인종 또는 계층의 가족끼리 사는 사적 공간에서 서로 차별을 하거나 받지 않는다. 즉 인종차별이나 계층차별 등은 공적 공간에서만 경험되는 것이다. 그러나 성차별은 사적 공간은 물론 공적 공간에서도 경험하고 작동하는 복합적인 중층의 차별이다. 개인적 차원만이 아니라 제도적이고 정치사회적인 차원에서 작동하는 것이 성차별인 것이다. 그래서 성차별은 "침실에서부터 백악관까지" 경험하고 일어나는 것이라고도 한다.

인류의 역사에서 성차별은 천의 얼굴로 구성되고, 제도화되고, 행사되어왔다. 문화의 이름으로, 종교의 이름으로, 사회적 관습과 덕목의 이름으로, 여성을 단지 사적이고 생물학적인 존재로만 간주하고 그 여성의 인간으로서의 총체적 모습을 끊임없이 부정하고 폄하해온 것이 인류의 성차별 역사이다. 따라서 여성혐오나 성차별은 결코 '상식적'으로 파악할 수 있는 단순한 것이 아니다. 스스로 중층의 차별을 당하면서도 많은 여성들이 "나는 성차별을 경험하지 않았다"라고 하거나, 작가·종교인·정치인·교육인들이 성차별·성희롱을 하면서도 "나는 성차별주의자가 아니다"라고 하는 이유이다. 성희롱·성폭력·성차별을 넘어서는 사회가 되기 위하여 이러한 문제가 상식적으로만 이해될 수 있는 것이 아니라, 인내심을 가지고 학습되고 조명되어야 하는 매우 복합적인 문제라는 점을 인식해야 할 것이다.

성희롱 성추행 성폭력은 의도성과는 상관없다

한국 뉴스를 보다보면 연일 다양한 직업군에서 성추행·성희롱 관련 기사가 등장한다. 그런데 군대·출판계·정치계·학교·종교계 등 다양한 곳에서 일어나고 있는 이 성희롱·성추행의 당사자들이 거의 한결같이 하는 자신의 변은 '의도성'이 없었다는 것이다. 박희태 전 국회의장은 재판에서 성추행 행위들은 인정하면서도 '그런 의도'는 없었다고 변명했다.

그런데 분명히 알아야 할 것은 차별·추행·희롱·폭력 등은 가해자 본인의 의도와는 전혀 상관없이도 일어나며 성립된다는 사실이다. 어떤 경우는 피해자 자신들도 자신에게 가해진 그러한 행위가 차별·추행·희롱·폭력 등의 범주에 들어가는지조차 모르는 경우가 참으로 많다. 이러한 범주화는 한 사회의

'인권에 대한 예민성'의 척도를 보여주는 것으로써 동일한 행위가 어떤 사회에서는 아무것도 아닐 수 있지만 다른 사회에서는 심각한 인권 유린과 폭력·차별로 규정된다. 그리고 이러한 규정들은 시간이 흐르면서 계속 세부화되고 확장되는 것이어서 지속적인 교육이 필요하다.

예를 들어 대학 교수의 은퇴 정년이 없는 미국 대학교에서는 다른 교수에게 "언제 은퇴할 것인가"라는 질문을 하는 것조차 나이차별주의ageism에 들어간다. 자신이 교수·학자로서의 능력이 있고 그 역할을 수행할 수 있다고 생각하면 나이가 여든이든 아흔이든 교수를 할 수 있기 때문이다. 그래서 종신직 교수가 된다는 것은 매우 중요한 일이 되는데, 종신직 교수가 되었다고 해도 매년 자신의 교수·학자로서의 업적을 제출하고 보이는, 보이지 않는 평가를 지속적으로 받아야 할 책임이 있다. 소위 '고문관' 교수가 되는 것은 거의 불가능하다는 것이다. 은퇴 정년이 없다고 하면 혹시 능력 없는 교수들이 무책임하게 학교에 남아 있지는 않을까 하는 우려들을 하는 경우가 있는데, 내 주변에서는 그런 경우를 찾아보지 못했다. 철저한 책임성이 요구되는 교수직을 육체적·정신적 한계에 부딪히면서까지 무작정 지키는 것은 사실상 불가능하기 때문이다.

이렇듯 차별·추행·희롱·폭력 등에 대한 사회적 범주가 날로 바뀌고 확장되면서 '지속적인 교육'을 받아야 비로소 알 수 있는 것들이 참으로 많다. 내가 일하는 대학에서는 이러한 지속 교육의 하나로, 교수와 직원들 모두가 필수로 받아야 하는 차별 방지를 위한 온라인 교육이 있다. 그 교육은 성별·성적 성향·인종·계층·육체적 생김새·나이·임신 여부 등과 연계된 '모든' 종류의 희롱이나 차별이 의식적·무의식적으로 일어나지 않도록 방지하기 위한 것이다. 그 교육의 내용은 크게 두 가지이다. 하나는 주 정부에서 모든 대학들에 요구하는 필수적인 것으로서 여성에 대한 폭력방지법 Violence Against Women Act, VAWA과 성적 폭력 제거법 Sexual Violence Elimination Act, SaVE이다. SaVE는 직원과 교수 모두가 받아야 하며, 교수들은 거기에 VAWA를 더 받아야 해서, 두 가지 교육을 받은 후 시험을 봐서 합격점에 이르러야 '교육 이수증'을 받는다.

교수와 직원들이 모두 받아야 하는 SaVE는 109개의 슬라이드, 그리고 교수들만 따로 받아야 하는 VAWA는 90개의 슬라이드로 되어 있는데, 각 슬라이드는 다양한 구체적인 사례들과 연결되어 있어서 이 두 가지 교육 훈련을 받는 데에 상당한 시간이 걸린다. 내가 일하는 대학에서는 600여 명이 되는 교수와 1,400여 명의 직원 등 모두 2,000여 명이 넘는 전임직에 있는 모든 이들이 다양한 종류의 희롱·폭력·차별이 어떻게 생겨나고 있으며 어떻게 그러한 범주로 규정되는가에 대한 세심한 교육을 받아야 한다. 또한 전체 학생이 1만여 명가량 있는 이 대학교는 각 단과 대학마다, 그리고 대학 전체에 이러한 문제를 다루는 특별위원회Harassment Committee가 가동되고 있다.

내가 이 온라인 교육을 받는 데에 얼마나 시간이 걸렸는지 재어보지는 않았지만, 두 가지를 한 번에 다 하려던 계획을 포기했었다. 하나를 먼저 하고서 시험까지 보고 나니 그다음 하나를 다시 할 시간도 에너지도 없다는 느낌이 들어서, 하나는 오전에 그리고 다른 하나는 오후 늦게 마쳤다. 아마 하나 하는 데에 두 시간 이상은 걸리지 않았을까 한다. 그런데 마지막 시험을 볼 때, 나는 하나도 틀리지 않을 것이라고 나름 자신감을 가지고 있었는데 여러 개의 문제에서 맞는 답을 내지 못했다. 대부분의 문제들은 다양한 사례를 보여주면서 이것이 차별·추행·희롱·폭력 등의 범주에 들어가는지, 그러한 일이 강의실에서, 캠퍼스에서 생겼을 때 어떻게 조치를 해야 하는지, 어떠한 법적 제재를 받고 있는지를 알아맞혀야 해서 모든 문제에 정답을 내기란 참으로 쉽지 않았다. 성별, 인종, 계층, 육체적 생김새, 성적 성향, 나이 등에 근거한 다양한 형태의 폭력과 차별 문제를 오랫동안 연구하고 가르쳐왔는데도 예민한 사항들에 '정답'을 내기가 쉽지 않았으니, 이러한 문제에 관한 지속적 교육의 필요성을 다시 확인하게 되었다.

의식적·무의식적으로 우리는 다양한 차별적 언어 생활과 행동들을 하고 있다는 사실. 그래서 끊임없이 배우고 자신을 훈련시키지 않으면 안 된다. 그러한 차별·추행·희롱·폭력 등은 자신이 그렇게 하고자 하는 '의도성'과 상관없이 다양한 우리 삶의 현장에서, '나'에 의해서 또는 '타자'들에 의해 벌어질 가능성이 있으며, 본인은 그러한 의도가 없었다든가 몰랐다고 해서 그러한 행위가 정당화되는 것은 아니기 때문이다.

여성혐오의 다층적 얼굴들

강남역 공용 화장실에서 벌어진 살인 사건이 '묻지마 살인'인지 '여성혐오 살인'인지에 대한 글을 써달라는 모 신문사의 요청을 받아들이지 못했다. 기고문을 쓸 시간이 없었기 때문이다. 그럼에도 신문이나 SNS를 잠깐씩 살펴보면서 이 논의의 방향 자체를 우려스럽게 생각했었다.

우선 이 사건을 둘러싼 논의가 '묻지마 살인'인가 '여성혐오 살인'인가 라고 묻는 양자택일의 방식으로 진행되는 것이 매우 소모적이라고 본다. 왜냐하면 우선 그 가해자는 이미 소위 '묻지마 살인'을 했다. 동시에 불특정 다수 중에서 남성이 아닌 여성을 타깃으로 했다. 그것이 우연이든 고의든 그 생물학적 여성을 자신의 폭력적 권력을 행사할 수 있는 존재로 보았다는 것은 의도와 상관없이 이미 여성혐오의 결과물이다. 자신 스스로 나는 "여성혐오자가 아니다"라고 하든, 경찰 조사가 결론을 어떻게 내리든지 상관없이 그는 여성을 자신이 함부로 할 수 있는, 또는 함부로 하고 싶은 존재로 보았다는 점에서 이미 여성혐오를 작동시킨 것이다. 따라서 양자택일적 논의 방식은 불필요하게 편을 가르고 에너지를 소모하게 할 뿐이다. 그 사건이 여성혐오가 어떻게 수많은 다층적 얼굴을 지니고 있는가를 사회적으로 학습하게 되는 기회가 되었기를 나는 바란다.

여성혐오misogyny라는 개념은 두 가지 함의를 지닌다. 첫째, 여성은 남성보다 열등한 존재라는 것. 둘째, 여성은 위험한 존재, 즉 남성을 유혹하여 타락하게 하는 위험한 존재라는 것이다. 여성에 대한 이 두 가지 인식은 노골적인 비하·배제·증오 등으로 나타나기도 하지만 매우 은밀하고 부드러운 방식으로 나타나기도 한다. 따라서 누가 여성혐오를 내면화하고 있으며 그것을 현실세계에서 드러내는가를 판가름하기 위해서는 사실상 매우 치밀한 비판적 분석과 조명이 필요하다.

또 하나 생각해야 할 중요한 점은 누가 여성혐오를 하는지다. 흔히 남성만이 여성혐오를 지니고 있다고 생각하지만 결코 아니다. 생물학적으로 여성이라고 해서 여성혐오로부터 면역되지 않는다는 것은 역사적으로, 그리고 우리의 구체적 현실 속에서 얼마든지 볼 수 있다. 즉, 여성혐오가 남성만의 전유물이 아니라는 것이다.

가부장제사회에서 자라고 교육받고 사는 여성들은 가부장제적 가치를 내면화한다. 가부장제사회는 여성의 열등성과 남성을 유혹하는 유혹자로서의 위험성을 지닌 존재라는 여성혐오 사상을 지속시키고, 강화시키고, 정당화시키면서 유지된다. 따라서 남성만이 여성혐오를 내면화하고 있는 것이 아니라 여성들도 여성혐오를 내면화한다.

페미니스트 연구에서 보여진 바, 자신의 수술을 주도하는 의사, 비행기의 기장, 자신의 교회의 담임 목회자 등 소위 '지도자'로서 누구를 원하는가를 물으면 다수의 여성들이 '남성'을 원한다. '어쨌든' 남성이 여성보다는 더 믿음직하고 실력이 있다고 보는 것이다. 여성을 열등한 존재로 보는 여성혐오의 자취이다. 강간 사건이 일어났을 때에 그 강간의 희생자인 여성에게 여성들이 우선 묻는 것도 "네가 도대체 어떻게 행동했기에, 또는 무슨 옷을 입었기에 그런 일을 당했는가"이다. 즉 남성의 유혹자로서의 '위험한 여성'이라는 생각이 의식적·무의식적으로 여성들 속에서도 잠재하여 있다. 이렇게 여성혐오는 매우 은밀한 방식으로, 또는 노골적인 방식으로 우리 현실에 침투하여 있다. 가부장제사회의 딸들, 어머니들, 할머니들은 이러한 여성혐오를 내면화하면서 살아왔고, 지금도 여전히 그 여성혐오의 기제를 작동시키고 있다.

내가 강남역 여성 살인 사건의 논의에서 우려했던 점은 크게 두 가지이다. 첫째, 묻지마 살인인가 여성혐오 살인인가에 대한 양자택일적 논의 방식의 한계이다. 이 양자택일이 위험한 이유는 이 두 축 사이의 얽히고설킨 복합적 관계성의 가능성을 보지 못하게 한다. 둘째, 여성혐오에 대한 지극히 제한적인 몰이해를 대중화할 수 있다는 점이다. 여성혐오가 마치 살인이나 노골적인 물리적 폭력을 통해서만 실행되는 것처럼 오해하게 만들 수 있다. 그러나 앞서 밝혔듯이 여성혐오는 노골적이고 야만적인 얼굴로만이 아니라 매우 친절하고 부드러운 은밀한 방식으로도 작동되고 있다. 여성을 매우 우대해주는 것 같은 소위 '신사도'의 근원적인 인식의 출발점은 여성을 보호의 대상으로 보는, 즉 약하고 열등한 존재로 여성을 이해하는 은밀한, 그러나 강력한 여성혐오이다. 여성혐오는 남성만의 전유물이 아니라는 점, 또한 여성혐오는 노골적인 방식으로만이 아니라 은밀한 방식으로 도처에서 작동하고 있다는 점을 학습하고 기억해야 할 것이다.

세계 여성의 날, 그 양가성

3월 8일 세계 여성의 날을 맞이해서, 박사과정 공부를 하고 있는 한 학생이 자기 페이스북에 자신의 일생에서 가장 중요한 네 사람의 여성에 대한 포스팅을 올렸다. 자신의 어머니, 아내, 논문 지도하는 교수, 그리고 나를 자기 일생에 가장 중요한 네 사람이라고 지명하였다.

이 학생은 박사과정의 수업활동coursework을 하면서 학점과 상관없이 내 과목을 수강하고 청강하기도 하며 그날 자신이 얻은 통찰을 늘 페이스북과 트위터에 요약하여 올리곤 하는 성실한 학생이다. 나는 이 학생이 나를 자신의 일생에 영향을 미치는 중요한 선생으로 생각한다는 것을 소중하게 생각한다.

내가 이 학생의 긴 글에서 읽은 것은 자신의 일생에 중요한 네 사람이 생물학적 여성이라는 점이 '필연'이 아니라 '우연'이라는 취지였다. 즉 네 사람이 '여성'이기 때문에 자신에게 중요한 게 아니라, 자신의 삶에 가장 중요한 네 사람이 있는데 그들이 '우연히' 여성이라는 것이다.

그런데 이 학생의 글을 읽으면서, 우리에게 여전히 '특별한 날'로 기억되는 날들이 지닌 양가성을 생각하게 되었다. 여성의 날, 어린이날, 장애인의 날 등 이러한 특정한 그룹을 지칭하는 '특별한 날'이 여전히 존재한다는 것이 매우 중요한 일이면서도, 거기에는 여전히 어두운 이면이 고스란히 담겨 있다는 사실이다. 여성·어린이·장애인 등과 같은 '집단'은 여전히 주변화된 존재로서 살아가고 있으며, 그렇기에 '특별한 날'에 '특별한 관심'을 주어야 한다는 토크니즘tokenism[○]의 이면이 존재한다는 것이다.

이러한 '특별한 날'에 등장하는 사람들은 그 사회에서 주변화된 존재라는 뜻이며, 그러한 '특별한 날'이 갖가지 '행사'로 지나가버리는 현상에는 그들이 항구적으로 주변화된 존재로 살아가게 하는 데 일조하는 지독한 양가성이 있다. 굳이 어린

○ 사회적 소수자에게 실제로는 실질적 힘을 주지 않으면서, 소수자를 포용하는 행위 자체가 힘의 불평등 문제를 해결한다고 이해하는 것, 혹은 그러한 관점에서 비롯된 관행을 말한다.

이날, 장애인의 날, 여성의 날이 없어도 어린이 · 장애인 · 여성이 사회 · 정치 · 종교 · 문화 · 교육 등 우리 삶의 각 영역에서 온전한 한 인간으로서 간주되는 세계에서는 이러한 '특별한 날'의 존재가 불필요하기 때문이다.

한국과 같이 여전히 여기자 · 여성 학자 · 여류 작가 등의 호칭을 자연적인 것으로 공적 공간이나 대중매체에서 쓰면서 생물학적 여성의 주변성을 지속시키는 사회에서, 이러한 '여성의 날'의 이벤트성 행사들에 쏟아붓고 있는 모든 에너지가 어떠한 변혁적 기능을 할 수 있을지 그다지 긍정적인 생각이 들지 않는다. 남성 · 어른 · 비장애인 · 이성애자들이 여전히 그 '주류성'을 고스란히 지켜내고, 여성 · 아이 · 장애인 · 성소수자들의 그 '주변성'이 근원적으로 도전받고 변혁되지 않으면서 그들에게 일시적 관심을 주는 '특별한 날'의 행사들은, 주변부들의 존재가 주변화되는 것을 자연스러운 것으로 '자연화naturalization'할 뿐이기 때문이다. 자연화의 위험성은 현상 유지를 강화하며, 근원적인 '왜'를 차단한다는 점이다.

한때 미국에서는 흑인과 여성들은 '영원한 미성년'으로서 종합적 판단을 할 수 있는 능력이 결여되어 있다는 전제하에 그들에게 참정권을 주지 않았다. 미국의 여성들은 여성에게도 남성과 마찬가지로 종합적 판단 능력이 있다는 것을 주장하면서 1848년부터 공식적으로 투쟁을 시작하여 1920년에야 비로소 참정권을 얻게 되었으니, 70년 이상을 투쟁하여 참정권을 '획득하게' 된 것이다.

그런데 현재 우리가 경험하는 다양한 차원에서의 세계 정치적 또는 경제적 불평등과 불의의 정도는 50년 또는 100년 전의 세계가 경험했던 것보다 훨씬 심각하며, 미래에 더욱 그 불평등의 문제가 심각해질 것이라고 전문가들은 예측하고 있다. 지식의 증가가 인류의 진보를 이루는 데에 필수적이라고 보았던 존 로크John Locke나 볼테르Voltaire와 같은 계몽주의 철학자들과는 달리, 칸트는 지식의 증가 자체가 인류의 진보를 가져오는 것이 아니라고 보았다. 오히려 그 지식이 '적절한 목적'을 이루는 데에 쓰일 때에만 지식이 인류에게 중요한 구속적 의미와 힘을 부여하는 의미가 될 것임을 강조했다.

현대는 거대한 혁명적 변혁이 불가능한 시대라고 한다. 그러나 '세계 여성의 날'을 생각하며 작은 바람을 가져본다. 그것이 독서모임이든 대화모임이든 한 개별인들이 자신을 보는 방식, 타자들을 보는 방식, 세계를 보는 방식을 조금씩이라도 바꾸고 그 지평을 넓히는 작은 모임들이 여기저기 많이 생기는 것. '지적 유희'를 위해서가 아니라 구체적인 개별인들의 '관점'이 확장되고 성숙하는 데에 중요한 통로를 마련하는 작은 공간들이 여기저기에 생기는 것. 단순한 '지식의 증가'를 위해서가 아니라 그 지식이 어떻게 '적절한 목적'을 이루는 데 쓰일 것인가를 고민하는 작은 모임들이 생겨서 무수한 '작은 혁명'의 바람을 소리 없이 불러일으키는 것. 그래서 총체적인 '비판적 사유의 부재'가 한국사회를 뒤덮지 않도록 스스로 경계의 끈을 놓지 않으면서 서로를 든든하게 붙잡아주는 것. 이러한 작은 모임들이 불러일으킬 작은 혁명들을 꿈꾸어본다.

이러한 작은 혁명들의 확산이 이루어질 때, 주변부인들을 여전히 주변부에 머물게 하는 양식을 반복하는 '특별한 날'이 더 이상 필요하지 않은 사회로 이행하게 되지 않을까.

순종과 희생 이데올로기에 갇힌 이들

목사 안수를 받고 목회를 하던 S라는 연예인이 장기적으로 폭행을 행사해왔다는 기사를 접했다. 그의 부인은 결혼 전부터 받았던 다양한 형태의 폭력을 32년간 참으면서 "기도하며 가정을 지켜왔고" "남편을 목사로 만들면 남편이 변화할 것"이라고 믿었다 한다. 그런데 여기에서 '왜 폭력의 희생자들은 자신의 해방과 자유로부터 등을 돌리는가?'라는 물음을 묻지 않을 수 없다. 무엇이 그녀에게 32년간이나 그 극심한 폭력을 참게 했는가.

이데올로기 ideology라는 개념은 두 가지로 쓰인다. 하나는 '하나의 사상 체계'라는 의미로 중성적인 것인 반면, 또 다른 하나는 한 사회 '지배자의 사상 체계'라는 이미 부정적인 의미를 담고 있다. 가정이든 사회든 그 집단에서 권력의 중심에 있는 이들은 현상 유지하려는 강한 의지를 갖게 되며, 그 현상 유지를 위해 어느 특정한 가치 체제를 차용하여 이데올로기화해서 약자들에게 주입시켜 저항의 가능성을 차단한다. 이러한 이데올로기화 과정은 사실상 한 사회의 지식 생산과 유통, 그리고 교육화 과정을 통해서 재생산되고 강화되기에 폭력의 가해자나 피해자들 스스로 이러한 이데올로기의 정체를 알아차리기란 참으로 어렵다.

예를 들어서 '순종과 희생'이라는 종교적 또는 사회적 덕목이 폭력적 현실 구조를 유지하기 위한 이데올로기로 사용될 수 있는 것이다. 순종과 희생은 기독교는 물론 한국 문화 전반에서 유독 여성들에게만 강조되는 '덕목'이다. 이러한 덕목이 이데올로기화되면서 기존의 질서 체계, 기존의 폭력적 현상들이 '자연적이고 당연한' 사실로 간주되곤 한다. 교회는 종종 순종과 희생의 이름으로 다양한 폭력의 희생자인 여성들에게 꾹 참는 것이 예수 믿는 신앙심의 한 방식이라고 가르쳐왔다. 교회를 오래 다닌 여성들에게 폭력에 대한 불감증, 또는 폭력을 자신의 신앙에 대한 '박해'로 여기며 더욱 참아내야 한다고 굳게 믿는 것을 종종 볼 수 있는 이유이다.

가부장제적 폭력이 유지되는 데에 핵심적인 요소가 남성에 대한 여성의 의존과 순종, 그리고 희생이다. 가정이나 교회가 가부장제적으로 구성될 때에, 여성은 가정이나 교회에서 유사한 역할을 하도록 기대된다. 즉, 남성을 보조하고 뒷받침하는 '순종과 희생의 어머니·아내·신도'의 역할이다. 이러한 역할을 충실하게 할 때 그 여성은 '교회나 가정의 꽃'이며 없어서는 안 되는 '훌륭한 역할의 사람'이지만, '왜'를 묻거나 그러한 규정된 역할에서 조금이라도 벗어나면 '이기적인 여성' 또는 가정이나 교회에 '해로운 악한 여성'으로 낙인찍힌다. 그래서 서구세계든 아시아 세계든 여성에 대한 이미지는 두 극단적인 모습으로만 표상된다. 성녀(마리아)와 악녀(이브).

그런데 이 두 상반된 여성에 대한 모습은 사실상 동일한 근원, 즉 남성중심적androcentric 인간관·세계관에서 연원한다. 오래전에 사라진 것 같은 '현모양처 이데올로기' 또는 '삼종지도 이데올로기'는 이 21세기에도 한국사회의 입시제도, 문화적·종교적 덕목들, 군사주의, 폐쇄적인 애국주의 등과 같은 색다른 옷을 입고서 다양한 종류의 폭력을 행사하고 여성들과 같은 경제적·사회문화적 약자들에게 권력에 대한 '맹목적 순종'과 '자기 희생'을 강요하고 있다.

국제상담학회가 한국에서 열릴 때 통역을 한 적이 있다. 그때 여성과 폭력에 관하여 사례 발표를 했던, 한 한국인 연구자의 발제가 여전히 지금도 내 기억 속에 남아 있다. 가정에서 폭력을 당하는 여성들이 자신의 유일한 '위로의 공간'인 교회에서 목회자나 교회 지도자들에게 상담을 할 때에 거의 예외 없이 듣는 상담 내용이 있다는 것이다. "희생하며 참고 살아라, 예수님은 십자가에 못 박히는 극심한 고통도 참아내었는데 그 정도 고통도 못 참는가, 하나님이 주신 가정을 잘 지키는 것이 하나님의 뜻에 순종하는 것"이라는. '지도자'이며 '전문가'인 이들에게 이러한 상담을 받은 여성들이 할 수 있는 일이 무엇인지를 추측하기는 어렵지 않다. 눈물을 삼키며 지속되는 폭력의 고통을 견디어내는 삶을 '선택'할 수밖에 없는 것이다.

"32년간 기도하며 가정을 지켜왔다"라는 S 연예인 전 부인 서정희 씨의 진술 속에서 나는 그 오래전에 들었던 사례들이 지금도 여전히 도처에서 반복되고 있음을 확인했다. 무수한 '서정희들'의 얼굴이 겹쳐서 다가오는 것이다. 안토니오 그람시Antonio Gramsci의 '헤게모니 이론'은 어떻게 지배계급이 피지배계급의 '자발적 동의'에 의하여 자신의 헤게모니를 유지하는가를 예리하게 분석한다. 이러한 그람시의 분석은 어떻게 폭력의 희생자들이 표면적으로 가해자들에게 '자발적 동의'를 주면서 그 폭력적 상황 속에서 지속적으로 살아가는가를 들여다보도록 한다.

가정이나 기업들, 또는 종교 공동체들이 순종과 희생의 이데올로기를 통해서 다양한 폭력을 '자연적인 것' 또는 '참으며 자기를 희생해야 하는 것'으로 만드는 한, 우리 사회에는 무수한

'서정희들'이 각기 다른 옷을 입고서 음지에서 자신의 인간으로서의 존엄성을 희생하고 외면하면서 고통당하고 있을 것이다. 다양한 옷을 입은 폭력에 대한 예민성을 기르는 것, 그리고 지속적으로 다양한 폭력적 이데올로기들을 비판적으로 해체하는 것, 우리 가정, 종교 공동체, 그리고 사회 전체가 인간으로서의 권리와 존엄을 지켜내기 위한 긴급한 과제이다.

한국 신문에 바란다

어느 강의 시간에 '정체성의 정치학' 또는 '라벨의 압제성' 등의 주제로 논의를 했다. 여러 학생이 자신이 속한, 또는 자신이 사용하게 되는 '정체성의 표지'가 어떠한 기능들(순기능과 역기능)을 하는지에 관하여 토론하고 있었다. 그런데 미국사회에서 소위 '중심부'를 구성하는 요건, 즉 백인·남성·중상층·이성애자·비장애인·기독교인 등의 요건을 모두 지닌 한 학생이 손을 들더니 '고백'할 것이 있다고 한다. 자기들과 같은 사람들이 모이는 그룹이 있는데, 자신들을 지칭하는 소위 '정체성의 표지'를 누구도 찾으려고 하지 않을 뿐 아니라 찾으려 해도 찾기 힘들다는 고백이었다.

흑인 학생은 '흑인'이라는 표지, 멕시코에서 온 학생은 '멕시

코인'이라는 표지, 성소수자들은 'LGBT(레즈비언·게이·양성애자·트랜스젠더)', 또는 여성들은 '여성'이라는 표지를 달고 산다. 그런데 왜 중심부적 요건을 모두 지닌 그 학생은 사용할 수 있는 표지가 없는 것인가. 이유는 간단하다. 특정한 표지를 사용하는 사람들은 중심부가 아닌 '주변부적 존재'이기 때문이다.

이러한 정체성의 표지에는 두 종류가 있다. 첫 번째는 사회적으로 특정한 부류의 사람들에게 붙여주는 표지이다. 이렇게 외부에서 누군가에게 붙이는 표지는 주로 중심부에 속한 이들이 주변부에 속한 이들을 비하하거나 자신들과 다른 부류의 사람이라며 분리하는 방식으로 붙여진다. 이럴 때 그 주변부인들은 '말해지는 객체'가 된다. 다인종사회가 아닌 한국사회에서 다양한 인종적 표지들은 대중화되어 있지 않지만, 동성애자·여자·장애인·외국인 노동자·탈북자·노인 등의 표지는 중심부에 속한 이들이 주변부에 속한 이들을 지칭하면서 그들을 주체가 아닌 대상으로 만들어버리게 한다. 예를 들어 여기자·여교사·여류 작가·여교수 등의 표지를 신문 등 다양한 매체에서도 버젓이 쓰고 있는 나라가 한국이다. 또 다른 한국 특유의 것이 있다. 그것은 신문 기사에 등장하는 인물들의 이름 옆 괄호에 '나이'를 넣는 것이다. 그런데 여성들은 나이만이 아니라 '여'라는 표지까지 덧붙여진다. 앞에 '여자'라는 표지를 붙임으로써 아무런 표지가 없는 이들, 즉 남성은 그 사회적 중심성을 드러낸다.

그런데 기자/여기자, 작가/여류 작가, 교수/여교수 등의 분리된 표지는 어떠한 기능을 하는가. 그 기능을 느끼기 위하여 '상상 속의 실험'을 하면 된다. 예를 들어 기자/남기자, 작가/남류 작가, 교수/남교수 등으로 여성이 아닌 남성들에게 특별한 표지가 붙여지는 '상상 속의 실험'을 하면, 얼마나 이러한 표지가 중심과 주변부를 '자연스러운 것'으로 만드는 가치 구조를 지속시키고 있는지, 동시에 표지가 없는 이들이 이 사회의 중심부에 속한 이들이라는 가치를 암묵적으로 강화하고 있음을 보게 된다.

두 번째 종류의 정체성 표지는 그 특정한 그룹의 사람들이 스스로 '말하는 주체'로서 자신의 주체적인 정체성을 드러내기 위하여 사용하는 표지이다. 이전에 부정적인 의미로 간주되었던 자신의 정체성을 뒤집어 자신을 구성하는 긍정적 요소로 부각하면서 스스로 그 표지를 자신의 정체성을 드러내는 것으로 사용하는 것이다. 예를 들어 '흑인성'을 부정적인 것으로 간주하며 사용되던 표지를 스스로 들어서 "나는 흑인이다, 흑인은 아름답다"라는 자기의 주체적 선언으로 사용하는 것이다. 인종적·성적·젠더 소수자들 등의 소위 '정체성의 정치학'이 등장하게 되는 배경이다. 이전에 열등한 것으로 간주되었던 가치의 전도를 통해서 오히려 긍정의 힘으로 전화하는 것이다. 그러나 이러한 긍정의 표지들을 항구적으로 사용할 때에 역시 순기능만이 아니라 역기능도 가져온다. 매우 복잡한 이 '정체성의 정치학'이 지닌 양가적 의미를 이 제한된 공간에 설명하기는 어렵다.

그런데 내가 학생들과 이 '표지 label·marker'의 양가적 기능에 관해 몇 시간을 논의하고 불과 한 주 뒤, 한국의 매체에서 나를 여성 학자·여성 신학자·여교수라고 지칭하는 것을 우연히 보았다.[o] 이러한 현상을 보면서 한국사회는 여전히 여성에게는 특별한 표지를 붙임으로써, 남성에게는 그 '표지의 부재'를 통해서 남성 중심성을 여전히 강하게 유지하고 있다는 사실을 재확인했다.

신문과 같은 대중매체는 한 사회의 '현실을 반영'하기도 하지만 새로운 '현실의 창출'이라는 기능과 책임적 역할을 하기도 한다. 나는 한국의 신문들이 이러한 차별과 배제, 중심부와 주변부 등이 어떻게 아주 사소한 것처럼 보이는 것에 의하여 유지되고 강화되고 자연화되는가에 대한 예민성을 작동시키고 신문에 반영하면 좋겠다는 바람을 가진다. 그래서 신문과 같은 대중매체가 한국사회의 새로운 현실의 창출에 기여하는 역할

[o] 강남역 여성 살인사건에 대한 나의 글이 여러 곳에서 인용되기도 하고 그대로 실리기도 하면서 나는 학자가 아닌 여성 학자, 교수가 아닌 여성 교수, 신학자가 아닌 여성 신학자 등으로 불리었고, 생물학적 여성이라는 표지가 내게 자연스럽게 붙여졌다.

을 보다 진지하게 수행하게 되기를 바란다. 한국사회의 차별구조들인 나이차별주의와 성차별주의의 현실을 넘어 보다 평등한 현실의 제시와 창출은, 거창한 것을 통해서만이 아니라 불필요한 곳에도 언제나 사람의 생물학적 나이를 표시하고 여성에게만 유독 그 생물학적 여성을 드러내는 '여'라는 표지를 덧붙이는 관행의 폐지와 거부 같은 사소한 변화를 통해서도 그 한걸음을 내디딜 수 있는 것이다.

혐오의 몸짓을 거두라

한국에서 매년 퀴어퍼레이드가 열린다. 이 퍼레이드를 저지하고자 하는 집단에서 가장 두드러진 이들은 일부 개신교도들이다. 이들이 주장하는 것은 이성애만이 '정상'이며, 다른 여타의 섹슈얼리티는 모두 '비정상'이고 따라서 '죄 sin'라고 하는 것이다. 이들은 이러한 주장의 근거를 성서로 들고 있다. 이들이 보지 못하는 것이 있다. 성서는 다양한 상충적 주장과 가치를 담고 있다는 사실이다. 또한 성서에는 소위 트랜스젠더·레즈비언·양성애의 문제는 등장하지 않는다. 지금 우리가 사용하는 '동성애'라는 개념도 사실상 성서 속에 등장하는 '남색'의 개념과 동일한 것은 아니다. 성서에 근거하여 성소수자들을 혐오하고 박해하는 기독교인들이 진정 '성서대로' 살고 싶다면, 우선적으로 그들이 따라야 하는 것은 타자에 대한 무한한 사랑과 용서, 그리고 환대이다. 이러한 가치야말로 성서가 담고 있는 시대를 초월한 '절대적 진리의 가치'이기 때문이다.

노예제도를 지지하거나 반대하는 사람도, 또는 성 평등을 반대하거나 지지하는 사람도 모두 성서에 근거하여 자신의 주장을 전개한다는 것은 우연이 아니다. 어떠한 가치를 성서 속에서 찾고자 하는가에 따라서 사람들은 자신의 주장을 뒷받침할 성서 구절을 찾아낼 수 있다. 성서는 억압적 전통과 해방적 전통을 동시에 담고 있다. 따라서 해방적 가치를 지닌 '절대적 진리'와 시대 문화적 제한 속에서 전개된 억압적 가치를 지닌 '상대적 진리'를 구분해내는 것은 참으로 중요한 과제이다. 니체의 "사실이란 없다, 다만 해석들이 있을 뿐"이라는 말이 현대의 사유 방식에서 중요한 이유이다. 소위 명백한 '사실'이라는 것은 사실상 독자들의 가치관이 이미 개입된 선별적 '해석'이기 때문이다.

예를 들어 성서에는 많은 이들이 생각하는 '비정상적' 결혼 양태인 일부다처제가 '정상'으로 등장한다. 또한 무수한 첩을 지닌 남성들의 결혼 생활이 매우 '정상'적인 것으로 등장한다. 이러한 성서의 이야기들을 보면 딸·아내·첩의 역할 속에 있는 여성들은 아버지나 남편의 '소유물'로서 손님들에게 환대의 의미로 내어질 수도 있다. 성서 곳곳에서 여성은 '살아 있는 죽은 자living dead'로 간주되면서 집단 성폭행의 대상으로 '사용'되고 있다. 〈창세기〉 19장이나 〈사사기〉 19장을 보라. 또한 성서는 여성들이 공적 자리에서 자기 의사를 표현하거나 물음을 물을 수 없다고 하면서, 질문이 있으면 사적 공간인 집에서 남편에게 조용히 물어야 한다고 한다. 바울Paul의 유명한 가부장제적 텍스트들이다. 그런데 성서를 따른다며 성소수자들을 혐오하는 이들이, 과연 이 현대사회에서 자신의 딸·아내·며느리 등을 집단 성폭행의 대상으로 다른 남성들에게 내어줄 수 있는가. 성서학자인 필리스 트리블Phyllis Trible은 《테러의 텍스트Texts of Terror》라는 자신의 책에서 성서의 특정한 구절들이 얼마나 다층적인 '테러'를 여성들에게 가하고 있는가를 면밀히 분석한다.

종교(특히 기독교)는 이러한 '정상/비정상'의 레토릭을 인류의 역사 속에서 끊임없이 양산해왔다. 이러한 '정상화' 또는 '규범화'가 목적으로 하는 것은 현상 유지적 권력의 확고화이다. 여전히 일부 교회들은 자위를 하거나 결혼한 부부라도 성적 관계 중 쾌락을 느끼는 것을 죄로 규정하기도 한다. 부부 간의 성관계는 쾌락이 아닌 생산의 행위로 규정하는 것이 '정상적'이라고 보기 때문이다. 미셸 푸코가 우리에게 준 중요한 통찰 중 하나는 이러한 '정상화'의 과정이 어떻게 종교적·사회정치적 통제 권력을 구성하고 유지하게 하는가에 대한 분석이다. 한 사회에서 어떤 특정한 존재 방식을 지닌 이들이나 그들의 행위를 정상 또는 비정상으로 규정하는 것은 언제나 그 사회에서 권력을 지닌 그룹이다.

성서는 한 사람이 쓴 '단일한 문서'가 아니다. 성서의 텍스트들이 다양한 역사문화적·사회정치적 정황에서 쓰였다는 사실은 성서 안에서 상충하는 레토릭을 찾을 수 있는 것과 연계된다. 성서에는 자신과 상이성을 지닌 타자에 대한 무조건적 환대의 가르침도 있고, 그 다름을 조금도 용납하지 않는 노골적 적대와 혐오의 이야기도 담겨 있다. 예수를 자신들의 종교 생활에 가장 중요한 중심으로 간주하는 기독인들이 기억해야 할 것이 있다. 예수는 인간 섹슈얼리티의 다양한 양태에 관하여 전혀 언급하지 않았다는 사실이다. 이 점을 기억하면서, 무조건적 환대·연민·사랑이라는 예수의 가르침으로 나와 다른 타자를 향한 혐오를 단호히 넘어서야 할 것이다.

한국의 퀴어퍼레이드에서 '성서의 이름으로' 성소수자들에 대한 혐오를 정당화하고자 하는 '예수 믿는 이들'은, 정작 예수는 혐오가 아닌 포용과 사랑을 가르쳤다는 '진리'를 분명하게 기억해야 한다. 그래서 성소수자 혐오를 위하여 쓰는 시간과 에너지를 '혐오 저지 운동'과 '소수자와의 연대 운동'으로 단호히 전환하기 바란다.

혐오에 저항하는 이들

학교에서 올랜도 총기난사 사건으로 죽음을 당한 이들을 애도하고 추모하는 모임을 가졌다. 여름방학 중이어서 대학 캠퍼스는 조용하고 곳곳에 공사 중이라 나는 이 모임에 그저 열 명 전후의 사람들만이 올 것이라는 예상을 하며 모임 장소에 갔다. 원래 실외에서 하기로 예정되어서 모자까지 쓰고 갔는데, 날씨가 매우 더워 실내로 장소를 바꾸었다고 한다. 그런데 모임 장소에 들어서니 예상 밖으로 사람들이 많았다. 도대체 이 방학 중에 어디에서 온 사람들인가. 후에 이야기를 들어보니 대학교에서 여름 캠프를 하던 고등학생, 성인교육 프로그램에 참여하던 사람들, 그리고 이메일을 받고서 온 학생·직원·교수들이었다. 자신의 아기를 데리고 온 박사과정 학생, 아이를 데리고 온 교수가 눈에 띄었다. 모임을 주재하는 학장은 "눈물·연민·연대의 신"에 대하여 이야기하였고, 나의 동료 교수는 죽은 사람들 한 명 한 명의 이름과 나이를 호명하였다. 누군가의 이름을 호명한다는 것, 심오한 설교나 강의처럼 감동적인 제의ritual라는 것을 느꼈다.

그런데 이러한 모임은 도대체 이 혐오의 현실세계에서 무슨 변화를 만들 것인가. 모임이 끝나고 내 옆에 있던 학생이 내게 물었다. 늘 질문하는 것을 장려하는 교수인 것을 익히 알고 있으니, 아마 자신이 속에서 씨름하던 물음을 교수인 내게 던져보는 것 같다. 내가 그 짧은 시간에 그 학생에게 한 말은 다음과 같았다.

삶이란 '함께 삶'임을 우리 스스로에게 상기시키는 것, 고통에 빠져 있는 타자를 향한 연민을 통해서 정의에 대한 예민성을 키우는 것, 이렇게 애도와 연민과 정의에 대한 예민성을 개별적·집단적으로 키우는 시간·공간을 통해서 '무관심'이라는 병으로부터 우리 자신을 끌어내는 것, 그리고 우선 나와 우리 속에서 '혐오'에 저항하는 정신을 키우게 된다는 것이다. 이러한 나의 답변이 끝난 후, 그 학생과 나는 동시에 포옹을 했다. '연대의 포옹'이라고 명명할 수 있는, 서로를 확인시켜주는 행위였다.

혐오와 불의, 그리고 불평등의 현실이 너무나 거대하게 느껴져 우리는 종종 무기력감과 패배감에 사로잡힌다. 그래서 변화를 추구하는 이들의 가장 커다란 적은, '아무것도 변하지 않는다'는 자신 속의 지적 패배주의다. 그러나 기억하자. 인류의 역사에서 커다란 변화란 사실상 무수한 귀퉁이에서 작은 변화를 시도하고 있는 이들에 의하여 가능했다는 것을.

"작은 변화가 큰 차이를 만든다." 한국에 있을 때, 내 책상 앞에 붙여두었던 모토이다. 학교 모임에서 돌아오면서, 이러한 혐오에 저항하는 몸짓을 통해 무엇보다도 먼저 변하는 것은 그 자리에 있는 '나'들임을 다시 경험한다. 그 자리에 있던 사람들과의 포옹이 다시 시작해야 하는 삶의 에너지로 내 속에 남아 있는 것 같다.

작은 변화가 큰 차이를 만든다

유학을 마치고 한국에 돌아간 후 한국에서 가르치고 활동하면서 내 책상 앞에 붙여놓은 몇 개의 모토가 있었다. 그중 하나가 "Fighting with Pen(펜으로 싸우기)"이었다. 그런데 이 '펜'으로 정의나 평등의 문제들이 보다 확장되기 위한 씨름을 하는 것은 매우 중요한 필요조건이지만 충분조건은 아니다. 진정한 변혁은 하나의 조건이 아닌 다양하고 다층적인 필요조건들이 동시에 수반되어야 하며, 그때 진정한 변화와 변혁을 위한 충분조건의 터가 마련되는 것이기 때문이다. 변화는 주관적 변화(사람들의 의식과 가치 체계의 변화)와 객관적 변화(법·제도·조직 등의 변화)가 모두 있어야 가능하며, 매우 점진적으로 이루어지는 것이기에 다양한 차원에서의 일들이 필요하다. '펜'만이 아니라 '몸'을 가지고도 변화를 위한 일을 하는 것은 다양한 의미에서 중요하다고 나는 생각한다.

내가 일하는 대학교가 있는 도시 텍사스 포트워스에서 성소수자들의 권리·정의·평등을 위한 퍼레이드가 있었다. 내가 가르치는 대학의 학생회는 매년 이 퍼레이드에 참여해왔으며, 올해는 나도 시간을 내어 다른 몇몇 교수들과 함께 학생회에서 만든 티셔츠를 입고 학생들과의 퍼레이드를 몇 시간 동안 함께하면서 시내를 걸었다. 서너 시간 계속된 퍼레이드는 경찰의 철저한 보호 속에서 음악, 춤, 특이한 복장과 장식으로 가득한 축제처럼 이루어졌으며, 이 퍼레이드의 정신에 반대하며 피켓을 들고 있는 이들은 보호선이 쳐진 줄 밖에서 피켓만을 들고 서 있을 뿐, 길가에 나와서 퍼레이드를 방해하거나 소리치는 이들은 전혀 없었다. 곳곳에 서 있는 경찰들이 퍼레이드를 하는 다양한 그룹들이 나누어주는 물·스티커·팔찌 등을 웃음으로 받아주면서 같이 동조해주는 모습이 참 좋게 보였다.

어떤 교회들은 이 퍼레이드에 참여하면서 성소수자들의 인권을 보호하는 사회를 지향하는데, 어떤 이들은 동일한 성서·신·예수의 이름으로 그들을 저주하고 있다는 사실은 여전히 신학적 해석의 중요성이 얼마나 큰 가를 보여준다. 노예제도를 찬성하는 이들과 반대하는 이들, 여성 안수를 반대하는 이들과 찬성하는 이들, 또는 성소수자들의 권리와 평등을 옹호하는 이들과 반대하는 이들. 기존 구조에 대한 변화가 요청될 때마다 이러한 대립적 입장에 있는 이들 모두가 성서와 신의 이름으로 자기 입장을 정당화하고 있다는 사실은 뭘 말해주는 것일까.

어떤 이들은 이런 퍼레이드를 통해서 도대체 무엇이 바뀔 것인가 하는 매우 회의적인 생각을 하기도 할 것이다. 바로 나도 오래전에는 그런 사람 중의 하나였으니 그러한 회의적 시선을 가지는 사람들의 마음을 조금은 이해할 수 있다. 그런데 인류 변화의 역사를 보면 이렇게 사회의 다양한 귀퉁이에서 변화를 위해 헌신하고 목소리를 내는 이들이 끊임없이 존재해왔기에, 인간의 권리가 어느 특권층만이 아니라 모두에게 보편적인 개념으로 자리 잡게 되었으며 여전히 확장되는 과정에 있는 것이다. 이러한 '몸으로 하는 싸움'에 회의적인 사람들은 광화문에서든 청와대 앞에서든 한번 직접 참여해보기를 권하고 싶다. 변화를 위한 운동에 직접 참여하게 될 때 생기는 가장 중요한 변화는 바로 '자기 자신 속의 변화'이기 때문이다. 자신이 몸담고 살아가는 사회·공동체·세계가 변하기 위해서 자기 자신의 변화는 가장 중요한 필요조건 중의 하나이다. 그래서 한국에서 활동하고 있을 때 내 책상 앞에 붙여놓았던 "작은 변화가 큰 차이를 만든다"라는 모토는 지금도 다양한 정황 속에서 여전히 유효한 모토가 되고 있다고 나는 본다.

눈물이 언어가 되어버린 이들

버지니아주와 메릴랜드주의 경계를 넘으며 다양한 분들을 만나는 시간을 가진 적이 있다. 미국에서 처음으로 열린, '한국계 미국인 성소수자 부모회 Korean-American LGBT Parents'가 주최한 성소수자 세미나에서의 강연이 내 방문의 주된 목적이었다. 세미나에서 성소수자 부모님들은 한국어로, 성소수자들은 영어로 모임을 했다. 나는 오전에는 성소수자들만 모여 영어로 하는 모임에서, 오후에는 모두가 함께 모여 한국어로 하는 모임에서 강연과 대화 모임을 가졌다. 그런데 밤늦게까지 이어진 그 모임의 공통 언어가 있다는 것을 알게 되었다. 한국어도 영어도 아닌, '눈물'이라는 언어.

성소수자들만이 소위 커밍아웃coming out의 고통스러운 과정을 거치는 것이 아니다. 그들의 부모·가족도 다층적 커밍아웃의 과정을 거쳐야 한다. 자신의 가족인 성소수자를 받아들이는 과정, 또 받아들이게 되었다 해도 다시 주변에 커밍아웃해야 하는 과정을 거쳐야 한다. 그 과정 한 단계 한 단계가 얼마나 고통스러운가를 나누는 그 모임에서 그 누구도 눈물 없이 이야기하지 못했다. 영어로 하든 한국어로 하든, 성소수자 자신이든 그들의 가족이든, '눈물'은 그들의 공통 언어가 되어버렸다.

인간의 섹슈얼리티는 성행위만으로 규정될 수 없는 훨씬 복잡하고 복합적인 함의를 지닌다. 성소수자 문제를 생각할 때에 많은 이들은 특정한 방식의 성적 '행위'만으로 인간의 섹슈얼리티를 제한시키곤 한다. 그러나 성소수자 문제에서 성적 행위의 방식은 지극히 한 부분일 뿐이다. 즉 인간의 '성적 행위 방식'이라기보다 '존재 방식'이라는 것에 초점이 주어져야 한다는 것이다. 이성애자들에게 그들의 인간으로서의 삶이 언제나 이성애적 성적 행위에만 제한시킬 수 없는, 그들의 한 인간으로서의 존재 방식인 것과 동일하다. 섹슈얼리티를 인간의 성적 행위 방식을 넘어 존재 방식으로 볼 때, 성적 지향이 선택이냐 타고난 것이냐의 논쟁도('지향'이라는 표현은 이미 타고난 것이라는 전제를 지니고 있다), 사실상 우리가 넘어서야 하는 것이다. 인간의 다양한 섹슈얼리티를 개별인들의 존재 방식으로 보게 된다면, 타자의 존재 방식을 근원적으로 부정하는 그 어떤 근거도 사실상 설득력을 지니지 못한다.

미국 각지와 한국에서 온 부모 및 가족들, 그리고 성소수자들은 '눈물'이라는 언어로 아프게, 그리고 아름답게 서로의 마음을 서로에게 열고 있었다. 그 자리에 함께하지 못한 무수한 이들이 한국에서, 미국에서, 그리고 세계 곳곳에서 눈물이 자신의 언어가 되어버린 삶을 살아가고 있다. 도대체 누가, 그리고 어떠한 근거에서 이들의 처절한 눈물의 언어와 그 절절한 아픈 몸짓을 부정할 수 있는가. 어떤 학술적 이론이나 종교적 담론도 이들의 이러한 절절한 눈물의 언어를 대체하거나 근원적으로 부정할 만한 충분한 근거가 되지 못한다. 특정한 '행위'가 아닌 '존재 방식'으로서의 섹슈얼리티에 대한 이해를 보다 분명히 하는 것, '인류에 대한 범죄'인 성소수자들에 대한 범죄가 더 이상 일어나지 않도록 하기 위한 중요한 과제이다.

'추상화로서의 존재'의 정체성

한국에서 강연을 하고 다양한 사람들과 만나면서 소위 '정체성'에 관한 물음을 종종 받는다. 내가 중요하게 생각하는, 그렇기에 흥미로운 정체성에 관한 물음이란 그 사람이 자신의 존재함을 어떻게 말과 글, 그리고 몸짓과 행위로서 담아내는가 하는 것이다. 1960년대 이후 본격적으로 부상하기 시작한 소위 '정체성의 정치학'이 중요한 근거로 삼고 있는 젠더, 인종, 계층, 성적 지향, 나이, 장애, 종교 등에 기반을 둔 '단일 정체성'은 한 존재의 무수한 결의 한 부분을 형성할 뿐이다.

그러한 특정한 외적 요건에 근거한 정체성의 주장은 '사회적으로 부여한 것'이든 '스스로 주장하는 것'이든, 한 인간 존재의 복합성을 담아내지 못한다. 따라서 그러한 단일 정체성의 정치학의 사회정치적 함의를 생각하면서, 동시에 그러한 단일 정체성을 '넘어' 한 인간으로서의 복합성을 드러내는 것이 중요한 정체성의 정치가 되어야 한다고 나는 본다.

한 사람이 '누구인가'는 그 사람의 글과 말, 그리고 타자에 대한 시선과 다층적 행위로 드러난다. 존재의 외부성exteriority과 내부성interiority은 따로 분리된 것이 아니라 얽히고설켜 있다. 글과 말, 시선과 행위들은 이러한 복합성, 즉 한 사람의 외부성과 내부성의 복합성을 담아낸다. 따라서 한 존재의 외부성과 연계되어 있는 젠더, 인종, 계층, 성적 지향, 종교, 장애, 역할 등 하나의 특정한 요소에 근거한 '단일 정체성'을 항구화할 때의 한계가 있다. 한 개별적 존재로서 지니고 있는 복합성을 단일화·획일화·본질화·총체화함으로써 타자 또는 자신을 '식민화'하게 된다는 점이다. 데리다의 말처럼 "나는 혼자가 아니다I am not alone with myself"라는 것은, 하나의 정체성으로 '나'를 규정하는 것의 지독한 한계와 위험성을 상기하게 한다.

한 인간의 정체성, 즉 그 사람의 존재를 드러내고 담아내는 것은 '정물화'가 아닌 '추상화'와 같다. 추상화적 존재를 정물화적 존재로 정형화할 때, 설사 그것을 자기 스스로 구성한다 해도 그것은 자신을 식민화하는 기능을 하게 한다. 무수한 '나'들을 단일한 박스 속에 집어넣어 고정시키는 것, 그것이 바로 식민화의 기능이기 때문이다. 이러한 의미에서 "나는 누구인가"

라는 정체성의 물음에 대한 응답은, 정형화된 '단일 정체성'을 통해서가 아니라 매우 복합적이고 끊임없이 변화하는 '열린 정체성'으로서 드러내야 할 것이다.

장애인 외면하는 사회를 넘어서

미국 뉴스를 보고 있는데 반가운 소식이 들렸다. 자폐증을 지닌 줄리아Julia가 〈세서미 스트리트Sesemi Street〉에 등장한다는 것이다. 전 세계 아이들이 가장 즐긴다는 프로그램의 하나인 〈세서미 스트리트〉에 소위 지적 장애를 가진 아이 인형이 등장한다는 것은 여러 가지 중요한 사회문화적 의미를 지닌다. 이러한 작은 변화들은, 지적 장애자든 육체적 장애자든 그들은 모든 다른 사람들과 똑같이 평등과 존엄성을 지닌 인간이라는 참으로 중요한 의미를 많은 이들이 더욱 분명한 인식하는 데 중요한 역할을 하게 될 것이다. 이 소식을 접하며 한국을 생각하게 된다. 두 세계의 언어를 쓰고, 몸도 두 세계에서 살아가고 있는 사람의 어찌 보면 자동적인 성찰 방식이기도 하다.

장애인을 지칭하는 한국어는 다른 대안적 언어로 대체되면 좋겠다는 생각을 늘 하게 된다. 한국어로는 장애인이라는 표현 이외에 별로 대안적 언어를 찾기 힘든데, 영어로는 'handicapped'에서 'disabled'로, 또 'differently abled' 등으로 여러 번 변화를 거듭했다. 특정한 그룹의 사람을 지칭하는 라벨은 매우 중요하다. 그것은 한 사회가 지닌 장애인들 존재의 존엄성과 인권 의식에 대한 시각의 변화를 드러내기 때문이다. 그들에게 '보이는 장애'가 있는지 모르지만, 사실상 장애가 없어 보이는 사람들이 지니지 못한 다른 다양한 '능력'들을 지니고 있는 이들이라는 'differently abled'라는 표현이 현재로서는 가장 바람직한 것 같다.

나는 이 'differently abled'라는 표현이 단순히 긍정적으로 표현해주기 위해서인 것이 아님을 나와 박사과정 때부터 친한 친구이며 교수로, 작가로 사는 친구를 통해서 분명히 알게 되었다. 캐나다 밴쿠버에서 교수를 하고 있던 그녀의 집에서 며칠을 함께 지낸 적이 있다. 그 며칠 동안, 한쪽 다리만으로 사는 나의 친구가 두 다리가 있는 나보다 참으로 멋지게 잘하고 있는 일들이 얼마나 많은지를 체험한 이후로 이 표현이 지니고 있는 의미가 여러 가지 점에서 중요하다는 것을 체득하게 되었다.

국정교과서 문제로 나라 전체가 온통 불필요한 에너지 낭비를 하고 있을 때, 한국사회의 한 귀퉁이에서는 지적 장애를 지닌 두 형제 중 한 사람이 '아사'를 했다. 국가가 보호하고 지켜 주어야 할 이들이 무방비 상태로 죽음에 이른 것이다. 지적 또는 육체적 장애를 지닌 이들에 대한 사회적 배려와 보장 제도는 그들에 대한 '시혜'가 아니라 그들의 국민으로서의 '권리'라는 것이 다양한 방식으로 인식되기를 간절히 바라게 된다.

어릴 때부터 다양한 장애를 지닌 사람들이 주인공으로 등장하는 텔레비전 프로그램들을 보고 자라는 아이들은 다 커버린 지금의 어른들보다 훨씬 포용적이고 장애인들의 평등과 존엄을 체현하며 사는 사람들로 커가면 참으로 좋겠다. 한국 텔레비전 프로그램들에서 지적·육체적 장애를 지닌 사람들이 그저 '끼워주기 식'의 출현이 아니라 당당한 주인공으로 등장하는 이런 기분 좋은 장면들을 언제 보게 될까.

'장애인의 날'이 필요 없는 세상을 꿈꾼다

나의 소중한 친구인 샤론을 생각하며 이 글을 쓴다. 그녀를 생각나게 한 것은 신문에서 본 한 기사였다. '장애인의 날'에 모여 이동권 보장을 요구하던 사람들에게 경찰이 최루액을 뿌렸다는 기사. 이 기사가 나의 친구 샤론과 오버랩 되면서 마음이 참으로 아팠다.

언제까지 우리의 달력 속에 '장애인의 날'이 있어야 하는 것일까. 언제까지 우리는 육체적·정신적 상태가 보통 사람들과 다르다고 해서 그들에게 '장애인'이란 표지를 붙이며 별종의 사람들로 그들을 보아야 하는 것일까. 언제까지 그 장애인들은 한국사회에서 1년에 딱 하루, 그들에게 주어진 사회적 '관심'을 받는 날에야 비로소 자신들의 인간으로서의 권리를 호소하고,

그 호소를 마지못해 '들어주는' 사회 속에 살아야 할까. 언제가 되어야 한 사회에서 살아가고 있는 '동료 인간'으로서의 다양한 권리가 어떤 한 그룹의 사람들에게 주어지지 않을 때, 그것은 그 특정한 사람들만의 문제가 아니라 '모두'의 문제라는 의식이 사회 곳곳에, 그리고 우리 모두의 의식 속에 확고하게 자리 잡게 될까.

샤론은 내가 미국에서 공부할 때 나의 가장 절친한 친구였다. 모국어가 아닌 타국어로 공부하면서 참으로 고통스러운 순간들을 무수히 넘겨야 했던 시절이었다. 그것도 한국어에서 독일어로, 그리고 다시 독일어에서 영어로 언어를 두 번씩이나 바꾸어야 했던 나에게는 하루하루가 전쟁을 치르는 것 같았다. 그러던 중 어떤 모임에서 샤론과 만나게 되어 가까워지기 시작했고, 지도 교수가 같았던 나와 샤론은 가끔씩 만나 대학이 있던 동네를 산책하며 이야기 나누고 같이 식사를 하는 '예식'을 하곤 했다. 그 시간들이 나에게 얼마나 커다란 즐거움이고 위로였는지 모른다. 독일에서 미국으로 옮겨간 후 영어보다 독일어로 의사소통하기가 편했던 그 시절에, 나는 종종 영어 문장을 말하면서도 독일어를 쓸 때처럼 동사를 뒤에다 돌리곤 했으니, 돌이켜 생각해보면 그녀는 나와 대화하면서 굉장한 '인내심'을 발휘할 필요가 있었을 것이라는 생각이 든다. 그녀는 이상한 표정 한 번 짓지 않았고, 가끔 자신이 한국말을 못해서 미안하다고만 했다. 나의 친구 샤론과 친구로서의 만남은 그렇게 시작되었다.

내가 논문이 먼저 끝나서 한국으로 돌아 온 뒤, 얼마 후에 한국으로 그녀의 남편이 보낸 편지가 왔다. 의아한 마음으로 봉투를 여니 충격적인 소식이 담겨 있었다. 나의 친구 샤론이 원인 모를 바이러스 때문에 한쪽 다리를 완전히 절단했다는 것이다. 가슴이 미어지는 것 같았다. 나와 함께 시내를 힘차게 걷고 그렇게 활기차게 이곳저곳을 다니던 그녀가 한쪽 다리를 절단했다니, 그것도 학위논문을 마치지도 않은 상태에서…. 한국에 돌아온 후 그녀의 딸에게 색이 고운 한복을 사서 보낸 적이 있는데, 그때만 해도 그녀는 건강하고 활기찬 소위 '정상인'이었다. 그런데 왜 그러한 고통스러운 일이 그녀에게 일어난 것일까. 그때의 충격은 참으로 표현하기 힘들다.

나를 포함해서 주변의 모든 사람들은 그녀가 필경 박사과정을 끝내지 못할 것이라고 생각하며 걱정했다. 그런데 그녀는 삶에 대한 강인한 투지로, 논문을 끝내고 얼마 후 캐나다 밴쿠버 어느 대학의 교수로 부임을 했다. 참으로 긴 이야기들이 있지만 가장 가까웠던 친구에게 일어난 그 일 이후, 나는 내가 소위 '정상인'의 그룹에 속하면서 장애인들이 겪고 있는 크고 작은 어려움들에 얼마나 무지했었는가라는 내 자신의 '인식론적 사각지대'를 처음으로 마주해야 했다. 한참 후에 캐나다 그녀의 집에서 며칠을 함께 지내면서 아침마다 바닷가를 개와 함께 목발에 의지하고 산책하는 그녀가 나보다 훨씬 빠르게 걷고 있다는 것, 아침마다 가지각색의 꽃이 있는 정원을 가꾸고 있다는 것(그녀는 자신의 정원에 음식물을 넣어서 자연 비료를 만드는 기구까지 갖추고서 화학 비료를 쓰지 않는 생태적 정원 가꾸기를 하고 있었다), 부엌 한가운데에 걸터앉을 수 있는 높은 의자를 놓고서 다양한 요리를 해서 내가 있는 며칠 동안 멋진 요리로 나를 즐겁게 하는 것, 그리고 자신의 글쓰기와 가르치는 일을 멋지게 잘 해내는 것 등을 지켜보았다.

그러한 그녀의 일상을 함께하는 며칠 동안 내 마음속에 계속 드는 생각은 소위 '정상인'이라는 나보다 '장애인'이라는 그녀가 참으로 '정상적으로', 그리고 더 용감하게, 단호하게, 열정적으로 하루하루를 살아가고 있구나 하는 것이었다. 물론 그녀가 그러한 삶을 살아가기 위하여 얼마나 다양한 제도적 문제들, 그리고 무엇보다도 자신과의 투쟁을 끊임없이 해왔어야 했는가는 이 글로 다 나누기 어렵다. 그녀는 자신의 책 표지에 교통사고로 인하여 일생 동안 장애인으로 살아가면서 열정적인 예술혼을 불태웠던 프리다 칼로의 자화상을 넣었다.

'정상과 비정상'이라는 우리의 흔한 범주화의 문제에 관한 생각도 나의 친구가 아니었으면 훨씬 추상화된 양태로만 내게 다가왔을 것이다. 이러한 범주화는 정상과 비정상을 구분하는 기준 자체에 근원적인 문제가 있을 뿐 아니라 '비정상적인' 사람들을 '복수적 집단'으로 '처리'해버리는 의식을 재생산하고 강화하고 있다. 그렇기 때문에 특정한 사람들을 지칭하는 언어는 지속적으로 새롭게 개발되어야 한다. 그래서 영어로 장애인을 표기하는 것에 다양한 변화가 있었다. 처음에는 'handicapped', 그 다음에는 'disabled', 그리고 등장한 것이 'differently abled' 또는 'physically challenged'라는 용어들이다. 이러한 새로운 표현의 등장은 단지 말만 바꾸는 것이 아니라 그 언어가 담고 있는 가치를 확산한다는 의미에서 매우 중요하다. 육체적으로, 또는 정신적으로 보통 사람과 다르다는 것, 그것은 불편하지만 그렇다고 해서 그들이 인간으로서 지닌 다양한 능력이나 존엄성, 그리고 가치가 덜하다는 것은 전혀 아니라는 사실을 받아들이고, '그들'의 불편함을 '우리'의 불편함으로 인식하는 것이 개인적 차원에서만 아니라 사회적·제도적 차원에서 이루어져야 할 것이다.

모든 인간에게 가장 기본권인 '이동권 보장'을 요구하던 이들에게 최루액을 뿌리던 경찰들은, 제복 속에 자신들의 인간됨을 가리고서 어떠한 지시에 의하여 그러한 비인간적 행위를 공권력의 이름으로 거리낌 없이 할 수 있었을까. 육체적으로 불편한 그들이 어떠한 '굉장한 위협적 행위'를 할 수 있다고, 그들에게 그러한 지시를 내리는 이들의 인식의 시계는 도대체 어느 시대를 향해 맞추어져 있는 것일까. 달력 속에서 동시대를 살아간다 해도 우리 각자의 '인식의 달력'은 참으로 다르다.

'장애인'이라는 표지를 어떤 특정한 사람들에게 붙일 필요가 없는 사회, 육체적·정신적으로 조금 다른 사람들이 개별적 존재가 아닌 장애인이라는 집단적 범주로 처리되지 않는 사회, 육체적·정신적으로 '다름'을 지닌 이들이 살아가는 매일매일의 일상적 삶 속에서 경험하는 크고 작은 불편함을 모두의 불편함으로 여겨, 이동할 권리, 교육받을 권리 등 이 모든 권리들이 보장되는 사회, 정상과 비정상이라는 범주 자체가 생소하게 간주되는 사회. 이러한 사회가 될 때 우리에겐 더 이상 '장애인의 날'이 필요 없게 될 것이다. '장애인의 날'이 필요하지 않은 세상, 모두가 각기 다른 능력을 가진 사람들로 간주되는 세상. 이러한 세상을 만들어가기 위해 우리 각각 개별인들의 인식세계의 변화는 물론 사회구조적 변화가 절실히 요청된다.

한쪽 발에 의지하여 살아가고 있는 나의 친구 샤론이 국제회의에 참석하기 위해 한국에 온 적이 있었다. 그 당시 그녀는 학회가 끝나고 우리의 논문을 지도했던 교수와 함께 나의 집에 머물렀는데, 내가 가르치던 대학에서 해직되고서 학생들과 정기적으로 하던 목요 시위에도 목발을 짚고 함께했다. 그리고 설악산에 가서도 뭇사람들의 '주목'을 받으며 목발을 짚고 나보다 더 빠른 걸음으로 산사를 힘차게 다녔다. 신문 기사를 봤을 때,

그러한 나의 친구 샤론이 한국에서 이동권 보장을 요구하는 사람들과 함께 최루액을 맡고 눈물을 흘리는 것 같아, 마음이 저렸다.

'권리의 원'의 확장, 그 절실한 과제

내가 종종 산책을 하는 강가의 산책로에는 곳곳에 식수대가 있다. 그 식수대에는 세 가지 각기 다른 물 마시는 자리가 있다. 키가 큰 사람, 작은 사람, 그리고 사람이 아닌 동물(구체적으로는 개)이 마실 수 있는 자리이다. 우리가 흔히 볼 수 있는 식수대는 사람만을 위한 것이어서 물을 마실 수 있는 자리가 두 개지만, 이 공원에 있는 식수대는 인간만이 아니라 함께 산책하는 개들을 위한 식수대가 있다. 목마를 때 물을 마실 수 있는 권리가 인간만이 아니라 동물들에게도 주어져 있는 것이다. 이 깨끗한 '물을 마실 권리'가 모든 이들에게 주어져 있지 않은 사회가 사실상 이 세계에 얼마나 많은가.

그런데 우리가 흔히 사용하는 '동물'이라는 범주는 사실상 우리가 규정하는 생명들의 무한한 다양성을 '동물'이라는 획일적인 범주로 집어넣음으로써 '인식적 폭력epistemic violence'의 기능을 한다. 하늘에 날아다니는 종달새와 깊은 바닷속에 사는 바다사자들, 또는 작은 쥐와 호랑이나 코끼리를 모두 한꺼번에 동물이라는 범주에 집어넣는 것이 과연 적절한가. 귀뚜라미와 고래, 사자와 종달새, 기린과 두꺼비 등 너무나 다양한 생명을 뭉뚱그려서 동물이라고 명명하는 것은 참으로 문제가 많다.

데리다는 동물에 대한 문제를 다루는 글에서 단순하게 '동물'이라고 하지 않고, "우리가 동물이라고 명명하는 그것that which we call animal"이라고 표현했다. 인간과 동물을 구분해야 할 필요성이 있지만, 그렇다고 단순히 무비판적으로 동물이라고만 하는 것의 근원적인 한계를 보도록 요청하는 방식인 것이다. 데리다는 인간의 이러한 무비판적 불감성을 "동물에 대한 범죄crime against animal"라고 명명하면서, 인간의 개별성과 유일성에 대한 예민성만이 아니라 동물에 대한 예민성도 작동되어야 한다는 경고를 하고 있다.

현대세계가 직면하고 있는 다양한 위기를 조금씩 해결하고자 하는 중요한 실천적 과제 가운데 하나는 '권리의 원circle of rights'을 확장하는 것이다. 인간만이 아니라 동물에게도 그 권리들을 확장하는 이 정신을 우리의 구체적인 정황 속에서 적용해야 한다. 동물 학대의 문제는 물론, 미등록 이주민들과 그들의 자녀들, 성소수자들과 그들의 부모와 자녀들, 장애인들, 비정규직 노동자들과 그 가족들과 같이 사회의 주변에서 인간으로서의 권리를 제도적으로 보장받고 있지 못한 이들에게도 '인간으로서의 권리'를 보장하고 그 권리의 원을 확장하는 제도들을 마련하고자 하는 정치적 인식이 매우 절실하다. 이러한 정치적 인식과 권리에 대한 예민성은 각각의 '나'들과 '우리' 사이에서 학습되고 확산되어야 할 것이다.

존재의 위계적 사다리, 그 바닥에 서 있는 이들

이 세계에 엄연하게 존재하고 있는 것이 있다. 그것은 추상적인 철학적 개념으로만이 아니라 구체적인 일상 공간에 매 순간 스며들어서 매우 자연스러운 원리로 간주되곤 한다. 존재의 위계적 사다리. 이 존재의 위계적 사다리는 어떤 그룹의 사람들을 사회의 맨 밑바닥에서 평생을 사는 것으로 운명 지으며, 그들의 존재 가치를 정치·경제·사회문화적으로 폄하한다. 이 존재의 위계화는 우리가 살아가는 세계를 오염시키고 왜곡시키는 참으로 위험한 병이다.

내가 일하고 있는 대학교에서 트럼프Donald Trump의 폭력적인 이민 정책에 반대하는 시위가 있었다. 그날 학교 캠퍼스를 가로질러 걷다가 어떤 광경이 나의 시선을 끌었다. 높은 나무들 옆에서 사다리 위에 올라가 무엇인가를 하는 이들이다. 나는 가던 길을 멈추고 이들을 지켜보았다. 이들은 캠퍼스 곳곳에 있는 나무들을 지난 두 달여 장식했던 크리스마스 장식을 떼어내고 있었다. 그런데 이렇게 높은 나무들 꼭대기를 오가며 일하고 있는 이들이 지닌 두 가지 공통점이 있었다. 피부색이 검고, 영어가 서툴다는 것.

이들은 대학 내 무수한 강의실과 교수 연구실의 쓰레기통을 비우고, 모든 행사장 및 화장실을 매일 청소하며, 40도가 넘는 뜨거운 여름에도 대학에 넓고 넓게 퍼진 잔디들을 깎아내고, 계절이 바뀔 때마다 곳곳에 각기 다른 꽃을 거두거나 심으며, 학교의 모든 공간을 '청결하고 상쾌하게' 유지하는 데에 동원된다. 이들이 대학의 그 표면적 청결함과 상쾌함을 유지하기 위하여 동원되면서 받는 보상이 어떤지 나는 구체적으로 모른다. 그러나 그들의 금전적 보상, 감정적 보상, 사회문화적 보상이 정작 그들이 하는 일의 중요성에 비하여 터무니없이 낮을 것임을 예측하는 것은 별로 어렵지 않다.

'존재들의 위계주의'는 우리 각자의 역할과 기능이 '다르다'는 것에서 멈추지 않는다. 그 '다름'에 우월과 열등의 가치를 부과함으로써 1등급 인간과 2등급·3등급 인간으로 사람들의 가치를 등급화한다는 지독한 문제를 담고 있는 것이다. 이러한 존재들의 위계가 여전히 다양한 방식으로 작동되고 있는 이 현실적 구조 앞에서, 그 넘어서기 힘든 딜레마 앞에서, 나는 종종 지독한 무력감에 시달리곤 한다.

이 엄청난 모순과 문제들 앞에서 한 개별인들이 할 수 있는 일은 무엇인가. 고유한 개별인들로서의 한 인간이 이 세계에서 그 무엇·누구로도 대체할 수 없는 '유일무이한 존재'라는 그 '개별성의 윤리ethics of singularity'를 어떻게 사회정치적으로 확장하고 실현해나갈 것인가. 우연히 보게 된 캠퍼스 곳곳의 나무 꼭대기에서 크리스마스 장식을 떼어내고 있는 이들의 모습이 좀처럼 내 마음속에서 사라지지가 않는다. 여타의 '가르치는 행위', 또는 '배우는 행위'란 이러한 주변부인들에 대한 예민성을 복합적으로 인식하고 체현하는 것이어야 함을 이들은 내게 엄중히 상기시키고 있다.

무관심은 인류에 대한 범죄의 시작이다

어느 목요일 저녁, 대학 채플에서 열리는 '정의의 강림 Advent of Justice'이라는 이름의 특별 촛불 예배 모임에 갔다. 가을 학기의 강의도 모두 끝나고 학생들은 시험을 보는 주간이니 대학의 채플 행사는 공식적으로는 모두 마무리 된 상태였다. 그러나 이렇게 예정에 없던 모임을 갖게 된 것은, 바로 이즈음 미국에서 경찰의 무리한 단속으로 죽어갔던 세 명의 흑인들과 관련된 인종차별에 대한 대대적인 시위와 연대하는 의미에서 였다. 시험 기간 중인데도 참석한 일부 학생들과 교수들이 인종차별이라는 현실에 어떠한 연대를 하고 책임을 져야 하는가를 생각하게 한 촛불 모임이었다.

2014년 12월 10일, 미국의 의과대학원을 중심으로 'White

Coats for Black Lives'라는 이름의 시위가 벌어졌다. 70여 개의 의과대학원에서 교수·학생·직원들이 하얀 가운을 입고서, 경찰의 인종차별적 폭력에 죽어간 이들과 연대하며 차별에 항의하는 시위를 하였다. 가운을 입은 사람들이 바닥에 누워서 인종차별에 희생당한 이들의 모습을 재연하는 방식으로 항의하는 시위였다.

그런데 도대체 이러한 시위들은 무엇을 변하게 할 것인가. 나도 오래전 이러한 물음을 묻곤 했었으니, 이러한 시위나 다양한 방식의 저항들이 어떠한 구체적인 눈에 보이는 변화를 가져올 것이라는 것에 지극히 회의적이고 냉소적인 이들을 이해할 수는 있다. 또한 이러한 모든 시위가 언제나 눈에 보이는 객관적인 변화로 직접적인 결과를 가져올 것이라고 생각하지는 않는다. 그러나 가장 중요한 것은, 이러한 시위들에 참여하는 이들에게 일어나는 '내적 변화'라고 나는 본다. 이러한 시위에 참여하는 이들은 '무관심'이라는 질병으로부터 자기를 끊임없이 끌어냄으로써, 사실상 자신의 의식과 인식의 세계 속에서 보다 나은 세계에 대한 열정을 살아 있게 한다는 점에서 이미 이 세계에 중요한 변화를 창출하고 있는 것이다.

미국에서 CIA가 얼마나 잔혹한 고문 행위를 가해왔는지를 담은 500페이지가 넘는 고문 보고서를 세상에 드러나게 하는 데에 공을 세운 중요한 사람 중의 하나는 여든 살이 넘은 국회의원인 다이앤 페인스타인Dianne Feinstein이었다. 평범한 주부로 살던 그녀를 정치에 뛰어 들게 한 계기는, 샌프란시스코시의 흑인 거주지 차별 정책에 항의하는 시위에 참여한 것이었다고 한다. 그 시위 자체가 당시 구체적으로 어떠한 변화를 가져왔는지 모르지만, 그 시위에 참석했던 한 사람의 삶의 방향을 바꾸어놓은 것은 분명한 변화의 열매인 것이다.

다양한 폭력의 현실이 일상이 되어버린 이 세계에서 가장 위험한 것은 사실상 '냉소주의적 무관심'이다. 그래서 "무관심은 인류에 대한 범죄의 시작이다"라는 자크 데리다의 말은 이 시대에 더욱더 중요한 통찰로 다가온다. 무관심이라는 질병·범죄로부터 우리 자신을 보호하기 위하여 작은 연대의 움직임에라도 동참하는 것, 이것이 '인류를 향한 범죄'의 시작을 차단하는 중요한 저항의 행위인 것이다.

5장

감히 스스로 생각하라

스스로 자신의 멘토가 돼라

한국에서 유난히 '멘토'라는 말이 유행처럼 사용되곤 한다. "우리 시대의 멘토", "인문학의 멘토", "철학의 멘토" 등 이 멘토란 말은 마치 모든 것에 해답을 제시할 수 있는 사람이 존재하는 듯한 환상을 심어준다. 나에게도 나의 의도와 상관없이 이러한 라벨들이 붙여지곤 한다. 그것이 상업적 이유에서 붙여지든 실질적인 표상으로 붙여지든, 이러한 '멘토의 존재'에 대한 집단적 갈망이 유난히 한국에서 강하게 드러난다. 그런데 나는 이러한 '외부자 멘토'가 존재하는 것은 사실상 불가능하다고 생각한다. 자기 자신만이 스스로에게 진정한 멘토가 될 가능성이 있을 뿐이다. 자신 이외의 외부인을 멘토로 삼고자 한다면 그 외부인은 '제2의 멘토'일 뿐이다.

학교에서 선생으로 살아가는 나의 직업 때문에, 그리고 글을 써서 공공 영역에 발표하는 '저자'라는 이름으로 불리곤 하는 일과 연계되어 있기에, 나는 종종 멘토가 되어달라고 하는 사람들을 만나거나 실제 멘토라는 공식적 위치에서 학생이나 동료 교수를 만나곤 한다. 신임 교수가 왔을 때 그 교수가 다른 교수를 멘토로 요청하면 2년 동안 '교수 멘토faculty mentor'가 되어 그 교수의 강의 참관도 하고 정기적으로 만나서 교수 평가의 세 분야, 즉 가르치는 일teaching, 학문성scholarship, 그리고 공적 활동service에 관하여 대화를 한다. 학기 말에는 학장에게 보고서를 제출하여 나의 멘티에 대한 평가를 한다. 이렇게 멘토로서 다양한 역할을 하지만, 내가 언제나 나의 멘티에게 하는 말은 "멘토는 없다. 나는 제2의 멘토일 뿐이다"라는 것이다. 나의 멘토링은 아이러니컬하게도 '멘토는 없으니, 어떠한 방식으로 스스로 멘토가 되는 연습을 할 것인가'가 주 내용이다.

"멘토는 없다"는 나의 이 선언은, 다른 말로 하면 "제1의 멘토를 자기 삶에서 갖고 싶다면, 자신이 그 제1의 멘토가 되도록 끊임없이 자신을 훈련시키라"라는 것이다. 삶을 살아간다는 것은 '지도 없는 여정'을 가는 것과 같다. 한 개별인의 삶은 누군가가 제시하는 매뉴얼에 의해 움직이거나, 다른 사람이 그린 '삶의 지도'를 그대로 따라서 살 수 있는 것이 아니다. 소위 멘토의 조언이나 해답이 유효하다면, 지극히 부분적으로만 자신에게 유용하게 작동하는 정도일 뿐이다. 멘토를 향한 '외면적 열망'을 오히려 자신을 다듬고 가꾸는 '내면적 열정'으로 전환해야 하는 이유이다. 자신만이 자신의 '삶의 지도'를 그릴 수 있을 뿐이며, 그 외의 외부자들은 언제나 '부차적 멘토'가 될 수 있을 뿐이다.

자신이 스스로의 멘토가 되기 위해서 가장 절실하게 필요한 것은 치열한 읽기, 비판적 사유하기, 그리고 복합적 판단하기라고 나는 생각한다. 아마 이러한 것들은 매우 비현실적으로 들릴지 모른다. 그러나 사실 이러한 행위는 일상적 삶 속에서 많은 이들이 이미 하는 일들이기도 하다. 다만 보다 분명한 '의도성'을 개입해야 한다는 것이다. 자신만의 고유한 삶의 지도를 그려나가는 것은, 나 아닌 '외부자 멘토'에 의해서가 아니라 '치열한 독학'을 통해서 해야만 하는 이 삶의 엄중한 과제이다. 치열한 독학자가 되는 연습을 부단히 하는 여정에서, 비로소 자신의 고유한 삶의 지도를 그리는 '제1의 멘토'가 되어갈 수 있을 것이다.

고립사회를 넘어서

9월 중순이 넘었지만 이곳 텍사스의 날씨는 여전히 33도를 넘는다. 한낮의 열기를 느끼며 주유소에서 기름을 넣는데, 돌연히 오래전 유학생 시절이 떠올랐다. 오래전 독일에서 미국으로 유학 왔을 때, 한국 학생들이 모이면 막 유학 온 이들에게 발음 연습을 해야 한다며 알려준 말 가운데 하나가 "기름을 가득 넣어주세요 Fill it up, please"라는 것이었다. 유학 온 지 오래된 어느 분이 말하기를, 이 '가득 넣어달라'는 'fill it up'이라는 발음을 매끄럽게 해야 하는데, 한국인들은 버터를 덜 먹어서 발음이 매끄럽게 나오지 않는 것인가 보다 하여 웃었던 기억이 있다.

그런데 이제 미국으로 유학 오는 이들은 이 말을 연습할 필요가 없을 것이다. 한국도 점점 그렇게 되어가고 있지만 미국에서는 이제 어느 주유소를 가도 주유원이 나오는 곳을 보기가 어렵기 때문이다. 차에서 내려 주유기를 열고 돈을 어떻게 지불할 것인가를 기계에서 결정하고 난 후 안에 들어가 미리 돈을 내고 나와 기름을 손수 넣거나, 밖에서 신용카드로 지불하는 방식을 선택하고 난 뒤 안에 들어가서 사람을 만날 필요도 없이 혼자서 주유구를 열고 기름 넣고 가면 된다.

또한 그전에는 오후에 미국에서 동네를 지나다 보면 집집마다 긴 호스로 정원에 물을 주면서 이웃집 사람과 이야기 나누는 사람들을 종종 볼 수 있었다. 그런데 이제는 집집 정원마다 자동으로 물이 뿜어나오는 스프링클러가 설치되어 있어서 잔디에 물 주기 위해 밖에 나오는 사람을 찾아보기 어렵다. 거의 모든 것이 자동으로 작동해서 사람과 사람 간의 접촉은 점점 사라진다. 주유소에서 기름을 넣으면서 날씨 이야기도 하고 살아가는 이야기도 나누며 농담을 주고받던 이들, 우연히 같은 시간에 잔디에 물을 주면서 이웃과 이런저런 웃음을 나누며 이야기하던 사람들의 모습은 자동화의 물결 속에서 사라진 지 오래다. 도대체 사람들은 모두 어디로 간 것인가. 산업사회가 도래하면서 이러한 비인간적 고립사회를 많은 이들이 오래전부터 예견하였다.

이러한 고립사회에서 종교·철학·예술 등 다양한 분야의 주요한 과제는 무엇일까. 나는 '우분투ubuntu' 정신을 상기시키고 실천하고자 하는 열정을 끊임없이 촉구하는 것이라고 본다. 우분투는 아프리카 응구니족의 말로, 한 단어로 번역하는 것은 불가능하다. 우분투 철학은 "한 사람은 다른 사람들로 인해 비로소 한 사람이다A person is a person through other persons"라는 심오한 의미를 담고 있다. 즉, 우리의 인간됨이란 타자의 인간됨과 분리될 수 없다는 의미이다.

인간이 지닌 '홀로 존재성'과 '함께 존재성'이 아름답게 조화를 이루는 것은 개인의 결단만으로 가능하지 않다. 개인은 물론 사회정치적이고 문화적인 구조 속에서 인간에 대한 복합적인 이해가 제도화되고 실천될 때 비로소 그 '홀로 존재성'과 '함께 존재성'은 우리의 구체적인 일상세계 속에서 아름다운 조화를 이루게 된다.

파울 첼란Paul Celan의 시구, "내가 나일 때, 나는 너이다Ich bin du, wenn ich ich bin·I am you, when I am I"를 비로소 살아내게 되는 것이 어떻게 가능하게 될 것인가. 나의 '나 됨I-ness'은 너의 '너 됨you-ness'과 나선형처럼 연결되어 있다는 인식이 한 개별인들 속에서만이 아니라 사회·정치·문화·종교·예술 등 우리의 삶에 영향을 미치는 모든 영역 속으로 확산되고 뿌리내려야 하는 것이다. 이러한 우분투의 인간관·세계관의 인식이 확산될 때 우리가 정치가를 선택하는 방식, 교육 제도를 조명하는 방식, 종교적 실천과 그 담론을 평가하는 방식에 새로운 변화가 비로소 일어나게 될 것이다. 이 불가능한 꿈을 꾸는 것, '낮꿈 꾸기'를 포기하지 않는 것이 이 고립사회를 살아가는 우리에게 남겨진 중요한 과제 가운데 하나일 것이다.

계속 배우라,
책 속에
길이
있다

우연히 "그만 배워라. 책 속에 길이 있다는 건 거짓"이라는 표제어로 공유되고 있는 한참 지난 한 인터뷰 기사를 보게 되었다. 《생각하는 힘, 노자 인문학》의 저자인 최진석 교수와의 인터뷰이다. 기사는 기고문이 아닌 인터뷰이기에, 최진석 교수의 생각이 얼마만큼 제대로 전달된 것인지 추정할 근거가 나에게는 전혀 없다. 그러나 그 인터뷰는 최 교수의 의도와 상관없이 독자들에게 왜곡된 메시지를 전달할 수 있다는 생각이 들었다. 이 글은 인터뷰 기사 자체에 대한 것이라기보다 그 인터뷰 기사로 인해 생각하게 된 두 가지 질문, '배움이란 무엇인가' 그리고 '책과 나의 관계란 무엇인가'에 관한 단상이다.

인터뷰 기사에서 최 교수는 "배우는 데만 집중하면 거기에 빠져 자기를 표현할 수 있는 능력이 거세돼버린다. 평생 남의 생각을 읽고 남의 똥 치우다 가는 거다"라고 말한다. 그런데 여기에서 "그만 배워라"라고 성급하게 결론을 내리는 것은 위험하다. 오히려 '진정한 배움이란 무엇인가'라는 근원적 물음으로 돌아가야 한다.

'배움'이란 무엇인가. 진정한 인문학적 배움이란 '나' 속에 갇힌 '자기충족적 깨달음'만이 아니다. 나-타자-세계의 상호연관성에 대한 치열한 성찰이며 깨우침이다. 이러한 의미의 배움이란 나의 인식론적 사각지대에 대한 지속적 인식을 통하여 그것을 넘어서고 확장하는 중요한 기능을 한다. 이러한 맥락에서 보자면 배움이란 정보의 축적이 아니다. 이 '세계 내 존재로서의 나'에 대한 성찰과 인식을 통하여, 그 '나'를 '타자'와 '세계'로 확장하는 과정이다. 그러한 배움이 이루어지는 통로는 매번 참으로 다양하며, 대체 불가능한 하나의 '사건'으로 경험될 뿐이다.

인간은 누구나 각각의 인식론적 한계는 물론 자신의 정황에 한계 지워진 존재라는 점에서 그 한계들을 넘어서기 위한 '부단한 배움'이 없을 때 독선과 아집에 빠지게 된다. 배움을 멈춘 인간은 '나'를 찾는 것조차 불가능하게 된다. 따라서 "그만 배워라"가 아니라 '어떤 종류의 배움이 왜곡된 배움이며, 어떤 종류의 배움이 우리에게 필요한 것인가'라는 근원적 물음이 먼저 제시되어야 하는 것이다. 이 점에서, '배움 일반'이란 없다. 크게 보자면 두 종류의 배움이 있기 때문이다. '나'가 부재한 정보의 축적으로서의 배움과 '나'가 개입된 성찰적 배움.

'나'가 부재한 정보의 축적으로써만의 배움은 문제이다. 그러나 '나'에 대한 치열한 성찰, 그리고 그 '성찰하는 나'를 타자와 세계로 확장하고 연계하기 위한 지속적 이해와 실천으로서의 '성찰적 배움'은 다양한 통로들을 통하여 끊임없이 이루어져야 한다.

또한 배움에는 나-타자-세계에 대한 '거시적 배움'이 있고 '미시적 배움'이 있다고 할 수 있다. 나-타자-세계를 들여다보는 두 가지 접근 방식이기도 하다. 예를 들어서 노자의 《도덕경》은 거시적 배움의 의미를 담고 있다. 그러나 이 《도덕경》 자체에서 21세기 현대사회가 지닌 매우 구체적인 다양한 정황들에 대한 미시적 배움을 얻을 수는 없다. 인류 보편가치가 되고 있는 정의·인권·평화·평등·생명 등과 연계된 문제들은 거시적 접근 방식만으로는 전혀 알 수가 없다.

현대사회에서 젠더·인종·종교·계층·섹슈얼리티·국적·장애 등 다양한 조건 속에 놓인 모든 사람들이 '함께 살아감'에서 매우 중요한 다양한 정의의 문제들은 노자의 철학과 같이 거시적 배움이 가능한 책만으로 배울 수는 없다. 그러한 책들은 구체적인 미시적 배움이 요청되는 정황과 연계시킬 수 없기 때문이다. 젠더 정의gender justice, 인종적 정의racial justice, 퀴어 정의queer justice, 생태 정의eco-justice, 장애인들을 위한 정의justice for the disabled, 나이차별을 넘어서는 정의justice for the aged, 전 지구적 정의global justice, 또는 코즈모폴리턴 정의cosmopolitan justice 등 다양한 미시적 배움을 주는 책들을 끈기 있게, 지속적으로 읽어야 하는 이유이다. 우리에게 필요한 것은 거시적 배움과 미시적 배움 사이를 복합적으로 그리고 끊임없이 오가는 배움이다.

최 교수는 "책 속에 길이 있다는 말은 거짓이다. 책 속에는 책을 쓴 사람의 길이 있을 뿐, 나의 길은 없다. 나의 길은 나에게만 있다"고 한다. 이 말은 '반쪽 진리'를 담고 있지만 나머지 반은 오류이다. '배움이란 무엇을 의미하는가'를 재규정해야 하는 것처럼, '책이란 무엇인가'를 다시 들여다보아야 한다. 도대체 책이란 무엇인가. '나'와 '저자' 사이에 근원적인 분리와 단절이 있다고 이미 전제하고 있는 이러한 말은 이미 책의 의미, 저자 또는 독자의 역할, 그리고 읽기의 기능과 효과에 대한 '근대적인' 이해를 전제로 한다.

여기에서 롤랑 바르트Roland Barthes의 '저자의 죽음The Death of the Author'은 중요한 통찰을 준다. 근대적 이해로 볼 때 저자는 한 권의 책이 담고 있는 의미들을 독점하며, 독자는 수동적인 수혜자일 뿐이다. 그러나 이러한 이해는 '저자 기능'에 대한 근대적 오류의 하나이다. 책이 출판되자마자 저자는 사라진다. 소위 '저자의 본래적 의도original intention'와 상관없이, 독자는 제2·제3의 저자로 기능하면서 '자기만큼' 책 속에서 의미를 찾아내고, 만들어간다. 즉, 최 교수의 주장과 같이 "책 속에는 책을 쓴 사람의 길이 있을 뿐"이 아니라는 것이다. 이러한 이해는 '나'를 '수동적 독자passive reader'로만 규정할 뿐, '나'는 제2의 저자의 가능성을 품고 있는 '창조적 독자creative reader'라는 점을 간과한다. 한 권의 책을 통해서 '나'는 나의 갈망·욕구·희망·가치관과 만나고 또 새롭게 그것들을 창출하고 구성한다. 즉, 한 권의 책은 언제나 '나'를 통해서 다시 태어날 가능성이 있다는 것이다.

한 권의 '좋은' 책이 우리에게 가져오는 것은 맹목적 '정보'가 아닌 다층적 '세계들'이다. '나의 존재함'이란 개별적 존재로서의 '나'로부터 시작하는 것임에도 불구하고, 그 '개별적 나'는 타자와의 절대적 분리 속에서는 불가능하다. 좋은 책은 바로 나-타자-세계의 다양한 존재 방식을 담은 '다층적 세계들'과의 만남을 담고 있다. 따라서 저자가 한 권의 책에서 제시하는 그 '세계'는 그 저자만의 세계가 아니라 '나'와도 깊숙이 연관되어 있는 다양한 '세계들'인 것이다. 한 권의 책이 심오한 세계들로의 초청장이 되는 이유이다. 이 점에서 인간은 '홀로'이면서 동시에 '함께 존재'라는 것, 그 '홀로-함께 존재'로서 이 세계에 개입해야 하는 책임성. '좋은' 책이 우리에게 인식하게 하는 중요한 통찰이다.

인문학의 상품화, 그 참을 수 없는 가벼움

한국은 모든 것의 상품화가 가능한 사회로 전이되고 있는 듯하다. 무수한 사설 학원을 통해 교육의 상품화가 대중화된 지 오래다. 그뿐 아니다. 이제는 하다못해 철학·언어·역사·법·정치·문학·예술·종교 등을 아우르는 '인문학'이라는 매우 복합적인 분야도 단순한 일회용 상품으로 포장돼 곳곳에서 소비되고 있다.

한 텔레비전 프로그램의 '인문학 강좌'에서 최진기 강사가 조선미술사에 대한 강의를 하던 중 자료에 오류가 드러나 사과문을 발표한 사건이 있었다. 자료에 오류가 있었다는 것은 어디에서나 있을 수 있는 일이다. 이 사건이 우리에게 상기시키는 것은 따로 있다. 최진기 강사에 따르면 자신을 인문학 강사로 가장 많이 부르는 곳은 백화점과 기업이라고 한다. 사고팔 수 있는 상품으로 포장된 인문학이 가장 많이 소비되는 곳이 이윤 확대의 가치를 최고의 목표로 내걸고 있는 백화점과 기업이라는 사실은 흥미롭다. 소위 '최진기 사건'은, 상품으로 소비되고 있는 인문학 열풍이 지닌 다층적 문제점들의 지극히 일부일 뿐이다.

'최진기'라는 이름이 '인문학'이라는 표제어와 함께 곳곳에 등장했기에 그가 나오는 방송을 찾아보았다. 그의 '인문학 강의'를 끝까지 듣는 것은 사실상 고도의 인내심이 필요한 일이었다. 이유는 두 가지이다. 하나는 인문학의 상품화가 노골적으로 이루어지고 있다는 점이며, 또 다른 하나는 인문학이라는 복합적인 분야의 왜곡이 청중의 환호 속에 자연스럽게 고착된다는 것이다.

현대 자본주의사회는 모든 것을 상품화하고자 하는 '상품화의 욕구'로 유지된다. 인문학이라는 바다와 같은 심오한 영역이 미디어를 통해서 그 끝이 쉽게 드러나는 간편한 일회용 상품으로 포장되어 소비되고 있다. 인문학의 이름으로 인문학 정신을 배반하는 행위들이 대중매체를 통해서 퍼지는 것이다. 최진기 강사의 소위 인문학 강의는 '정보'와 '지식'을 동일한 것으로 간주하는 혼동으로 가득 차 있었다. 그렇지만 인문학적 지식이란 특정한 분야의 정보를 외우고 나열하는 것으로 충족되지 않는다. 인문학적 지식은 인문학적 성찰의 세 가지 영역이라고 할 수 있는 나, 타자, 그리고 이 세계를 복합적으로 이해하면서, 자신의 고유한 관점을 형성하고, 자신의 관점을 갖고 다층적인 방식으로 이 세계에 개입하도록 하는 것이다. 단편적 '정보'와 인문학적 '지식'의 차이이다.

소위 인문학적 소양이란 치열한 '왜'로부터 출발한다. '왜'를 묻는다는 것은 비판적 사유와 분석을 필요로 한다. 현대 인문학의 다양한 분야를 아우르는 정신이 있다면, 그것은 '질문은 해답보다 심오하다'는 것이다. 이 점에서 인문학적 사유에 들어서는 사람들이 먼저 마주하게 되는 것은 '간결함과 명쾌함'이 아닌 '불확실성과 모호성'이다. 인문학적 사유는 이전의 익숙한 이해 세계를 뒤흔드는 '내면적 불편함'을 경험하게 한다. 한국의 대중매체에서 소비되고 있는 인문학의 상품화가 결정적으로 놓치고 있는 점이다.

"어른들의 인문학"이라는 제목으로, "대한민국 최고의 인문학 종결자"라고 소개되는 강사를 통해서 전해지는 인문학은 갖가지 '해답'으로 이루어진다. 청중들에게 간결한 요약과 해답을 제시하면서 그들을 즐겁게만 하는 인문학 강의는 듣는 이들을 오히려 인문학적 사유 방식으로부터 멀어지게 한다. 이 점이 바로 인문학 상품화를 통해서 소비되는 인문학 열풍의 위험성이다.

인문학이라는 분야가 이렇게 가볍게 상품화되어 소비되고 있는 것은 아마 이 세계에서 한국만의 유일무이한 현상인 것 같다. 한국 특유의 인문학 상품화를 통해 한국에서의 인문학은, 밀란 쿤데라 Milan Kundera 의 표현을 빌리자면 '참을 수 없는 가벼움'으로 포장되어 백화점의 강좌 프로그램에서, 기업에서, 구청의 프로그램에서, 또한 출판 시장과 방송에서 소비되고 있다. 이러한 집단적 '인문학의 상품화'를 통해서 진정한 인문학적 정신은 근원적으로 외면되고 왜곡된다.

한국사회에서 인문학의 위기를 넘어서는 방식은 도처에서 남용되고 있는 '인문학'이라는 이름의 상품화를 통한 맹목적 대중화에 의해서가 아니다. 가정에서, 공교육에서, 기업에서, 정치에서 '왜'라는 물음표를 존중하고, 그 '왜'에 대한 잠정적 해답들의 모호성과 불확실성을 존중하면서 치열하게 씨름하게 하는 사회적 분위기가 조성되는 것으로 시작된다. 기계적 암기가 전제되는 입시중심사회, 무차별적 성과와 순위를 매기는 성과중심사회, 요약과 명쾌한 해답에 열광하는 사회에서 일어나는 '인문학 열풍'은 역설적으로 '인문학 소멸'을 가중시킬 뿐이다. 한국의 대중매체가 이윤 극대를 위한 '인문학 상품화의 유혹'에 맹목적으로 굴복하고 있는 현상이 위험한 이유이다.

나는 지불한다, 고로 존재한다

한 학생이 이메일로 사진 한 장을 보냈다. 코즈모폴리터니즘 세미나에서 '환대'를 주제로 다룬 적이 있는데, 수업에서 다루었던 환대의 왜곡된 의미를 드러내는 사진인 것 같다고 한다. 사진은 어느 주차장에 붙어 있는 푯말이었다. 직역하자면 "존재하기 전에 주차료를 지불하시오. Please, pay your parking fee before existing." 이 말은 '나가다 exit'에 's'가 들어가서 '존재하다 exist'로 잘못 표기된 것이다. 그리고 이 사진 위에는 "나는 지불한다, 고로 존재한다 I pay, therefore I am"라고 누군가가 덧붙인 사인이 붙어 있었다.

환대란 무엇인가. 환대를 간결하게 표현하자면 타자를 환영하는 것이다. 환대는 언제나 '주인'과 '손님'을 설정하고 있다.

즉, 주인이 자신을 찾아온 손님에게 친절을 베풀고 환영하는 것이다. 이 단순한 듯한 환대가 사실은 우리의 다양한 현실적 문제가 지닌 복합성을 모두 담고 있는 문제이다. 주인은 누구이며, 손님은 누구인가. 또한 주인이 손님을 '환영한다'는 것은 구체적인 현실에서 무엇을 의미하는가. 진정으로 손님을 환영할 때, 주인이 그 환영을 아무런 전제조건 없이 할 수 있는가. 손님으로 간주될 수 있는 범주는 무엇인가. 초대받은 손님과 초대받지 못한, 또는 초대받지 않은 손님의 차이는 무엇일까. 주인은 초대받지 않은 손님을 환영할 수 있는가.

환대를 영어로 하면 'hospitality'이다. 그리고 이 단어를 인터넷에 치면 가장 많이 등장하는 것이 호텔과 레스토랑 사업이다. 환대가 호텔이나 레스토랑으로 등장하는 현상은 아이러니컬하게도 환대가 얼마나 왜곡되어 우리의 삶 속에 자리 잡고 있는지를 여실히 보여준다. 그런데 왜 호텔과 레스토랑 사업이 환대와 연계되는 것이 문제인가.

호텔이나 레스토랑에 손님으로 가면 친절하고 상냥한 주인이 손님을 맞이한다. 주인이 손님을 미소로 맞이하는 이 환대의 정황에서 분명한 전제조건이 있다. 손님은 주인에게 금전을 지불해야 한다는 것이다. 주인의 친절한 환대는 손님이 금전을 지불할 것이라는 분명한 기대에서 나온다. 만약 손님에게 지불할 금전이 없거나 손님이 지불하지 않으려고 할 때, 그 환대의 현장은 적대의 현장으로 돌변한다. 호텔이나 레스토랑의 주인은 자신들이 웃고 상냥하게 맞이했던 손님을 돌연히 적처럼 몰아낼 것이다.

흔히 사람들이 생각하는 환대는 이러한 '교환의 경제 economy of exchange' 속에서 이루어진다. 환대를 베푸는 사람은 환대를 받는 사람으로부터 환대의 '대가'를 바란다. 그 대가가 금전적인 것일 수도 있고 감정적인 것일 수도 있다. 호텔과 레스토랑 주인의 환대는 분명하게 대가를 기대하고 베푸는 환대이다. 또는 개인적으로 환대를 베푸는 경우에도 최소한 상대방이 고마워하거나 다음 기회에 그 환대를 되갚아주는 감정적 대가를 기대한다.

자크 데리다는 이처럼 조건이 붙여진 환대는 진정한 환대가 될 수 없다고 강조한다. 이렇게 '교환경제로서의 환대'는 환대를 받는 사람에게 빚을 안겨주는 것과 같다. 데리다에게 정의란 궁극적으로 '환대'이다. 다양한 양태의 정의란 결국 타자의 존재를 환영하는 환대의 심오한 의미를 담고 있다. 환대에는 개인적인 차원만이 아니라 사회적이고 국가적인 차원의 환대가 있다. 타자를 환영하는 의미로서의 환대라는 이해는 매우 단순한 것 같지만 우리의 현실세계 속에서는 참으로 복잡한 정치적 행위라는 것을 알 수 있다. 환대가 타자를 '환영'하는 것이라면 그 환영의 범주는 어디까지인가. 데리다가 이 환대라는 주제에 관심을 갖고 특별히 주목하는 문제가 이민·난민·국제법 등의 이슈와 맞물려 있는 이유이다.

"존재하기 전에 주차료를 지불하시오"는 누군가가 주차장의 표지에 스펠링 실수를 한 것이지만, 사실상 환대가 얼마나 이 시대에 불가능한 것인지를 보여준다. 사랑·우정·환대 등 우리 인간에게 소중한 모든 가치들이 상품화되고 자본화되는 이 시대에, 얼마나 절실하게 이러한 환대의 불가능성을 넘어 더욱 이 불가능한 것들에 대한 열정의 씨앗을 품고 길러내야 하는지를 상기시킨다.

유행의 물결로서의 지적 액세서리

내게 아무런 효과를 주지 못하는 표현이 있다. "요즘 유행이에요"라는 말. 한국에서 안경점에 가도, 옷집에 가도, 신발집에 가도 거의 반드시 듣게 되는 말은 "요즘 유행이에요"다. 그 말을 들으면 나는 그 '유행'이라는 이름 앞에서 제시되는 물품을 거의 자동으로 제쳐놓는다. 이렇게 사고파는 보이는 물건들에 '유행'이라는 표현이 붙는 것은 그래도 참을 만하다. 내게 참으로 거부감이 드는 것은, 어느 특정한 사상가라든가 담론이 유행이라고 내세워지는 것이다.

한때는 마이클 샌델 Michael Sandel 의 《정의란 무엇인가》가 유행이 되었고, K라는 어느 철학자의 책이 유행하기도 했고, 하다못해 지젝 Slavoj Zizek · 들뢰즈 같은 사상가들의 이름도 유행이라고 사람들이 한 번씩은 그들의 이름을 인용하곤 하는 것을 봤다. 또 최근 한때는 마사 누스바움Martha Nussbaum의 책들이 한국에서 서서히 유행을 타기 시작한다는 얘기를 들었다. 나도 그들의 이론으로부터 여러 가지 중요한 통찰을 받았기에 그들의 글이 지닌 기여성을 가볍게 여기는 것은 아니다. 그러나 유행으로서 그들의 책이 팔리고, 유행으로서 그들의 이름이 하나의 '지적 액세서리'와 같이 일시적 소모품으로 상품화되는 것은 분명히 경계해야 한다는 것이다.

어느 이론·담론이든 그것은 사람이 살아가는 일에 관한 것이다. 어느 이론가·사상가든 그들의 사상 역시 사람이 살아가는 일에 관한 것이다. 사상가든 이론이든 그들의 삶의 정황에서 나왔으며, 따라서 시대와 공간을 넘어 보편적 기여를 할 수 있는 강점도 있고 당연히 다른 정황에는 맞지 않는 한계도 지니고 있게 마련이다. 그래서 특정한 사상가나 그들이 생산하고 있는 이론에 대한 '전적 찬양'이나 '전적 부정'은 사실상 아무런 의미가 없다.

어느 특정한 사상가나 이론이 '유행의 물결' 속에서 논의될 때, 그 논의에 쏟는 시간·물질·에너지가 지속적인 변화와 삶을 구성하는 동력으로 전환되는 것은 참으로 쉽지 않다. 어떤 특정한 담론·사상과의 진정한 조우는 유행의 물결에 의해서가 아니라, 자기 자신의 삶 속에서 형성되는 삶에 대한 근원적인 물음들로부터 시작되어야 하기 때문이다. 자신 속의 물음이 부재한 채 외부에서 유행처럼 불쑥 던져지는 이론들은 '나' 속에서 만날 수 있는 '대화·조우의 공간'이 형성되지 않은 채 '등장'만 하기에, 조금 지나면 아무런 자취를 남기지 않은 채 사라지게 된다.

많은 이들이 삶의 해답을 원한다. 그런데 '절대적 해답'이란 존재하지 않는다. 모든 해답은 부분적이고, 잠정적이며, 특정한 정황 속에서만 작동될 뿐이다. 그래서 삶이란 끊임없이 무엇인가를 추구하고 잠정적 답을 모색하는 '여정'인 것이다.

어떤 종류의 해답을 찾고자 하든 선행되어야 할 것이 있다. 그것은 자기 삶의 한가운데에서 치열하게 씨름하면서 사라지지 않고 끊임없이 내 속에 자리 잡고 있는 '질문들'과 만나는 것이다. 자신만의 질문이 없을 때, 이 유행의 물결에서 만나는 사상가·이론들은 오히려 '무엇인가 얻었다'는 환상만을 심어줄 뿐 자신의 삶에 아무런 의미를 남기지 못한다. 자신만의 물음·질문이 없는 이가 자신에게 의미가 되는 해답부터 찾는 것은 불가능하지 않은가. 지적인 '유행의 물결'을 경계해야 하는 이유이다.

지도자로서의 '철학자 왕'은 어디에

내가 리더 leader와 매니저 manager의 차이를 구분하는 하나의 방식이 있다. 타자와 사물을 '보는 방식 mode of seeing'. 매니저의 주요 업무는 현상 유지인 반면, 리더는 단순한 현상 유지가 아니라 과거·현재·미래의 세계를 동시에 보아야 하는 사람이다. 따라서 리더는 언제나 두 축 사이에 서 있어야 한다. '지금의 세계·현실 the world as it is'과 아직 오직 않은, 그러나 '와야만 하는 세계 the world as it ought to be'라는 두 축.

지금의 현실 구조 속에 안주하는 것이 아니라 그 현실을 보다 평등한 세계, 모든 이들의 복지가 보장되는 세계, 그 누구도 소외되거나 배제되지 않는 '그 당위성의 세계'에 대한 비전으로 이 두 축 사이에서 끊임없이 고뇌하고 씨름하고 불필요한 제도들을 해체하면서 새로운 제도들을 정착시키는 이가 바로 한 집단이나 나라의 리더가 되어야 하는 것이다.

리더의 '보기 방식'은 단일한 방식monolithic mode of seeing이 아니라 과거·현재·미래의 얽히고설킨 이 현실세계를 동시적으로 생각하고 보는 복합적인 다중적 보기 방식multiple mode of seeing이어야 한다. 또한 리더는 중심부만이 아니라 주변부도 언제나 보아야 하는 이중적 보기 방식double mode of seeing을 끊임없이 자신의 일상에서 작동시켜야 한다. 이상적으로 보자면 이러한 지도자로서의 보기 방식을 지닌 사람은 '철학자 왕philosopher king'이다.

널리 알려진 바와 같이 '철학자 왕'이라는 개념은 플라톤의 《국가》에 등장하는 개념이다. 플라톤은 철학자란 "지혜를 사랑하는 자wisdom lover"라고 규정하면서, 철학자 왕이 지배하는 세계야 말로 이상적인 세계라고 보았다. 물론 이 '왕'이라는 남성중심적·위계적 개념 자체는 매우 배타적이어서 그대로 사용하기에는 여러 가지 한계가 있다. 그러나 어떠한 개념·이론이든 그 이론을 차용하는 이들은 각기 다른 방식으로 그 개념을 적용한다는 의미에서는 '인용 부호' 안에 넣어서 사용하는 인내심 정도는 가질 수 있다.

플라톤의 이 '철학자 왕'이라는 개념은 히틀러의 지배와 같은 전체주의를 정당화하는 것으로 차용되었다는 비판을 받기도 한다. 그렇다고 해서 이 개념 자체를 전적으로 내던질 필요는 없는 것이다. 그렇게 될 때에 남아 있게 될 전통·사상·이론은 무엇이 있을까. 예를 들어 나치는 기독교 사상, 니체의 초인 사상, 바그너의 음악까지 그 전체주의적 체제를 정당화하는 것으로 차용하지 않았는가. 그래서 들뢰즈의 말대로 나는 어떤 이론이라도 그것은 '도구·연장'일 뿐이라고 본다. 하나의 이론·담론에 대한 전적인 칭송도 전적인 부정도 사실상 무의미하다는 것이다. 문제는 그 연장으로서의 이론을 어떠한 목적을 위해서 쓰고 있는가 하는 물음일 뿐이다.

포스트모더니즘 세미나를 하면서, 학생들과 〈철학자 왕들Philosopher Kings〉이라는 영상을 보고 토론한 적이 있다. 철학자가 '지혜를 사랑하는 자'라면, 그리고 이상적 지도자란 '지혜를 사랑하는 자'로서의 철학자라면 그다음 물음은 과연 그 철학자 지도자는 '어디에서' 지혜를 구하는가 하는 것이다. 이것은 교육·정치·종교 등 인간의 제반 현실 구조에서 모두 적용되는 물음이다. 플라톤의 '철학자 왕'이라는 개념을 제목으로 삼은 이 다큐멘터리 필름은 '어디에서 지혜를 구하는가'라는 물음에 대한 우리의 일반적 예상을 뒤엎는다.

2009년 패트릭 쉔Patrick Shen이 감독한 이 필름이 보여주고 있는 것은 우리의 '보기 방식'에 대하여, 우리 자신도 모르는 다양한 편견과 관습 속에 굳어진 사유 방식에 대하여 여러 가지 비판적인 문제 제기를 한다. 이 필름은 미국의 소위 일류 대학들에서 그 대학의 총장·학장·교수·학생 등과 같은 중심부에 있는 이들이 아니라 '보이지 않는 존재', 주변부에 있는 청소부들을 통해서 이 삶의 지혜를 찾는다. 그렇다고 그들을 낭만화하거나 이상화하거나 탈역사화하지도 않는다. 다만 주변부에 있는 그들을 통해서 필름을 보는 이들이 다양한 지혜를 찾아내도록 담담히 그들의 목소리를 들려줄 뿐이다.

학생들에게 이 필름에서 '무엇'이 보이는지 메모를 하면서 보라고 했다. 후에 토론을 하면서 그 세미나에 있는 열두 명의 학생들이 각기 다른 '지혜'들을 그 필름에서 찾았다는 것이 참으로 흥미로운 일이었다. 그 누구도 어떤 것의 의미를 독점하여 주장할 수 없다는 것, 중심부를 탈중심화하면서 다양한 방식으로 우리의 '보기 방식'이 그 복합적인 의미를 드러낼 수 있다는 것, 그리고 자신의 '보기 방식'은 어떠했는가에 대한 비판적 성찰을 할 수 있다는 것. 이러한 것들이 학생들과 나눈 토론의 내용이다. 하나의 '분석적 연장·도구'로서의 포스트모더니즘을 해방의 지평을 확장하는 데 쓸 것인가, 아니면 탈정치적 무관심을 극대화하는 연장으로 쓸 것인가를 경험하는 것이다.

신문에 등장하는 한국사회의 다양한 지도자들, 정치 지도자들, 종교 지도자들, 교육 지도자들은 자신들의 지도자로서의 역량을 확장하고 성숙시키기 위해서 '어디에서' 지혜를 찾고 있으며, 또한 그들의 '보기 방식'은 어떠한가를 다시 생각하게 된다. 동시에 보통 사람들인 우리가 진정한 '철학자 왕'을 지도자로 선택하고 만들어가기 위해 우리의 '보기 방식'을 끊임없이 비판적으로 점검해야 한다는 것을 절감하게 된다.

"그대는 잘 지내고 있나요?"의 회복

한동안 "안녕들 하십니까"라는 말이 한국사회에 확산되어 우리 사회의 어두운 이면들을 드러내는 매개체의 역할을 했다. "안녕하세요?"라고 물으면 "네, 잘 지내요"라고 묻고 대답하던 상투성에 반기를 든 것이다. 그런데 이 "안녕들 하십니까"의 열풍 이후, 한국에서 어떤 변화가 있었는가. 우리의 의식과 삶에 개인적으로, 또는 집단적으로 어떤 변화의 움직임이라도 생겼는가. 별안간 돌풍처럼 확산되다가 슬며시 사라져 버리는 짧게 버틴 유행어가 되어버린 것인가. "안녕들 하십니까"라는 어구가 담고 있는 듯한 냉소성의 확산과 일방적인 고발 또는 독백으로만 머문 것인가.

미국에서 사는 사람들이 가장 많이 쓰고 듣기도 하는 말 중의 하나는 "How are you?"일 것이다. 같은 영어권이라도 영국에서 지낼 때는 이러한 경험을 한 기억이 별로 없다. 미국에서는 학생 · 교수 · 직원 등 누군가와 복도에서 스치기만 해도, 슈퍼마켓에서 계산을 할 때도, 은행에서도, 아는 사람이든 모르는 사람이든 사람들은 이 물음을 늘 주고받는다. 묻는 사람도 그 물음을 받는 사람도 이 말을 진지하게 고민하며 대답하는 경우를 만나보기 힘들며, 아무도 이 단순한 듯한 물음을 진지한 물음으로 받아들일 거라고 기대하지도 않는 것 같다. 그래서 많이 쓰는 말일수록 우리는 '우리가 하는 그 말에는 어떤 의미가 있는가'라는 것을 근원적으로 생각하지 않는다.

영어로 "How are you?"는 한국말로 다양하게 번역될 수 있다. "안녕하신가요? 당신은 어떻게 지내나요? 그대는 잘 지내고 있나요? 너는 어떻게 지내냐?…" 내용은 동일해도 어투에 따라 참으로 다양한 분위기를 전달한다. 내게 이 "How are you?"의 의미를 제일 잘 담고 있는 것 같은 한국말은 "그대는 잘 지내고 있나요?"라고 느껴진다. 상대방을 비하하거나 빈정거리는 분위기 없이 소중한 사람으로 대하는 듯한 어투라는 느낌 때문이다. 어떠한 방식으로 화자가 이 말을 써도 이 말은 사실상 "나는 너의 삶에 관심이 있고, 너의 아픔과 기쁨을 함께 나눌 준비가 되어 있으며, 나는 너의 필요에 응답할 준비가 되어 있다"라는 의미의 "나는 여기에 있습니다 Here I am"를 전제로 해야 하는 것이 아닐까.

그렇기에 이 "How are you?"는 참으로 소중한 나와 너의 연결됨을 지시하는 존재론적 물음이기도 하다. 나의 이 '세계 내의 존재'로서의 존재함은 사실상 '너와의 관계 속에 존재함'이라는 심오한 존재의 차원을 드러내고, 확인하고, 서로에게 상기시키는 언어인 것이다. 그렇기에 장 뤽 낭시는 "존재함은 함께함이다, 그렇지 않다면 아무것도 존재하지 않는다 Existence is with, otherwise nothing exists"라고 하면서 '존재 being'란 '함께 존재 being with'라는 의미로 쓰고 이해되어야 한다고 강조한다.

나는 학교에서 간혹 가깝게 지내는 학생들이나 동료 교수가 "How are you?"라고 물으면 "그 질문에 답을 할 텐데, 그대는 이 답을 들을 최소한 30분의 시간이 있는가?"라고 농담 반 진담 반 응답을 한다. 그리고 나 스스로는 이 말을 상투적으로 거의 쓰지 않는다. 서로 스치면서 아무 말도 안 하는 것이 민망한 상황이라면 그저 웃으며 "Hi"를 할 뿐이다. 이러한 나의 의도를 이해하는 학생이나 동료들은 내가 "How are you?"라는 물음을 물으면 상투적으로 "잘 지낸다"가 아니라 "사실 잘 못 지낸다, 좋지 않다"라고 응답하면서 무슨 일이 있는지 간략하게라도 내게 나누곤 한다. 나도 잘 지내고 있지 않을 때는 상투적인 "잘 지낸다"라는 말을 가깝게 지내는 사람들에게는 하지 않으려고 애를 쓴다(이 '상투성의 삶'으로부터 완전히 벗어나서 살아가는 것은 얼마나 불가능한 일인가!).

나의 가장 중요한 직접적인 '현장'인 강의실은 학생들과 함께 '상투성의 문화'에 저항하고 대안적 문화를 만들어가기 위한 다양한 실험장이기도 하다. 그런데 이 상투성의 문화, 피상성이 지배하는 문화를 거슬러야 한다는 생각은 나만의 생각이 아니라는 사실을 학생들과의 대화를 통해서 확인하게 된다.

SNS 공간에서 그런 것처럼, 표면적으로 친구는 많은데 사실상 자신의 깊은 아픔·고민·고통을 드러내 보일 수 있는 진정한 친구는 부재한 우리의 현실을 탄식하고만 있을 수는 없다. 이 삶의 작은 귀퉁이에서라도 그저 한 사람 두 사람이라도 이 소중한 의미의 "그대는 잘 지내고 있나요?"를 회복시키려는 작은 몸짓이라도 해야 하지 않을까. 그렇지 않다면 도대체 이 '존재함'의 의미가 단지 '생존함' 이상을 넘어서지 못하는 것 아닌가 하는 위기 의식이 요즘 들어 가득해진다. 이 "How are you?"라는 단순한 물음이 "나는 그대와 함께 그대를 위해 여기 있습니다Here I am with you and for you"라는, 나의 너에 대한 열림·배려·연대함의 의미를 담고 있는 물음으로 회복되기 위한 몸짓을 지치지 말고 연습해야 하리라.

고향에서 망명자로 사는 이들

한국을 떠나서 사는 사람들이 가장 많이 받는 질문 중의 하나는 "어디에서 왔는가? Where are you from?"일 것이다. 적어도 내가 이곳 미국에서 처음 만나는 사람들로부터 받는 첫 질문은 대부분 이 물음이다. "당신은 어디에서 왔는가?"

이 "어디에서 왔는가"라는 물음은 이 물음을 묻는 이들이, 혹은 받는 이들이 미처 의식하지 않는다고 해도 어떤 의미에서는 매우 정치적인 함의를 지니고 있다. 이 질문은 "당신은 이곳에 속하여 있지 않다"는 것, 또한 "당신이 돌아가야 할 곳이 다른 데 있다"는 것, 그래서 결국 "이곳은 당신이 아닌 다른 이들이 주인"이라는 '물리적 공간의 소유 의식'을 암묵적으로 반영한다.

미국 시민권을 가졌든 영주권을 가졌든 방문비자를 가졌든 피부색의 차이로 인한 '이방인성'을 지니고 있다는 사실에는 아무런 차이가 없다. 백색의 피부와 동일시되지 않는 한, 비자 종류와 상관없이 '비非백인'들은 어쨌든 '거주 이방인 resident alien'이다. 나는 이 거주 이방인이라는 용어를 서류라든지 이곳저곳에서 만날 때, 이 용어가 지닌 아이러니를 느끼곤 한다. 이곳에 사는 거주인이기는 하지만 진정으로 이곳에 속할 수는 없는 '영원한 이방인'의 모습으로 이 땅을 살아가는 것 아닌가.

한국을 떠나서 독일 · 영국 · 미국 등 여러 나라에서 살아본 적이 있는 나는 이 질문에 매우 익숙하다. 그리고 이 질문은 나에게 늘 많은 것들을 생각하게 한다. 여러 나라를 살아보면서 이 질문에 대한 나의 답변은 점점 변하기 시작했다. 나의 답변을 이해할 만한 사람들에게는 이 질문에, "나는 내가 있는 곳에서 왔답니다 I am from where I am"라는 답을 한다. 그러면 이 질문의 사회정치적 함의에 내가 문제 제기하고 있음을 이내 알아차리는 사람은, 속한 공간의 의미에 대한 진지하고 흥미로운 이야기를 나와 나누게 된다. 때로는 "한국에서 왔어요"라고 내가 답변할 때, 상대방이 "고향에서 멀리 떨어져 있군요"라고 할 때가 있다. 그러면 나는 "나는 고향이 이곳저곳에 있답니다"라고 답하기도 한다. 물론 나는 이 질문을 묻는 이들이 복합적인 생각을 하며 이 물음을 묻는다고 생각하지 않는다. 또한 '누가' 이 물음을 묻는가에 따라 그 물음의 함의는 전적으로 다르다고 생각한다. 그러나 내가 "어디에서 왔는가"라는 다소 단순한 듯한 물음에 이렇게 복합적으로 생각하고 답변하는 것은 이 물음이, 그리고 이 물음에 대한 우리의 사유가 사실상 아주 중요한 의미를 담고 있다고 생각하기 때문이다.

그런데 우리가 멀리 떠나왔다고 느끼는 '고향'이란 과연 무엇일까. 물론 고향이란 무수한 '익숙함들이 겹쳐지는 곳'이라는 것을 나는 안다. 익숙한 골목길과 거리들, 사람들, 음식들, 음악들, 언어, 산과 강과 들판…. 굳이 별 다른 설명이 없이도 익숙함을 느끼고 편안함을 느끼는 곳을 사람들은 고향이라고 한다. 그런데 진정 고향은 이렇듯 지리상의 물리적 공간하고만 연결되는 것일까.

오래전 어느 시를 읽다가 "나는 나의 고향에서 망명중이다 I am in exile in my home"라는 구절이 나의 마음에 충격처럼 와닿은 적이 있다. 이 시구절은 고향이 무엇인지 근원적인 물음을 내게 묻게 했으며, 고향이 단지 익숙한 지리적 공간만을 의미하지 않음을 분명히 인식하게 했다. 페미니스트 담론과 운동들이 나의 삶에서 중요하게 자리 잡기 시작하면서 내가 느끼고 경험하기 시작하던 그 복합적인 소외와 홀로의 감정들, 고향에서 망명자처럼 살아가고 있던 나의 경험을 분명하고 간결하게 이 시 구절이 담아내고 있다는 것이 내게 깊은 감동을 주었다.

아무리 지리적으로 자신이 태어나서 자라난 곳에 산다고 해도, 아무리 피부색과 언어가 동일한 사람들과 함께 산다고 해도 자신의 존재가 온전히 받아들여지지 않을 때, 자신이 갈망하고 꿈꾸는 것들이 거절당하고 왜곡되곤 할 때, 성별에 의해서, 사회적 계층이나 교육 배경에 의해서, 성정체성에 의해서 또는 종교나 자신의 육체적 조건 등에 의해서 자신의 존재가 지극히 제한되거나 온전히 받아들여지지 않을 때, 우리는 자신의 고향에서 망명자로 살아갈 수밖에 없다. 왜냐하면 고향을 느끼는 것은 한 사람의 존재가 온전히 깃들 수 있는 곳, 한 사람의 '마음과 존재를 담을 수 있는 곳'이어야 가능하기 때문이다.

이러한 측면에서 볼 때 지리적으로 어디에 살든 사람들은 이 '고향 떠남'의 경험을 하곤 한다. 각기 다른 측면에서 우리의 삶이 무수한 소외를 경험하게 될 때, 육체적·물리적으로는 자신이 태어난 나라를 떠나지 않는다 해도 정신적으로 우리는 이 '이방인'의 경험을 하는 것이다. 어느 곳에서든 자신의 존재가 소외됨을 느낄 때, 자신의 존엄성과 가치가 몰가치화될 때, 자신이 지향하는 세계가 오해되고 왜곡될 때, 그러한 때 우리는 설사 몸이 자신의 생물학적·지리적 고향에 있어도 망명자로 살아간다.

그런데 이 망명자로서의 경험이 부정적이거나 파괴적인 것만은 아니다. 오히려 이 경험을 한 사람들은 그 고향의 '익숙함'

으로부터 홀연히 벗어나 '낯설음'의 세계에 들어서면서 새로운 현실을 창출할 용기를 갖게 되기도 한다. 육체적으로든 정신적으로든 이러한 '고향 떠남'의 경험을 해본 사람들은 그 '고향 떠남'의 경험과 '자기 발견'의 교차점을 경험하게 된다. 이 '고향 떠남'의 경험을 통해서 우리는 비로소 이 세계를 깊숙이에서 바라보는 새로운 시선을 형성하게 되고, 그 익숙함의 세계 속에 묻혀 있던 자신의 '새로운 자아'를 발견하게 되고, 고향과 고향 아닌 곳의 강점과 한계를 동시에 찾아낼 수 있는 시각을 갖게 된다. 또한 더 나아가서 고향과 타향의 경계가 사실상 때로는 그렇게 본질적인 의미가 있는 것이 아니라는 사실, 그리고 진정한 고향은 어떤 곳이어야 하는가라는 '진정한 고향성'에 대한 분명한 시각을 형성하게 된다.

이러한 의미에서 '고향 떠남'의 경험을 하는 이들은, 물리적이든 정신적·인식론적이든 끊임없이 새로운 고향을 재구성하고 건설한다. 그래서 빅토르 위고Victor Hugo의 말과 같이 "모든 땅을 자신의 고향으로 보는 사람은 이미 강한 사람이다. 그러나 전 세계를 하나의 타향으로 생각하는 사람은 완벽하다. 예민성을 지닌 사람The tender soul은 이 세계의 한 곳에만 애정을 고정시켰고, 강한 사람은 모든 장소로 애정을 확장했고, 완전한 인간은 자신의 고향을 소멸시켰다"라고 나는 생각한다.

이곳에도 저곳에도 전적으로 속할 수 없는 '사이 존재'로 살아가는 이들, 이들 '거주 이방인'들은 어디에 있든지 자신의 공간에서 끊임없이 새로운 고향을 만들어가는 이들이다. 그래서 '진정한 고향'이란 단지 지리적인 익숙함 이상이다. 한 사람의 존재가 전적으로 용납되고, 그 가치가 존중되고, 애써 설명함 없이도 '그대로인 존재'로 살아가게 만드는, 그래서 그의 마음이 거주할 수 있는 곳, 그곳이 '진정한 고향'인 것이다. 그래서 육체적으로든 정신적으로든 자신의 익숙한 공간으로부터 '고향 떠남'의 경험을 하는 것은 매우 중요하다. '갓길로 밀려난 존재'로 살아가는 듯한 이 '영원한 거주 이방인'으로서 살아가는 우리의 삶이란, 그 지리적 공간이 어디에 있든지 끊임없이 고향을 갈망하고 고향을 만들어나가는 삶이다.

고향이란 한 사람의 가슴과 마음이 깃들 수 있는 곳, 자신이 자신일 수 있는 곳, 인간으로서의 고유한 세계를 펼칠 수 있는 곳, 자신의 존재 방식이 인정되고 받아들여지는 곳이며, 이러한 의미의 '진정한 고향'은 결코 저절로 주어지는 것이 아니다. 한 사회나 공동체의 구성인 한 사람 한 사람에게서 고향이 고향이기 위해서는 어떠한 근거에 의해서든 차별과 배제를 경험하게 하는 사회적 구조들이 사라져야 하고, 정의·평등·평화라는 인류의 보편가치들이 단지 정치적 구호나 종교적 담론이 아닌 구체적인 제도와 사회 구성원 개개인의 가치 체계의 변화 속에서 실현되어야 한다. 그렇지 않게 될 때, 자신의 고향에서 망명자로서의 삶을 살아가는 이들은 점점 많아지리라. 이러한 의미에서 '고향 떠남'이라는 메타포는 어느 특정한 공간에 대한 자신의 소유 의식을 버린다는 '탈영토화'의 의미이고, 자신이 몸담고 있는 공간의 구성원 개개인의 다양한 존재 방식을 긍정하고 수용한다는 의미이며, 자신도 타인의 환대가 필요한 것처럼 타자에 대한 환대의 의미를 실천해간다는 의미이다.

'고향 떠남'을 통해서 비로소 진정한 고향을 찾고 만들어갈 수 있다는 이 패러독스는 이 삶을 이루는 중요한 한 부분이리라. 아브라함이 될 아브람에게 "너의 고향을 떠나라"고 했던 신은 사실상 지금도 우리의 이러한 '영원한 이방인'으로서의 탈영토화적 삶의 중요한 의미를 상기시키고 있는 것은 아닐까.

고향에 대한 갈망, 그 변혁에의 열정

지리적으로 태어난 나라인 한국을 떠나서 살고 있는 나에게 가끔 사람들이 묻는 물음이 있다. "고향이 그리운가? Are you homesick?" 한국·독일·미국·영국에서 살다가 다시 미국으로 와서 살면서 다양한 사람들로부터 그러한 질문을 받는 것에 이제는 매우 익숙하다. 나는 나의 사유세계를 조금은 이해하는 가까운 친구나 동료로부터 이 물음을 받을 때, "나의 고향은 모든 곳이기도 하고, 아무 곳에도 없다 My home is everywhere, and also nowhere"라고 대답하곤 한다. 자신이 태어난 나라를 떠나 있는 사람들은 '고향을 떠난 사람'이라는 표지와 함께 이방인으로, 또는 망명자로서의 삶을 살아간다. 그러나 사실상 고향이란 이러한 지리적 의미보다 훨씬 복합적인 개념이다.

사람들은 다양한 의미에서 망명자로서의 삶을 살아가고 있다고 나는 생각한다. 흔히 자신이 태어난 곳을 고향이라고 하지만 사실상 고향이란 지리적 장소 이상의 훨씬 심오한 의미를 지니기 때문이다. 자신의 지리적 고향인 팔레스타인을 떠나 미국에 거주하던 탈식민 담론 이론가인 에드워드 사이드가 "나는 나의 글쓰기에서 고향을 발견한다"고 한 것은 내가 오랫동안 관심 가져온 주제 중의 하나인 다른 종류의 고향을 생각하게 한다. 외면적 고향이 아닌 내면적 고향. 이 내면적 고향은 인간의 오랜 관심이었다.

"어디에서 나 자신을 발견하든, 나는 고향에 가고 싶다고 갈망한다. 모든 인간이 그러하듯이." 마야 엥겔로Maya Angelou의 시구이다. 이 단순한 듯한 시구는 '인간이 된다는 것은 무엇인가'라는 매우 복합적인 물음들과 맞닿아 있다. 이 시구는 자신이 태어난 지리적인 고향을 떠났는가 아닌가와 상관없이 인간이란 고향에 대한 갈망을 지닌다는 것을 암시하고 있다. 이런 의미에서 보자면 '고향성'이란 자신이 자신으로부터, 또한 타자로부터 여타의 소외를 경험하지 않으면서 한 존재로서 자기 자신과의 지순한 '일치성'을 경험하는 상태라고 나는 본다. 그러나 우리의 구체적인 현실세계에서 우리는 다층적인 소외를 경험한다. 이러한 지독한 소외의 경험들 한가운데에서 살아가면서 사유하는 인간은 그 '소외 너머의 세계'인 고향에 대한 갈망을 가지며 살아가게 된다는 것이다.

고향에 대한 갈망은 아픔을 수반한다. 그래서 이 아픔을 영어는 'homesickness', 독일어는 'Heimweh'라고 표현한다. 이러한 고향에 대한 갈망의 아픔을 지닌다는 것은 상실의 아픔을 지닌다는 것을 의미한다. 자신의 삶에서 있어야 할 어떤 것이 부재하다는 그 '상실'을 상실로 보지 못하게 될 때, 우리의 삶은 사실상 존재하는 것이라기보다 식물적 삶을 연명하고 있는 것이기도 하다. 그래서인가. 18세기의 독일 시인인 노발리스Novalis는 다음과 같이 말했다.

"철학은 고향에 대한 갈망이 주는 아픔Heimweh, 모든 곳에서 고향을 느끼고자 하는 간절함이다."

나의 삶의 결여와 상실이 충족되고, 여타의 소외를 넘어 내가 나와 일치성을 경험하는 삶이 가능한 곳. 이러한 상태가 '고향'이라고 한다면 노발리스의 표현처럼 철학이란 고향에 대한 갈망이 가져오는 아픔에 관한 것이기도 하다. 자신의 삶에서 무엇이 결여되어 있는가, 무엇이 상실되고 있는가, 무엇이 부재한가를 보게 된다. 그러한 결여·상실·부재·소외를 넘어서는 고향에 대한 갈망, 그 노스탤지어를 지니는 삶은 지독한 아픔 속에서 살아감을 의미하기도 하지만, 그러한 삶은 '고향성'을 확보하고 확장함으로써 그 고향에 보다 가까이 가고자 하는 변혁에 대한 열정을 품고 살게 하는 것이기도 하다.

자신이 자신과의 지순한 일치를 경험하는, 그 어떤 소외도 넘어서는 '고향으로의 회귀homecoming'가 가능한가 가능하지 않은가라는 질문은 사실 의미가 없다. 다만 그 고향에 대한 갈망이 주는 아픔을 끌어안고서, 그 고향에 더욱 가까이 가고자 하는 용기와 열정, 그리고 이 세계에 대한 개입을 통해서 그 아픔의 의미가 살아나는 것이기 때문이다.

다층적 소외를 경험하면서 그 너머의 세계를 꿈꾸며 살아가는 이들, 여타의 결여를 넘어서게 하는 삶의 충일함에 대한 지순한 갈망을 지닌 이들, 지순한 삶의 상실을 상실로 볼 줄 아는 이들, 소외와 결여가 존재하지 않는 그 고향에 대한 갈망이 주는 아픔을 외면하거나 회피하지 않고 단호하게 자신 속에 품고 살아가는 이들. 이들은 자신의 상실과 불행에 대한 경험 속에 함몰되지 않고 그것들이 극복되는 고향에 대한 갈망을 지니면서 새로운 세계를 가능하게 하는 이들이다. 비록 그 갈망이 지독한 아픔을 수반하는 것일지라도.

진정성의 부재 시대, '진정성의 삶'이란

상업화된 세상의 홍청거림 속에서도, 또 갖가지 암울한 사건들 속에서도 여전히 되돌아보아야 하는 엄중한 과제가 있다. 그것은 '진정성authenticity의 삶'에 대한 나·우리의 문제이다. 우리가 의식을 하든 못하든 우리의 일상적 삶은 '가식의 문화culture of pretension'가 생산하는 다층적 삶의 방식과 가치들에 의해서 지배받고 있다. 고도의 가식의 문화 속에서 진정성의 삶이란 매몰되고 사라진다.

"잘 지내는가"라는 물음에 대한 답은 "잘 지낸다"로 정형화되어 있다. 마음속 깊이에서 극심한 아픔과 고통으로 힘든 경우에도 우리는 좀처럼 '사실 힘들다'는 것을 표현하지 못한다. 이 정형화된 답에서 벗어날 경우, 오히려 상처받기 쉬운 약자의 위치에 서기 쉽기 때문이다. 도처에서 사랑은 남용되고 있으며, 사랑의 표지인 하트 모양은 상업주의의 독점물로, 또는 이모티콘과 같은 장식물로 사용된 지 오래다. 그래서 더 이상 사랑이라는 말에, 또는 그 사랑을 의미하는 상징물에 아무런 감동을 받지 못한다. 백화점에서 90도로 몸을 굽히고 고객을 맞이하는 직원들의 상업적 미소를 보면서 인간의 미소가 지닌 그 심오한 의미를 느끼는 것은 불가능하다. 정치인들의 국민 사랑, 국가 사랑에 대한 주장은 그 공허함의 깊이가 날로 더해간다. 정치 지도자의 눈물은 정치적 장식품으로써 '연기Play되는 것'으로 전락하고, 종교 지도자들의 '진리 주장'은 이기적 권력 확장과 타자 혐오의 전거로 남용되고 있다.

이처럼 사랑·연민·눈물·미소와 같은 인간을 인간이게 하는 소중한 가치들이 가식의 문화 속에 매몰되고 왜곡되고 있다. 그래서 언젠가는 '이러한 것들의 진정한 의미는 도대체 무엇인가'라는 질문조차 사라지게 될지 모른다는 우려마저 생긴다. 이토록 진정성이 부재한 시대에 진정한 자아authentic self로 살아간다는 것은 무슨 의미인가. 도처에서 진정성이 사라진 시대에 한 개별인들이 자신의 진정성을 확보하고 지켜내는 것은 도대체 가능한 것인가.

오스카 와일드Oscar Wilde의 "너 자신이 되라Be yourself, everyone else is already taken"는 선언은, '진정한 나 자신'이 된다는

것의 의미가 인간의 지속적인 삶의 물음이 되어야 함을 상기시킨다.

한 개별인으로서 자신의 진정성을 지켜낸다는 것은 지속적으로 해내야 하는 과제이다. 그 '진정한 나 자신'을 형성하기 위하여 우리는 '나는 누구인가'라는 물음과 대면해야 하고, 간혹 외부세계로부터 단호한 거리두기를 하는 '고독의 공간' 속에 나를 초대하여 대화하는 것이 필요하다. 이러한 사유의 공간 속에서 씨름해야 하는 물음들이 있다. '나'에게 진정성이 있는 삶이란, 내가 어떠한 방식으로 살아가야 함을 의미하는가. 나는 나를 타자들에게 어떻게 표현하고 그들과 관계 맺으며, 어떻게 이 세계에 개입하는가. 어떻게 나의 이 '세계 내 존재함'에서 나 자신의 진정성을 확보하고 지켜내기 위한 실천을 하고, 그 진정성을 성숙하게 키워낼 수 있는가.

이러한 물음들과 대면하지 않을 때 '나'는 사회·문화·정치·종교 영역에 만연한 이 '가식의 문화' 속에 매몰되어서, 오스카 와일드의 "너 자신이 되라"의 의미가 무엇인가라는 물음조차 묻지 않는 삶을 살게 될 것이다. 이 진정성 부재의 시대에 '나' 자신의 진정성을 지켜내는 것은 나와 너의 인간됨, 그리고 우리의 인간됨을 지켜내기 위한 필요조건이라는 점에서 이 시대 우리가 자신의 정황 속에서 각자 대면하고 씨름해야 하는 절실한 과제가 아닐까.

실존적 독감을 앓고 있는 이에게

자신의 삶에 관하여 사유하는 사람이라면, 일상적인 매일매일의 삶에서 돌연히 깊은 불안·무의미·좌절감 속에 빠지는 경험을 하곤 한다. 나는 이러한 내면적 경험을 '실존적 독감'이라고 명명한다. '독감'이라는 메타포를 사용하는 이유는 육체적 독감과의 비교가 가능하기 때문이다. 이 두 종류의 독감은 한번 걸리면 심하게 앓아야 한다는 공통점이 있다. 그리고 이전에 걸렸다고 해도 앓을 때마다 매번 새로운 특유의 지독한 고통과 아픔이 있다. 육체적 독감은 예방 주사를 맞고 피하는 것이 가능하겠지만, '실존적 독감'은 예방 주사의 존재라는 것이 가능하지도 않고 가능하다 해도 사실상 커다란 의미를 지니지 못한다. 이 실존적 독감은 '살아감'의 여정이 담고 있는 한 그늘이기도 하다.

폴 틸리히Paul Tillich는 그의 《존재의 용기》라는 책에서 인간은 세 가지 불안을 가지고 있다고 말한다. 그 세 가지 불안이란 첫째, 죽음에 대한 불안. 둘째, 공허함과 무의미에 대한 불안. 그리고 셋째, 자신이 한 일들에 대한 죄책감과 그것들에 대한 외부로부터의 비난에 대한 불안이다. 그런데 이렇게 세 종류의 불안만이 우리의 삶을 지배하는 것은 아니다. 자신의 삶에서 꿈꾸는 세계가 어쩌면 결코 오지 않을 것이라는 '불가능성에 대한 예감', 또는 자신이 갈망하는 '충일한 관계들의 부재'에 대한 돌연한 인식 등은 우리를 종종 지독한 실존적 독감에 걸리게 한다. 그런데 이러한 실존적 독감에 걸리는 것이 부정적이기만 한 것일까.

하이데거는 아렌트에게 보낸 편지에서 "오직 태양이 있는 곳에서만 '어두움들'이 있다"라며 이러한 사실은 "한 사람의 영혼의 근원적인 토대"라고 말한다. 이러한 '어두움들shadows · Schatten'의 경험과 그것들과의 대면이 실존적 독감이라고 나는 본다. 그리고 이렇게 실존적 독감에 걸리는 존재라는 것. 즉, 삶의 어두운 그림자들을 느끼고, 대면하고, 그 속에서 깊숙이 침잠하는 듯한 지독한 불안감과 절망감을 느낀다는 것은 이 살아감의 과정에서 소중하다고 본다. 이러한 경험은 우리의 '동물성animality'만이 아니라 '인간성humanity'을 상실하지 않고 지켜

내게 하는, 이 살아감의 중요한 결layer이기 때문이다. 또한 이 실존적 독감에 걸리는 이들은 그 어두운 심연 저편에 있을 찬란한 햇살의 필요성을 절절하게 갈망하게 되며, 그러한 절절한 갈망과 의지가 비로소 찬란한 햇살을 창출할 가능성을 열기 때문이다.

그런데 이 삶의 어두운 그림자들을 넘어서는 것은 나 자신의 외부로부터 수동적으로 주어지는 것은 아니다. 특정한 사회정치적 제도나 요건들, 또는 종교 자체가 인간으로 살아감의 어두운 그림자들을 자동으로 사라지게 하는 것은 아니라는 것이다. 사무엘 베케트의 《고도를 기다리며》는 우리 삶의 의미들, 그리고 어두운 그림자를 넘어서게 하는 찬란한 햇살은 고도와 같은 존재(그것이 종교적·사회정치적, 또는 관계적인 것이든)에 의하여 수동적으로 주어지는 것이 아니라는 메시지를 던지고 있다. 막연한 기다림의 자리를 단호히 털고 일어나는 용기와 의지, 그리고 어두운 그림자 저편에 있는 햇살을 향한 끈기 있는 열정과 의지. 이러한 것만이 인간이라면 앓곤 하는 실존적 독감을 한 존재의 내면세계를 이루는 소중한 터전으로 전이시키도록 하는 가능성의 통로가 될 것이다.

아픔에는 '왜'가 없다: '이중국적자'로서의 삶

인간은 누구나 아픔과 고통을 겪는다. 니체의 "살아감이란 고통을 경험한다는 것"이라는 말은 사실상 그 인간이 누구인가에 상관없이 적용되는 말이다. 아픔과 고통은 다양한 요인들에 의하여 다양한 양태로 경험된다. 육체적 아픔, 정신적 아픔, 개인적 아픔이나 사회제도적 문제들에 의한 아픔 등 참으로 다양한 아픔의 양태와 정황들이 있다. 그런데 여기에서 인간이 경험하는 아픔과 고통이 신神의 심판이라거나 건강은 신의 축복이라고 해석하는 것은 매우 위험하다. 그런 해석은 여러 가지 문제점과 한계를 안고 있다. '왜' 어떤 사람들에게 특정한 종류의 아픔과 고통의 사건이 있는가라는 물음은 인간이 그 원인 규정을 할 수 있는 문제 너머의 일이다. 그것은 마치

'왜 꽃은 피는가'라는 물음과도 같이 방향이 잘못 잡힌 물음이다.

앙겔루스 실레시우스Angelus Silesius가 자신의 시에서 "장미는 왜 없이 존재한다. 장미는 피기 때문에 단순히 피는 것이다The rose is without why. it blooms simply because it blooms"라고 했다. 이것은 인간의 삶에는 인간의 인지능력 너머의 사건이나 문제들이 있다는 심오한 의미를 담고 있다. 인간의 삶에는 유한한 인간의 인식적 능력으로 파악할 수 없는 일들이 있으며, 이러한 인식 불가능한 일들에 '왜'를 신과 연계시켜서 구성하는 것은 심각한 종교적 왜곡을 반복할 뿐이다. 따라서 육체적 또는 정신적 아픔이 개별인들에게 일어나는 것에 '왜 하필 나에게 일어나는가'가 라는 물음을 '어떻게 나는 그 아픔의 경험을 대할 것인가'라는 물음으로 전이시켜야 한다. 즉, '왜'로부터 '어떻게'로 우리의 관심을 전이시킬 필요가 있다는 것이다.

미국의 비평가, 작가, 필름 제작자, 또는 사회운동가로 알려진 수전 손택Susan Sontag은 암 투병 생활을 하면서 《은유로서의 질병》이라는 책을 출판한다. 그 책에서 손택은 우리 인간은 누구나 '이중국적'을 가지고 태어난다고 했다. 즉 '건강한 자의 나라kingdom of the well'와 '아픈 자의 나라kingdom of the sick'라는 두 나라의 국적을 지닌 이중국적 시민으로 태어난다는 것이다. 구체적으로 어떠한 국가의 시민이든, 우리 모두는 이렇게 '건강'

만이 아니라 '병'이라는 두 상황 속에서 살아가야 한다. 이러한 이중국적자로서의 삶이란 인간의 조건과도 같은 것이다.

나도 예외는 아니다. 지금은 매우 건강해졌지만 나는 어릴 적부터 몸이 약했다. 그래서인지 늘 잔병치레를 하곤 했고, 지금도 일상에서 몸에 한두 가지 아픔이나 문제가 있는 것이 어느 정도 익숙하다. 한때는 나의 약한 '육체성'이 더욱 강한 '정신성'을 갖게 한다고 나 자신을 위로하기도 했다. 나의 깊숙한 인식세계 속에 플라톤주의 성향이 어릴 때부터 나도 모르게 형성되기 시작한 것 같다는 생각을 하게 된 것은, 미국으로 유학 와서 어느 세미나에서 매주 저널 쓰는 과제를 하며 나 자신을 '학문적 주제'로 성찰해야 했던 세미나 과제를 하면서이다. 이 저널을 매주 써내면서, 나는 인간의 육체성과 정신성에 대한 이분법적 사유 방식의 한계를 인식하게 되었고, 나 자신 속에 잠재해 있는 '정신의 우월성'이라는 사유 방식이 나의 육체적 약함에 대한 반작용이었다는 것도 서서히 보기 시작하게 되었다. 나의 육체적 아픔과 그것이 정신에 미치는 연관성에 대한 성찰을 하게 된 계기가 된 것이다. 도대체 아픔, 그리고 그에 따른 고통을 우리는 어떻게 대면해야 하는가. '건강한 자의 나라'만이 아니라 '아픈 자의 나라'에 속한 이중국적자로서의 우리는 어떠한 '시민'으로 살아가야 하는가.

나는 '아픔과 고통'을 종종 '아픔·고통'으로 표기한다. 아픔이나 그로 인한 고통을 분리하기 어렵다는 의미에서다. 아픔과 고통은 동전의 양면처럼 언제나 함께 존재하고 경험된다는 것이다. 육체적·감정적·정신적 또는 영적 아픔·고통은 각기 분리되어 있지 않다. 육체 어느 한 부분의 아픔은 인간의 다른 부분의 아픔·고통과 연계되어 있으며 각기 다른 영향을 주고받는다. 이러한 의미에서 '육체적' 아픔이 육체적인 것만도 아니고, 정신적 고통이 곧 정신 속에서만 갇혀 있지 않다. 육체와 정신, 감정과 이성 등 인간의 갖가지 감각과 기능들은 거미줄처럼 얽혀 있다. 더 나아가서 인간의 감정적·인식적·영적 차원의 고통은 자연적·환경적·정치적·경제적·사회문화적 조건들로 야기된 고통들과 분리시킬 수 없는 밀접한 관계가 있다. 인간이 경험하는 갖가지 종류의 아픔·고통은 그것을 경험하는 사람에게 자신의 삶의 의미를 생각하게 한다.

인간의 아픔과 그에 따른 고통은 다양한 요인들에 의하여 야기된다. 첫째, 자연적 조건에 따른 아픔·고통이다. 지진이나 태풍과 같이 인간이 통제할 수 없는 자연적 요인에 의해서 우리는 아픔과 고통을 경험한다. 나 자신이 상처를 입을 수도 있고, 내가 사랑하는 사람들이 죽음을 경험할 수도 있다.

둘째, 생태적 조건에 따른 아픔·고통이다. 예를 들어 방사능 물질이 분출되거나 유독성 물질에 감염되거나 극심하게 오염

된 물이나 공기 등으로 인해 우리는 아픔과 고통을 경험한다.

셋째, 정치적 조건이다. 전쟁이나 분쟁·독재정치 아래에서 살아야 하는 것, 또는 국민을 보호하지 않고 해악을 끼치는 정부, 인권과 평등, 또는 정의의 문제가 등한시되는 정치적 정황 속에서 살아가는 것은 본인이 인식하든 하지 못하든 우리에게 아픔과 고통을 주는 요인들이 된다. 정치적 조건 때문에 정치범이 된다든지, 난민으로서의 삶을 살아야 하는 이들이 경험하는 아픔은 외면적인 정치적 요인으로 야기된 것이다.

넷째, 경제적 조건이다. 일상생활을 유지하기도 힘든 경제적 조건 속에 있다면, 그 속에서 아픔·고통을 경험하지 않는 사람은 없다. 경제적 조건은 인간의 생존에 필요한 의식주 문제는 물론 인간으로서의 다양한 활동의 기저를 형성하고 있다. 취업하지 못할 때, 자신이 경영하던 사업이 도산했을 때, 또는 부채에 시달리고 있을 때 등 경제적으로 열악한 삶을 살아가야 할 때 인간은 아픔을 경험한다.

다섯째, 사회적 조건이다. 자신이 살아가는 사회가 자신의 삶에 필요한 여러 가지 요건들을 갖추고 있지 못할 때 우리는 아픔을 경험한다. 헬조선·피로사회·위험사회·증오사회라는 용어들이 등장하는 것은 사회적 조건들이 우리에게 만족감이나 안정감을 주지 못하고 있다는 것을 드러낸다. 자살률은 증가하고 있으며, 사회적 불만으로 인한 갖가지 범죄 역시 증가하고 있다. 이러한 사회적 요인들은 우리에게 다양한 양태로 아픔과 고통을 주는 것이다.

여섯째, 감정적 조건이다. 인간이 살아가기 위해서는 다양한 것들이 필요하다. 의식주만이 아니라 함께 살아가는 이들이 필요한 것이다. 인간은 고립된 섬과 같은 존재가 아니기 때문이다. 가족·동반자·친구·동료 등 우리의 감정을 따스하게 느끼게 하는 존재들이 필요하다. 이렇게 우리의 감정세계를 따스하고 풍성하게 만드는 동반자들이 없을 때, 심리적이고 감정적인 아픔과 고통이 심해지고 삶을 무의미하게 느끼게 됨으로써 더욱 가중된 고통을 경험하게 된다.

일곱 번째, 인지적 또는 정신적·영적 조건이다. 인간은 자신의 세계에서 일어나는 일들을 이해하기를 원하고, 의사소통하기 원하고, 또한 일·예술·종교·과학 등을 통해서 이 세계에서 의미를 느끼고 창출하며 살고자 한다. 그런데 이러한 것들이 원활하게 이루어지지 않을 때 아픔과 고통이 찾아온다.

여덟 번째, 실존적 조건이다. 인간만이 스스로 자신의 목숨을 끊는다. 즉, 어떠한 근거로든 인간은 자신의 삶에 더 이상의 의미가 없다고 느껴질 때 자살하는 존재라는 것이다. 인간은 여러 가지 점에서 동물과 유사성을 지니고 있다. 그러나 인간이 동물과 확연히 구분되는 지점은 바로 삶에 무의미를 느낄 때 스스로 목숨을 끊는 존재라는 점이다. 그래서 카뮈는 그의 《시지프스 신화》에서 '자살이야말로 가장 진지한 철학적 주제'라고 한다. 자살이란 '삶이 살아갈 가치가 없다는 고백'이기 때문이다. 극심한 아픔과 고통을 경험하는 이들은 다양한 방식으로 '도대체 이 삶을 살아갈 가치가 있는 것인가'라는 삶의 의미 물음과 대면하게 된다.

아픔의 원인·양태, 그리고 그것에 대응하는 것도 개인에 따라서 참으로 천차만별이다. 아픔은 언제나 추상화 같다. 정물화처럼 쉽게 묘사하거나 타인들에게 자신의 아픔을 전달하기가 쉽지 않다는 것이다. 아픔이 깊을수록 그 아픔은 설명이나 묘사가 불가능한 추상화처럼 한 사람의 존재 구석구석에 영향을 미친다. 그러나 분명한 것은, 한 부분에서의 아픔이나 고통은 한 사람의 전 존재에 영향을 미친다는 것이다. 마치 극도의 치통에 시달리는 사람에게는 그 치통이 치아에만 제한된 것이 아니라 감정세계·인식세계·정신세계에도 영향을 주는 것과 같다. 육체와 정신, 감성과 이성은 우리가 이렇게 개념상 구분하는 것처럼 그렇게 명확히 구분되는 것이 아님을 아픔을 경험하는 사람들은 느낀다. 그렇다면 우리가 통제할 수 없이 일어나는 그 아픔들 그리고 그에 따른 고통에 우리는 어떻게 대응해야 하는가.

대부분의 아픔은 우리가 마음대로 통제하거나 조정할 수 없는 것으로 우리에게 경험된다. 나 자신이 그 아픔의 요인이나 양상을 통제할 수 없는 것이라면, 그 아픔에 대한 나 자신의 시각을 바꾸는 수밖에 없다. 즉 자신을 아픔의 피해자로만 생각하는 수동적인 '피해자 의식victim-consciousness'을 넘어서, 능동적 '주체자 의식agent-consciousness'을 갖도록 자신의 생각을 전환하는 것이다. 아픔의 경험을 포함하여 우리 삶에 많은 일이나 사건은, 그 사건 자체보다 그 사건에 대한 우리 자신의 인식과 의식을 통해서 고통이 가중되곤 한다.

이러한 경우 우리가 자신에게 할 수 있는 일은 그 아픔의 정황 속에서 아픔을 끌어안으면서 자신이 할 수 있는 최선의 일을 하는 것이다. 이 통제 불가능한 아픔의 '사건' 속에서 자신이 취할 수 있는 가장 능동적인 주체 의식은 이 살아 있음에 대한 예민성, 매 순간들의 소중함, 그리고 나에게 주어진 날들 속에서 내가 하고자 하는 일에 대한 열정을 끊임없이 재확인하고 그 열정을 키워나가는 것이다. 아픔이 없었다면 재확인하지 못하기도 했을 소중한 것들을 다시 보게 되는 것이다. 자신에게 일어나는 아픔의 경험을 통해 자기 자신에게 귀를 기울이는 예민성을 상실하지 않고 지켜내면서 자신에게 주어진 이 삶을 소중하게 생각하는 주체자 의식을 키워내야 한다.

아픔의 경험을 전혀 하지 못한 사람들은 타인의 아픔과 고통에 감정이입하기가 참으로 어렵다. 의도적으로 자신 속에서 타인의 고통에 대한 예민성을 기르지 않는다면, 타인의 아픔과 고통에 감정이입하고 연민을 갖고 연대하기가 쉽지 않다. 자신이 경험하는 아픔을 통해서 주체적 의식을 가지도록 하는 것은, 자신만이 아니라 타인의 아픔과 고통에 대한 연민의 감정을 가지는 것을 의미하기도 한다. 특정한 아픔 속에 있을 때, 그 아픔은 누구도 대신해 줄 수 없다는 사실을 아픈 사람들은 절절히 경험하게 된다. 오로지 나 자신만이 그 아픔의 짐을 끌어안고 나아가야 한다는 것이다.

이 점에서 아픔은 인간의 죽음과 탄생을 닮았다. 그 '반복성'과 '고유성'이라는 측면에서 말이다. 인간의 죽음과 탄생은 어디에서나 늘 일어나는 사건으로서 '반복'되는 것이지만, 한 개별인의 죽음과 탄생은 그 어떤 것으로도 대체되거나 반복될 수 없는 이 우주의 단 하나밖에 없는 '고유'한 사건이다. 아픔도 유사하다. 예를 들어 독감에 걸렸다고 하자. 그 독감에 이전에도 걸렸었고, 다른 사람들도 걸리곤 한다. 그러나 특정한 시기와 정황에 내가 경험하는 그 독감이라는 아픔의 경험은 유일무이한 고유의 사건으로 나에게 아픔을 주고 고통을 경험하게 한다.

이러한 처절한 '홀로'의 경험 한 가운데에서, 우리는 서서히 타자들과의 '함께'의 삶이 주는 소중함과 그 심오한 의미를 동시에 깨닫게 된다. 마치 절망을 경험하는 이들이 희망에 대한 강렬한 요청성을 가지게 되는 것과 같다. 이러한 경험은 타인의 아픔과 고통에 대한 예민성, 그들의 아픔에 대한 연민 compassion, 함께 고통함의 싹을 자신 속에서 서서히 키우게 한다. 물론 이러한 예민성과 연민의 싹이 아픔을 경험하는 모든 이들에게 자동으로 생기는 것은 결코 아니다. 아픔의 경험을 유의미한 것으로 만들어가고자 하는 주체적 의식을 가지고, 의도적으로 자신 속에서 이러한 예민성을 키우고 만들어가는 이들에게만 가능한 것이다.

아픔의 종류·양상·정도의 차이가 있지만, 인간은 '건강한 자의 나라'와 '아픈 자의 나라'에 속한 이중국적자로서의 공동운명을 나누는 존재이다. '나'의 아픔의 경험만이 아니라 '타인'의 아픔에도 그 예민성을 작동시키면서, 아픔 속에 있는 이들이 처절한 소외와 고독 속에서 고통을 느끼지 않도록 노력하는 것이야말로 아픔의 경험을 대면하는 최선의 태도일 것이다. 그렇게 될 때 아픔과 고통을 가중시키는 내면적 조건들은 물론, 사회적·정치적·구조적·제도적 조건들과 같은 외면적 조건들을 개선하는 것에 관심을 두게 될 것이다.

사랑하는 가족들이 바다 속에 매몰되는 경험을 하는 아픔을 지닌 세월호 유가족들, 의학적으로 치유될 수 없는 병과 치열하게 씨름하고 있는 이들, 자신이 아프다는 사실조차 언어로 표현할 수 없는 아기들과 같은 '절대적 약자들'이 우리 주변에 참으로 많다는 사실에 눈을 돌리는 이들이 많아질 때, 이 세상은 좀

더 따스한 곳으로 조금씩 변화되기 시작하는 것이다. 아픔이 '없기 때문'이 아니라 아픔에도 '불구하고' 나의 살아 있음을 소중한 축복으로 긍정하고 타인의 삶도 그렇게 귀한 것으로 대하는 '생명 사랑에 대한 예민성'을 키워나가는 것이야말로, 아픔이 주는 패러독스적 선물이 될 것이다.

어떻게 지내는가?: 생명지향적 삶을 향하여

내가 한국이 아닌 미국에 있음을 분명하게 인지하게 되는 것은, 가는 곳마다 받는 질문 때문이다. "어떻게 지내는가?How are you doing?" 도서관에서, 학교 복도에서, 은행에서, 슈퍼마켓에서, 엘리베이터에서 아는 사람만이 아니라 전혀 알지 못하는 사람들로부터 받는 질문이 바로 이것이다. 그런데 이 질문에 대한 답변은 거의 정형화되어 있어서, "잘 지낸다Doing well"는 것이 질문자나 질문을 받는 사람에게 '정답'으로 통용된다.

이런 경우, 이 질문은 사실상 질문의 의미를 지니지 못한다. 어떠한 질문이 질문의 의미를 구성하기 위해서는 질문을 받는 사람에 대한 관심과 개입, 그리고 그 질문의 응답에 대한 호기심과 그 응답을 구성하기까지의 기다림이 전제되어 있어야 하기 때문이다. 그러나 도처에서 받는 이 질문, "어떻게 지내는가?"는 이러한 질문의 기본 구성 요소가 대부분 결여되어 있다. 즉, 매우 상투적인 발화인 경우가 대부분이라는 것이다. 그런데 과연 나는, 우리는 "어떻게 지내는가." 이 질문은 사실상 우리에게 이 '살아감'에 대하여 중요한 점을 생각하게 한다(내가 굳이 '살아감living'이라는 동명사형을 쓰는 것은 '삶life'이라는 명사를 넘어서기 위함이다. 명사noun는 끊임없이 변하고 유동적인 동사verb의 생동성을 고정시킴으로서 그 생동성을 죽이기 때문이다. 매리 데일리Mary Daly가 철학·신학적 개념들을 비판하면서, '동사 살해verbicide'라는 개념을 만든 이유이다. 데일리는 명사화된 '존재Being'를 동사화하여 'Be-ing'으로 전이시켜야 한다고 강조한다).

'살아감'이란 매 순간 변화하는, 마치 살아 있는 생명체와 같다. "어떻게 지내는가?"라는 물음에 "잘 지낸다" 또는 "못 지낸다"라는 두 가지로 답변할 수 없다는 것이다. 살아감이란 매 순간 나·우리 자신에게 끊임없이 무수한 선택을 해야 하는 엄중한 과제로 나·우리를 호명해 낸다. "어떻게 지내는가?"라는 이 호명 앞에서, 나·우리는 이 불완전성의 삶이 결여하고 있는 지독한 결여감으로 좌절하고 절망하여 비관과 냉소적 선택을 할 수 있다. 또는 결여감 너머에서 이미 나·우리에게 주어져 있는 것들에 대한 끌어안음을 통해 이 삶의 충일감을 창출해가면서,

보다 생명 지향적인 선택을 할 수 있다. 우리의 살아감이란 사실상 죽음 지향적 선택necro-philic choice과 생명 지향적 선택bio-philic choice 사이에서 끊임없이 아슬아슬한 줄다리기를 하고 있는 것이다.

따라서 이 살아감의 과제란 흑과 백처럼 완연히 분리 가능한 단순성을 지니고 있지 않다. 우리 각자의 살아감이란 비관과 낙관, 어두움과 밝음, 결여감과 충일감, 슬픔과 희열, 죽음 지향성과 생명 지향성 사이를 부단히 오가면서 명사형이 아닌 동사형으로 진행되고 있다.

도처에서 물어지는 이 "어떻게 지내고 있는가?"라는 물음을, 과연 나는 어떠한 선택들을 하면서 이 '살아감'이라는 참으로 진지한 과제 앞에 반응하는가라는 치열한 자기 성찰의 세계로 불러내는 초대장으로 받아들인다.

나·우리는 어떻게 지내는가, 어떻게 지내야만 하는가? 대답은 분명하다. 죽음 지향적 선택의 유혹을 끊임없이 넘어서면서 생명 지향적 선택을 만들어가는 삶을 살아야 한다는 것. 이 생명을 부여받은 나·우리의 엄중한 과제이다. 이 살아감의 의미란 외부에서 만들어져 주어지는 것이 아니다. 오히려 나·우리 속에서 치열하게 형성하고 창출해야 하는 것이다.

종교, 상투성에의 저항

기독교인들은 일요일을 '주일 The Lord's Day'이라고 표현한다. 그러한 기독교인들이 '성수聖守 주일'이라는 표현을 할 때는 '주일을 거룩하게 지킨다'는 의미이다. 그런데 '주일을 거룩하게 지킨다'는 것은 어떤 의미인가. 물론 다양한 해석이 가능하다. 한 가지 분명한 것은, 단순히 교회에 출석하여 헌금하고 예배를 보는 외적 행위들, 이러한 행위들을 통해서 일요일이 자동으로 거룩한 날로 전이되는 것은 아니라는 점이다.

인간의 '소위' 세속성과 대치되는 의미의 거룩성을 이분법적 의미로 접근할 때에, 다양한 폭력과 권력의 남용이 일어났다. 내가 '소위'를 강조하는 이유이다. 거룩성과 세속성이라는 전통적인 이분법적 분류 방식은, 제도화된 종교 자체를 거룩한 것으로 만들었고, 그 종교 안의 다양한 권력들을 신성화하게 만들었다. 이러한 종교의 절대적 신성화에 반기를 들고 나온 종교개혁 이후에도, 여전히 제도화된 종교들은 거룩성을 인간의 일상성으로부터 근원적으로 분리시켜 그 거룩성을 독점하고자 한다.

그러한 종교적 거룩성을 독점하고자 하는 욕망은 특히 두 가지 권력을 공고히 하면서 생산 및 재생산된다. 하나는 교수권teaching power이고 다른 하나는 강단권preaching power이다. 소위 종교 지도자를 양산해내는 고등교육기관들에서 교수할 수 있는 이들, 또한 그 종교의 구체적인 실천 공간인 교회·성당 등에서 설교·강론 등을 통해서 종교 구성원들에게 '선포'할 수 있도록 허용된 이들. 모두 종교 권력의 중심에 서 있는 이들이다. 다양한 종류의 '권력들'의 중심에는 언제나 그 사회 중심부에 있는 이들이 서 있다. 종교도 이점에서 결코 예외가 아니다. 오히려 종교는 가장 강력한 남성중심주의, 이성애중심주의, 그리고 비장애중심주의가 작동되는 공간이다. '신적 권위'를 부여받았다고 간주되기에 그 권위에 대한 '저항'이 사회정치적 권위보다 더욱 불가능한 것으로 보이기 때문이다.

한 종교가 그 거룩성의 의미를 창출하게 되는 것은, 매일매일의 삶 속에서 묻지 않았던 근원적인 물음들, 만나지 않았던 심층 속의 자기 자신과 만나는 시간과 공간을 가질 때이다. 교회·성당·사찰에 단지 육체적 몸이 들어가 있다고 해서 자동으로 종교적 거룩성을 보장받는 것이 아니라는 것이다. 나는 누구인가, 너는 누구인가, 너와 나는 어떠한 관계 속에서 살아가야 하는가 등 우리 매일매일의 삶에서 묻지 않는, 못하는 물음들과 만나고, 자신의 삶의 의미를 되돌아보면서 새로운 존재로의 탄생성natality을 '순간 경험'하는 것. 이러한 홀로의 시간·공간 속에 자신을 집어넣음으로써 우리는 비로소 우리의 '일상성 너머의 세계'에 눈을 돌리게 된다.

심오한 근원적 물음들과 다양한 방식으로 조우하면서, 거룩성과 일상성·세속성은 대치되는 방식이 아니라 나선형과 같은 방식으로 이 삶을 끊임없이 되돌아보고, 무관심·냉소성·이기성의 유혹으로부터 우리를 끄집어내어 구원하게 하는 수수께끼 같은 생명 에너지를 발산하게 된다. 거룩성과 일상성의 나선형적 춤. 이러한 삶의 춤이 가능한 공간 역할이 종교의 존재의미라고 나는 본다. 이기적 '구원 클럽'으로서의 종교는 자본주의화된 상품의 다른 이름일 뿐이다.

한국인들의 교회에서 강단권은 여전히 남성들·비장애자들·이성애자들의 독점 공간이라는 사실은 아마 이 역사가 한참 진행된 다음에야 그것이 '문제'로 보이기 시작될 것이다. 여전히 자연화된 현상에 물음표를 붙이는 것은 거의 불가능하며, 그러한 문제 제기는 중심부에 '들리지' 않는다. 가야트리 스피박이 〈서발턴은 말할 수 있는가?Can Subaltern Speak?〉라는 유명한 글의 결론에서 "말할 수 없다"라고 결론 내린 이유이다. 진정한 '말하기speaking'는 진정한 '듣기listening'를 전제로 할 때 구성되는 행위이기 때문이다. 그들의 말하는 '소리'는 들리겠지만hearing, 그 말하기가 담고 있는 메시지들이 인식적·실천적 변화를 가져오는 '듣기listening'로 이어지지는 않는다.

매 일요일마다 전국 곳곳에서 설교·강론이 누구에 의하여, 어떠한 내용으로 무수한 종교인들에게 전달되고 있을까를 유추하는 것은 그렇게 어렵지 않다. '구원 클럽'으로서의 종교, 상품화된 종교, 자본주의화된 종교가 아니라, 나-타자-신에 대한 '뿌리 물음root question'과 조우하게 하는 것. 이것이 한 종교적 경험을 유의미하게 만드는 것이며, 비로소 거룩성의 시·공간을 경험하게 하는 것이다. 이러한 의미에서 종교란 '상투성에 대한 저항'이다.

왜 질문은 해답보다 중요한가

학기마다 가르치는 과목의 첫 시간에 하는 약식 강연에서 내가 늘 강조하는 항목이 있다. "질문은 해답보다 심오하다Questions are more profound than answers"는 것이다. 그래서 나와 함께하는 한 학기 동안 '성급한 해답 찾기'보다 '좋은 질문하기'를 배우는 것이 중요하다고 강조한다. 질문 자체가 잘못 설정되었을 때 그 질문은 특정한 가치를 주입하거나 왜곡하고, 정신적 에너지를 불필요하게 낭비하게 하기 때문이다.

한국에서 나오는 다양한 글을 보다가, 다음과 같은 질문을 표제어로 한 글을 보았다. "그리스도인들은 비키니를 입어도 될까?" "동성애를 지지하는가 반대하는가?" 이러한 질문이 문제가 되는 이유는 첫째, 이러한 질문은 '예'와 '아니오'만을 전제

함으로써 이 질문 자체가 지닌 특정한 가치관을 이미 스스로 타당한 것으로 만들고 있다. 둘째, 이러한 형태의 질문 방식은 '예'와 '아니오'라는 흑백 논리적 해답을 유도함으로써, 이 현실세계의 복합성을 상충적인 이분법적 방식으로 단순화시켜버린다.

예를 들어서 "기독교인들이 비키니를 입어도 되는가 안 되는가"라는 질문은 기독교인들이 그 삶의 외면적 방식에서 다른 사람들과 늘 구분되어야 한다는 종교우월주의, 그리고 기독교 신학의 왜곡된 해석(신이 비키니를 입는 것을 반대한다는 식)을 자연스러운 것으로 만든다. 기독교인이 된다는 것의 의미가 어떠한 옷을 입는가로 귀결됨으로써 오히려 그 기독교의 중요한 가치인 이 세계에서의 사랑·평화·환대·책임의 실천적 과제를 근원적으로 왜곡시킨다.

"동성애를 지지하는가 반대하는가?"라는 물음은 어떤가. 이 물음 자체는 이미 동성애에 대한 근원적인 왜곡된 이해를 전제하고 설정되어 있다. "이성애를 지지하는가 반대하는가?"라는 질문을 누군가가 던진다면 사람들은 어이없다고 생각할 것이다. 이미 동성애는 이성애와 마찬가지로 선택의 문제가 아니라 그렇게 태어난 것이라는 사실이 밝혀졌다. 즉 동성애는 지지와 반대의 문제가 아닌 존재 방식인 것이다. 이러한 사실들을 여전히 외면한 채 지지나 반대를 묻는 것은 마치 "지구가 돈다고 하는 주장을 지지하는가 반대하는가?"와 같은 질문과 유사한 잘못된 질문이다.

나는 한국의 종교인들이 "비키니를 입어도 되는가" "동성애를 지지하는가 반대하는가"라는 식의 질문에 에너지를 낭비하는 것이 아니라 보다 올바른 질문, 보다 책임 있는 질문을 묻는 것을 연습하게 되기를 바란다. "우리는 이 사회에서 어떠한 방식으로 사랑과 환대의 실천이라는 과제를 수행할 수 있는가?" "우리 사회의 주변부인들은 누구인가?" "그 소외된 사람들의 권리와 평등을 확장하는 데에 어떠한 역할을 할 것인가?" 등과 같은. 이것은 특정한 종교인들만이 아니라 사회 구성원으로서 씨름해야 할 질문들이다. 이러한 질문들은 '예·아니오'라는 흑백 논리적 해답이 아니라, 구체적인 삶의 정황에서 잠정적 해답을 도출해내면서 응답해야 할 질문이라는 점에서 단일한 해답보다 '심오'하다. 이러한 질문들은 비판적 사유와 성찰의 세계로 우리를 초대하는 중요한 초대장이다.

불확실성을 끌어 안으라

인류 역사에서 일어나고 있는 전쟁과 분쟁은 종교·민족·국가 등에 대한 맹목적 확실성을 절대화하는 것으로부터 일어나곤 한다. 어떤 신념(그것이 종교적 신념이든 사회정치적 또는 도덕적 신념이든)에 대하여 절대적 확실성을 가지고 있는 사람이나 집단이 양산해내는 폭력적 현실이 도처에 있다. 자신의 이해에 대한 확실성을 맹목적으로 믿고 있는 사람은, 자기와 상이한 존재 방식, 상이한 종교, 상이한 정치적 입장 등을 용납하지 못한다. 이렇게 맹목적 확실성에 사로잡혀 있을 때 그 개인이나 집단은 타자와의 평화적 공존과 대화, 그리고 성숙할 기회들을 근원적으로 차단하게 된다. 자신의 '인식적 확실성epistemic certainty'을 경계하고, 오히려 '비판적 불확실성critical uncertainty'을 끌어안아야 하는 이유이다. 자기 인식의 불확실성을 끌어안고 씨름하고자 하는 의지가 없는 이들은 자신과 다른 타자와 끊임없이 불화하면서 다양한 형태의 폭력을 행사하게 된다.

우리의 딜레마는 우리가 살아가고 있는 세계가 확실성을 그 중요한 덕목으로 삼는다는 점이다. 특히 일상적 삶에 지대한 영향을 미치고 있는 정치·경제·과학 등의 분야는 '확실성의 원리'에 근거하여 작동되곤 한다. 반면, 철학·종교·예술·역사 등 다양한 인문학 분야에서는 이 확실성에 대한 절대적 신념과 맹신이 인류의 역사에서 다양한 전쟁과 분쟁을 일으켜왔다는 점을 끊임없이 상기시킨다. 특히 종교적 진리에 대한 절대적 확실성에 근거한 사유는, 타자들(종교적 타자, 인종적 타자, 성적 타자 등)의 존재를 인정하거나 그들과 공존하는 것이 아니라 그들에 대한 폭력을 진리의 이름으로 정당화하곤 한다. 그뿐인가. 근대 유럽이 집착했던 인식론적 확실성에 대한 열망은 결국 이 세계에서 유럽중심주의·남성중심주의·기독교중심주의·중상층중심주의 라는 차별적 가치 체제를 양산해왔다. 더 나아가서 유럽의 식민주의적 욕망을 개발과 계몽이라는 이름으로 정당화하고 강화했으며, 기독교는 이교도의 선교와 구원의 이름으로 정치경제적 식민주의와 함께 손을 잡고서 그 종교적 세력을 비서구세계로 확장해갔다.

인간이 자신은 물론 타자를 온전히 '안다'는 것은 불가능하다. 온전히 안다는 것이 불가능하다는 것을 받아들일 때 비로소 타자와의 진정한 대화가 가능하게 된다. 신·진리·종교·타자에 대한 단 하나의 진리만을 절대화하는 맹목적 오만으로부터 벗어나는 길은 자신의 확실성을 끊임없이 경계하면서 '비판적 불확실성'을 끌어안는 것이다. 바우만Zigmunt Bauman과 오비레크Stanislaw Obirek는 그들의 대화서인《신과 인간에 대하여》에서, 우리에게 남겨진 불확실성이란 "자유와 도덕적 결정의 어머니"라고 강조한다.

인간으로 살아간다는 것. 그 의미의 다중성을 받아들일 때, 다름을 지닌 사람들의 평화적 공존과 연대가 비로소 가능하게 될 것이다. 종교적 이해든 이념적 신념이든 '확실성' 속에 안주해서는 안 된다. 오히려 그 확실성을 경계하고, 비판적 불확실성을 끌어안고 씨름해야 한다. 인간의 인식론적 한계를 알고 지속적으로 비판적 자기 인식을 할 때에, 타자와의 대화와 그 다름의 포용이 가능해지기 때문이다. 마이스터 에크하르트의 "나는 신에게 신을 제거해달라고 기도한다"는 유명한 기도는, 인식적 확실성을 경계하는 비판적 불확실성에 대한 열정이라는 점에서 철학적·신학적 심오성을 담고 있다.

정황 불감증, 그 정서적 폭력성에 대하여

"명복을 빕니다. 또 한 번 경쟁적 추모의 물결이 일겠구나. 나는 선생을 20년 동안 가둬놓은 장군들에게 깊은 분노를 느끼고, 그 긴 옥살이를 견뎌낸 선생에게 경외감을 느끼지만, 선생의 책에서 배운 바는 거의 없다."

신영복 교수의 죽음에 관하여 칼럼니스트 K 선생이 자신의 트위터에 올린 글이라고 한다. 누군가의 죽음 앞에서, 그것도 수많은 사람들이 그 죽음에 애도하고 그가 준 통찰 덕분에 이 메마른 삶의 여정에서 힘과 용기를 얻었다는 고백과 회상을 하는 그 자리에서, 한국사회에 이름이 널리 알려진 칼럼니스트가 이와 같은 말을 자신의 트위터에 올렸다.

나는 모두가 누군가의 삶이나 책에서 동일한 것을 배운다고 생각하지 않는다. 따라서 신영복 교수의 삶이나 책에서 모든 사람이 통찰을 얻고 배워야 한다는 생각 역시 하지 않는다. 자크 데리다의 글을 '쓰레기' 같은 것이며 읽어볼 가치도 없다고 한 학자들도 있지 않은가. 나의 마음에 걸리는 것은, K 선생이 신영복 교수의 책에서 "배운 바는 거의 없다"는 이 말 자체가 아니라 이 말이 표현된 '정황에 대한 예민성의 결여'이다.

자신의 언설이 던져진 정황에 대한 예민성이 부재할 때, 그 부재는 '지적 냉소성'으로 이어지면서 애도하는 이들의 슬픔을 무효화시키고, 이 애도하는 이들이 소중하게 생각하는 가치들을 무가치한 것으로 만드는 심각한 정서적 폭력을 가하게 되는 것이다.

공공 지식인public intellectual으로서의 역할을 수행해야 하는 칼럼니스트라는 그의 공적 위치를 생각해 볼 때, 이러한 정황 불감증이 사실상 그 사람에게만 제한된 것이 아니라는 생각에 이른다. 이미 수없이 리트윗되고 있는 K 선생의 이 짧은 글이, 광화문에서 단식하고 있는 세월호 유가족들 앞에서 폭식 퍼포먼스를 벌이던 이들의 모습과 겹치면서, 한국사회의 '비인간화'가 이렇게 다층화되고 있다는 우려를 지울 수 없었다. 우리 자신 속 어딘가에 웅크리고 있을 수 있는 정황 불감증. 언제나 경계해야 하는 이유이다.

새로운 탄생을 향한 존재

죽음이 도처에 있다. 총기로, 자살로, 테러로, 전쟁과 폭력으로 세계 곳곳에서 가깝고 먼 죽음들이 우리의 삶을 감싸고 있다. 죽음이란 인간이라면 누구도 피할 수 없는 절멸성의 그림자이다. 그래서 철학자들에게 인간의 '죽음성'은 중요한 주제가 되어 왔다. 하이데거의 유명한 개념, "죽음을 향한 존재Being toward death, Sein zum Tode"라는 표현이 보여주듯, 인간의 현존이란 죽음성을 이미 담고 있는 것이다.

무수한 철학자들이 이러한 '죽음을 향한 존재'로서의 인간의 절멸성에 초점을 두어왔는데, 이와는 달리 '탄생을 향한 존재'라는 개념을 철학적으로 부각시킨 사람이 있다. 한나 아렌트다. 그녀는 죽음을 의미하는 모탈리티mortality를 넘어서서, 탄생을 의미하는 네이털리티natality를 자신의 중요한 철학적 개념으로 삼는다. 자신에 대한 사랑, 타자에 대한 사랑, 그리고 이 세계에 대한 사랑은 누구나 새롭게 태어날 수 있다는 가능성에 대한 믿음, 즉 네이털리티에 대한 믿음이 있어야 비로소 가능해진다. 여기에서 네이털리티란 생물학적 탄생만을 의미하는 것이 아니다. 아렌트는 세 종류 탄생성, 즉 사실적factual·정치적political·이론적theoretical 탄생성을 구분하여 분석한다. 사실적 탄생성이란 인간의 생물학적 탄생을 의미하며, 정치적 탄생성이란 정치적 자유와 해방을 위한 공적 공간에서의 정신적 탄생성을 의미한다. 또한 이론적 탄생성이란 인간의 내면세계가 지닌 희망적 능력으로서 인간의 사유thinking·의지willing·판단judging이 작동되는 탄생성이다. 이러한 탄생성은 나 자신은 물론 이 세계에 대한 사랑을 이루어내기 위한 '새로운 시작'의 가능성과 연계되어 있다.

전쟁과 폭력에 의한 생물학적 죽음, 사회적 죽음, 또는 관계적 죽음 등 도처에서 일어나는 다양한 형태의 죽음들의 한가운데에서 우리를 버티게 하는 힘은 무엇일까. 나 자신, 타자, 그리고 이 세계에 대한 사랑의 가느다란 끈을 놓치지 않고 버티게 하는 힘은 이 새로운 탄생, 즉 네이털리티에 대한 '희망'과 '믿음'이다. 과거에 드러난 모습에 고착된 '나' 또는 '타자'가 아니라 새로운 존재로 끊임없이 태어날 수 있는 희망을 담고 있는 네이털리티에 대한 믿음은, 죽음을 향한 존재라는 어두운 그림자로부터 자신이나 타자를 끄집어냄으로써 보다 나은 세계에 대한 희망을 끈질기게 부여잡게 하는 힘이다.

인간의 이기성이 빚어내고 있는 갖가지 모습의 죽음들이 주는 우울함에서 결국 우리 자신을 구원해내는 것은, 이러한 새로운 탄생성에 대한 지순한 믿음을 포기하지 않고 버티어내는 것이 아닐까.

비판과 악마화의 근원적 차이

인간이 지닌 한계성, 그리고 불완전성은 언제나 다양한 오류와 잘못을 할 가능성에 노출되어 있다는 것을 의미한다. '인간이란 도대체 누구인가'에 대한 철학적·신학적 인간론은 인간이 얼마나 지독한 패러독스를 지닌 존재인가를 여실히 드러낸다. 즉 한 인간 속에는 선한 품성과 악한 품성이 얽히고설켜서 공존하고 있다는 것이다. 이러한 이유에서 누군가를 전적으로 '성인화聖人化'하여 이상화하든가, 또는 전적으로 '악마화'하여 그 존재 전부를 부정하는 것은 매우 위험하다. 그 의도와 상관없이 한 인간이라는 존재를 근원적으로 왜곡시키는 것이기 때문이다.

한 인권운동가가 만취한 상태에서 육체적 장애를 갖고 휠체

어에 있던 사람에게 심한 잘못을 했다고 한다. 그는 그 장애인에게 육체적이고 정신적인 상처를 주었다. 이러한 정황에서 본인의 '의도성'은 별로 의미가 없다. 의도와 상관없이 누군가에게 심각한 상처를 주었다면 변명이 아닌 진정한 사과를 하고 상처에 대한 책임을 지는 것, 이것이 가장 바람직한 정황이다. 그런데 그는 그 사과를 적절하게 하지 않았다. 나는 이 점에 대해서는 그에 대한 많은 이들의 비판에 전적으로 동조한다. 그러나 거기까지다.

그가 그러한 오류를 저질렀다고 해서 그의 존재 전체를 말살시키는 듯한 언설들, 그를 악마화하는 욕설들, 그가 일생 동안 열정을 가지고 했던 일 전부를 무화시키고 비하하는 언어들. 이러한 맹목적인 악마화와 한 인간으로서의 존재 전부를 부정하는 언어들은 정의의 이름으로 행하여진다 해도 또 다른 폭력의 얼굴이다. '비판critique'과 '악마화demonization'는 그 출발점과 도착점이 완전히 다르다.

SNS에서 돌아다니고 있는 한 사람에 대한 비아냥거림, 존재의 부정, 악마화하는 욕설과 글이 약자와의 연대의 이름으로, 또는 정의의 이름으로 마구 분출되고 있는 현상에서 한국사회의 또 다른 어두운 그림자가 보이는 듯하다. 더구나 그 악마화되는 사람은 혼자만이 아니다. 그는 우리 모두와 마찬가지로 가족·친구·동료가 있는 존재이다. 따라서 그를 향한 악마화의 언설들은 그 한 사람만이 아니라 그와 관계의 그물망 속에 있는 이들에게도 폭력이 될 수 있다는 것을 기억해야 한다.

약자와의 연대의 이름으로, 또는 정의의 이름으로 타자에 대한 언어적·감정적 폭력과 압제가 정당화될 수 있는 것은 아니다. 잘못한 지점에 대한 진지한 비판은 우리 사회를 건강하고 보다 정의롭게 만들어가는 데에 중요한 역할을 하지만, 전적인 악마화나 존재 전부를 부정하는 비아냥거림의 욕설들은 우리 사회에 파괴적 에너지를 확산하기만 할 뿐이다.

(감히) 스스로 생각하라

나는 나의 선택과 상관없이 나오는 텔레비전 소리를 매우 싫어한다. 내가 유난히 '소리'에 예민하기 때문이기도 하지만, 텔레비전이 뿜어내는 그 무차별적 소리는 마치 심각한 공해처럼 느껴지기 때문이다. 예를 들어 어느 식당에 들어갔는데 텔레비전을 켜놓고 있다면, 그 식당은 음식 맛과 상관없이 내가 내리는 주관적 점수에서 '하'급을 받는다. 혼자서든 누군가 함께이든 '먹는 시간·공간'은 매우 사적이고 독특한 의미가 있는 것이지 않은가. 그런데 그 고유한 시간·공간을 텔레비전 소리로 무차별적으로 지배해버리는 것이 내게는 매우 부당하게 느껴진다. 그렇기 때문에 가능하다면 그 식당을 다시 나와 다른 곳으로 가는 경우도 많다.

현대사회에서 "미디어는 제2의 신이다"라는 말을 상기하는 것은 구태의연하기도 하다. 그런데 나는 요즈음 SNS를 포함한 대중매체에 등장하는 텔레비전 먹방(나는 이 '먹방'이 무엇의 약어인가를 알아차리는 데에도 시간이 걸렸다) 프로그램의 셰프들에 대한 '소리'가 온통 매체를 지배하는 것을 보면서, 텔레비전이 얼마나 강력한 '제2의 신'의 역할을 하고 있는가를 상기하지 않을 수 없다.

내게는 지독한 공해처럼 느껴지는 '소리 없는 소리들'은 온통 한국사회를 지배하고서 그것을 보고, 듣고, 읽는 이들에게 단일한 생각, 단일한 맛, 단일한 즐거움을 강요한다. 그리고 이러한 은밀한, 그러나 노골적인 '강요'들은 사실상 내면세계를 마취시키고 있다는 생각이 든다. 나는 그 유명한 셰프들이 등장하는 프로그램을 한 번도 본 적이 없다. 그렇지만 여기저기에 계속 등장하고 있는 일련의 남성 셰프들, 그들이 등장하는 먹방 프로그램에 대한 갖가지 미디어를 통한 재현은 마치 한국사회 전체에 인생은 그저 '먹자고 사는 것'이라며 '먹고사니즘'이라는 신조어까지 등장시키고 있다. 이 '먹고사니즘'은 매우 냉소적 함의를 담으면서, 우리 삶의 '탈정치화'를 매우 끈질기게 강요하는 듯하다.

널리 알려진 바와 같이 "(감히) 스스로 생각하라 Dare to think for yourself"는 칸트가 주창한 계몽주의의 모토이다. 이 말의 의미는 외부에서 지시된 것들에 의하여 맹목적으로, 타율적으로 살아가는 '미몽의 삶'에서 자율적으로 살아가는 '계몽된 삶'으로 전이하는 것의 필연적 조건은 '스스로 생각하기'라는 것이다. 자율적으로 '스스로 생각하기'에 '감히 스스로 생각하기'라는 '감히'의 의미가 붙여질 수밖에 없는 정황은, 한 개체적 존재로서의 '나'가 스스로 생각하는 것이 거의 불가능한 중세기적 종교·정치·사회·문화적 정황이 전제되어 있다.

오랜만에 둘러보는 한국 기사와 SNS 등 이곳저곳에서 보게 되는 텔레비전 먹방 프로그램들에 관한 기사들이 마치 공해처럼 느껴졌다. 사적 공간에서는 요리가 여전히 엄마·아내 같은 '여자의 영역'인 반면, 그 동일한 요리가 공적 공간으로 전이되어 명성과 돈에 연계되면 여지없이 '남자의 전문적 영역'이다. 유명한 호텔의 셰프도, 텔레비전 프로그램의 유명한 셰프들도 대부분 남자라는 것에 여전히 이러한 가부장제적 이중성이 그대로 드러난다. 이러한 먹방 프로그램들이 직간접적으로 만들어내고 있는 현대의 가족에서 '부재한 엄마의 맛'에 대한 은근하고 노골적인 비판에서도 여전히 가부장제주의의 견고한 성을 느낀다. 그리고 "맛있으면 그만이다"라는 유머를 가장한 멘트들이 '숙명적 진리'처럼 받아들여지는 것 같은 분위기에서 "(감히) 스스로 생각하기"를 포기하게 하는 지독한 탈정치화의 내음을 맡는다.

노숙인 예수

나는 매년 부활절 전후해서 늘 마음이 착잡하다. 서구 문명사를 형성하는 데에 가장 커다란 영향을 끼쳐왔다는 기독교. 지금도 세계 곳곳에서 강력한 세력을 지닌 종교로서 존재하고 있는 기독교. 그리고 내가 태어나고 자라온 한국의 기독교. 그 기독교의 모습을 생각하며 아득한 느낌이 가중되기 때문이다. 우리는 지금 어디에 있는 것일까. 세계 곳곳에서 기도·예배·세례 등 무수한 자리에서 명명되고 기억되는 예수. 우리는 과연 어떠한 예수를 상상하며 '예수의 이름으로' 예수를 불러내고 있는 것인가.

우리는 참으로 중요한 사실을 망각하고 있다. 예루살렘에 입성하는 예수를 향해 종려나무를 흔들며 열광적으로 환호하던 그 '대중'이 예수를 십자가에 못 박으라고 아우성치던 그 '대중'과 동일한 사람들이라는 사실을. 무엇이 그들을 예수 '환호'의 자리에서 예수에 대한 '분노와 죽임'의 자리로 탈바꿈하게 했을까. 나는 이러한 지독한 이중적 모습의 대중 속에서 바로 우리의 모습을 보며 섬뜩함까지 느낀다. 제도화된 종교인 '기독교'라는 이름으로 인류의 역사에서 기독교는 예수에게 어떠한 일을 해왔고, 앞으로도 할 것인가. 부활 주간마다 특히 마주하는 나의 이 아득한 느낌의 정체는 바로 이러한 생각들이다.

정작 예수는 종려나무와 십자가 사건 사이의 이 뒤바뀐 대중들의 태도에 침묵한다. 다만 "나는 목마르다!"라는 절규로 인간으로서의 육체적 삶의 막을 내린다. '신의 아들' 또는 '성육한 신'이라는 화려하고 상투적인 교리적 설명은 예수 죽음의 처절함과 비참함, 그리고 이후 부활 사건의 초라함에 아무런 설득력 있는 설명이 되지 못한다.

성서에서 보여주는 부활 사건의 실제적 초라함은, 현대 교회들의 웅장하고 찬란한 음악들로 이루어지는 화려하고 떠들썩한 부활 주일 행사와 극도로 대비된다. 처절한 십자가에서의 죽음 이후 부활한 예수를 알아보는 이들은 별로 없었고, 세상이 떠들썩하도록 굉장한 뉴스거리가 되지도 않았다. 오히려 예수의 부활은 참으로 초라하고 보잘것없어서, 그와 3년을 동고동락했다는 예수의 제자들도 처음에는 부활했다는 예수를 알아보지 못한다. 그는 자기를 십자가에 못 박은 사람들 앞에 의기양양하게 나타나서 보란 듯이 큰소리로 승리를 외치지도 않았고, 자신을 십자가에 못 박으라고 아우성치던 사람들 앞에 부활해서 그들에게 호통을 치거나 심판을 내리지도 않는다. 알아보지도 못하는 제자들 앞에 나타나서 "다시 오겠다"는 말만을 남긴 채 사라진다.

예수는 도대체 언제, 어떻게, 어떤 모습으로 다시 오겠다는 것인가. 이 '다시 옴'의 시간을 달력 속의 시간으로 착각한 무수한 사람들이 기독교 역사에도 있지 않았는가. 이러한 이야기들이 의미하는 것은 도대체 무엇인가.

노숙인 예수Homeless Jesus 상이 미국 노스캐롤라이나주의 한 성공회교회 앞에 자리 잡았다. 공원 벤치에 남루한 담요로 자신의 얼굴과 몸을 덮고서 누워 있는, 오직 삐져나온 발의 십자가 자국을 통해서 예수라는 것을 알 수 있는 그 동으로 만든 조각상을 교회가 설치한 후, 조각상에 대한 여러 가지 찬반론이 제기되었다. 이 성공회 교회의 신부인 데이비드 벅David Buck은 이 예수의 모습을 통해 교회의 진정한 모습과 소외된 자들에 대한 관심이라는 교회의 사명을 상기하도록 이 예수 상을 설치하기로 했다고 한다. 이 조각상은 예수가 자신을 "집 없는 사람"이라고 한 사실에 비추어볼 때, 사실은 예수 스스로 규정한 '자기 정체성'을 육체적으로 묘사한 것이기도 하다. 이 작품을 만든 캐나다인 조각가 티모시 슈말츠Timothy Schmalz는 예수가 "소자에게 한 것이 곧 나에게 한 것"이라고 한 〈마태복음〉 25장에서 영감을 받았다고 한다.

이 조각상이 교회 앞에 설치되고서, 비교적 부유한 지역인 교회 지역 사람들로부터 항의 전화가 교회로 들어오기도 했고, 어떤 사람은 실제로 노숙인인 줄 알고 경찰서에 전화를 하기도 했다고 한다. 정결하고 전지전능하여 무슨 일이든지 요청하면 들어주는 권력 좋은 예수를 계속 생각하며 '예수의 이름으로' 그 예수를 불러내려고 하는 한, 그러한 예수를 가르치고 믿는 신자를 만들어 내는 것이 '선교'라고 생각하는 한, 우리는 예수의 예루살렘 입성에서 종려나무 가지를 흔들고 열렬하게 환영하다가 그 기대치에 한참 못 미치는 예수를 보면서 "십자가에 매달라"고 외쳐대는 그 '대중'으로 탈바꿈하게 되는 것이다.

도스토예프스키Dostoevskii의 《까라마조프 가의 형제들》에서 대심판관은 이 세상에 다시 온 예수에게 "왜 이곳에 다시 왔는가? 이제 교회는 더 이상 당신을 필요로 하지 않는다"라고 말한다. 우리는 이 세상에 다시 온 예수가 '교회'에 걸맞지 않는다고, 더 이상 당신이 있을 자리는 없다고 외치고 있지 않은가 하는 생각이 이 부활절 주간이 되면 끊임없이 나를 사로잡는다. 종려나무 가지를 흔들며 '호산나'를 외치며 예수를 환영하던 사람들은 자신들의 기대에서 완전히 벗어나는 예수를 보면서 배반감과 분노에 사로잡히게 되었는지 모른다. 그리고 이제 그러한 초라한 예수는 필요가 없으니 십자가에 못 박으라고 지금도 외치고 있는지 모른다.

냄새나고 초라한 노숙인 예수. 이 예수의 모습은 지금 세계 곳곳에서 무수한 교회들이 표상하고, '예수의 이름으로' 불러내어 보고 싶은 예수의 모습은 결코 아닐 것이다. 이 종려주일과 수난, 그리고 부활 사건 속에서 한국의 교회가, 세계 곳곳의 교회가 "그런데 우리가 '예수의 이름으로' 기도하고 표상하는 '예수'란 도대체 누구인가?"하는 물음과 적어도 이 주간이라도 진지하게 대면하는 시간·공간을 가졌으면 하는 바람을 갖는다. 너무 커다란 바람일까.

예수의 '처절한 목마름', 우리가 끊임없이 기억해야 할 모습이리라. 우리 각자는 무엇을 향한 '목마름'을 지니고 있는가.

한국말과 호칭, 그 위계주의적 딜레마

나는 세 가지 각기 다른 언어권에서 살아보았다. 각기 다른 언어들은 저마다의 강점과 한계들을 지니고 있게 마련이다. 따라서 어느 언어가 단순하게 '좋다' 또는 '나쁘다'라는 식의 평가는 별로 의미가 없다. 언어가 단지 의사소통의 수단만이 아니라는 것, 언어는 사용하는 이들이 의식하든 하지 못하든 그 사회의 가치 체제를 반영하고, 강화하고, 정당화한다. 이러한 의미에서 언어는 가치중립적이지 않으며, 특정한 가치가 담겨 있는 매우 중요한 사회정치적 도구가 된다.

그런데 나의 '가슴의 언어'인 한국어가, '습득된 언어'인 독일어나 영어보다 매우 불편하게 느껴지는 때가 있다. 나의 이 지속적인 불편한 감정의 주요한 근거는, 한국어가 사람 사이에 나이·성별·직책 등을 넘어서는 '평등한 관계'를 근원적으로 차단하고, '위계적 관계'를 지속적으로 근원적인 관계의 틀로 고정시킨다는 점이다. 내가 한국말로 의사소통할 때에 느끼는 '지독한 딜레마'(여기에서 '딜레마'라고 표현하는 것은 뚜렷한 대안을 찾기 힘들다는 의미이다)에는 크게 세 가지가 있다. 첫째는 존댓말과 반말 사이에서의 갈등이고, 둘째는 호칭이 주는 피할 수 없는 위계주의적 가치의 재생산 문제, 그리고 세 번째는 구어체와 문어체 사이의 간격이다.

어른들은 아이에게 거의 무조건 반말을 한다. 아이들 사이에서도 초등학교 상급 학년으로 올라가 사회화가 시작되면서 한 학년만 차이가 나도 반말과 존댓말로 시작되는 분명한 위계가 설정된다. 영어로 된 영화가 한국말로 더빙이 되어 나올 때 흔히 볼 수 있는 것은 남편은 부인에게 반말을, 부인은 남편에게 존댓말을 하는 것으로 번역이 된다는 점이다. 원어에는 자취도 없는 관계의 위계가 한국어로 번역하는 과정에서 덧붙여지는 것이다.

독일어에서는 처음 보는 사람이거나 아직 친숙함이 없는 사람에게는 '당신Sie'으로 지칭하고, 친숙한 관계가 되었을 때는 '너du'라고 지칭한다. 아이들도 친숙한 어른에게는 'du'라고 할 수 있다. 반면에 모든 명사에 남성·여성·중성을 붙여놓은 것이 독일어권에서 '포괄적 언어inclusive language'의 일반화를 매우 어렵게 만든다. 그래서 미국과 같은 영어권에서보다, 신·인간 등을 지칭하는 대명사나 보통명사에서 성별 인지성을 예민하게 반영하여 성차별적이 아니라 평등적으로 만드는 포괄적 언어에 대한 예민성이 학자들의 글에서도 매우 뒤떨어져 있다고 나는 본다.

내가 영어권의 대학에서 가르치기 시작하면서 언어와 관계되어 분명히 경험하게 되는 것은, 반말/존대말이 부재한 이 언어 구조에서는 성별·나이·직책에 따른 위계적 관계가 일상생활에서 거의 작동하지 않는다는 것이다. 이 대학에서 가르친 것이 10여 년이 넘는데, 동료 교수의 나이에 서로 관심도 없고 잘 모른다. 정년이 없는 구조 때문에 누가 언제 은퇴를 할 것인가는 나이보다는 건강이나 가족 문제 같은 개인적인 상황에 보다 좌우되기에, 나이에 따른 서열화는 찾아보기 힘들다. 모든 이들을 직책·나이·성별과 상관없이 'You'라고 지칭하면서 구어체와 문어체 사이의 거리도 없으니, 말로 글로 그 사람과 의사소통할 때 참으로 '민주적인 평등성'을 느끼게 된다. 총장·학장 등의 직위를 교수들 사이에서 쓰는 경우는 공식적인 대학 행사 이외에서는 전혀 없다. 교수회의에서도 총장이나 학장이나 평교수나 모두 이름first name으로 호칭한다. 성별과 나이와 직책에 상관없이 이름을 부르며 동료가 되고 친구가 되는 것이 가능한 것은 이러한 비위계적 언어 구조가 양산하는 평등주의 가치 체제도 한 요인으로 자리 잡고 있다고 나는 생각한다.

유학을 끝내고 한국에 돌아와서 학생들을 가르치게 되면서, 학생들에게 소위 반말을 하지 못했다. 그렇다고 존댓말이 편한 것도 아니었다. 언제나 문장 속에 등장하는 '너'라는 표현을 쓰는 것이 지나치게 하대하는 것 같아서 매우 불편했다. 그래서 '너'라는 말 대신 '그대'라는 말로 대체하여 쓰기도 했는데, 나보다는 듣는 사람이 어색해하는 것 같아 그마저 쉽게 쓰기가 힘들었다. 학생들은 내가 계속 존댓말을 쓰니 "교수님과 가까워지기 힘들게 느껴진다"고도 했다. 그래서 존댓말과 반말 사이의 어체를 만들어서 학생들과 의사소통하곤 했는데, 문제는 글로 의사소통할 때에 더욱 곤혹스러워진다.

학생들과 얼굴을 보고서 말을 할 때에는 독일어에서 가까운 사람끼리 쓰는 '두du' 형식의 말로 말하다가, 정작 글로 쓸 때는 그러한 형식의 말을 학생들에게 자연스럽게 쓰기가 어려워서 존댓말로 의사소통을 하게 된다. 그러다보니 구어체와 문어체 사이의 거리는 물론이고, 존댓말로 쓰는 편지에서는 학생에 대한 나의 정겨운 감정을 자연스럽게 표현하는 것이 거의 힘들게 된다. 그렇다고 '그랬어' 또는 '그랬니'라는 식의 반말이나, 반말과 존댓말 사이의 어중간한 어투가 잘 어울리는 것도 아니기에, 나는 학생들과 글로 의사소통을 할 때에는 어색한 존댓말을 사용해서 글을 쓰게 된다.

더 곤혹스러운 것은 호칭의 문제이다. 학생과 선생으로 만났어도 시간이 얼마 지나면 그 학생들은 자신의 자리에서 활동을 한다. 그러니 한국어에서는 그 사람의 직업·지위에 따라서 호칭을 해야 하는데, 특히 신학대학생들을 가르칠 때에는 학생이 전도사인지, 목사인지, 박사인지, 아니면 다른 직업을 가진 사람인지를 늘 생각하며 호칭을 해야 한다. 이러한 호칭을 통해 이미 '공식적 관계'라는 거리를 갖게 만들어서 쉽게 '핵심'에 들어가는 의사소통을 하는 것이 힘들게 되며, 그 의사소통이 매우 형식적인 것 이상을 넘어서기 어렵게 한다.

미국의 대학교에서는 내게서 배웠던 학생들이 졸업 후에 이메일을 보내도 학교에서 만났을 때에 형성했던 친근성을 유지하며 의사소통하는 것이 가능하다. 그들의 이름을 부르는 것, 이 '이름 부름'이 가능한 의사소통 방식이 '관계의 평등성'을 유지하는 데에 중요한 초석이 되고 있다는 것을 나는 한국어로 의사소통할 때마다 상기하곤 한다.

한국어로 의사소통할 때에 늘상 고려해야 할 이러한 다양한 요소들 때문에 한국인들은 유독 상대방의 나이·지위·성별·소속 등에 예민하게 신경을 쓴다. 아마 상대방의 나이에 늘 관심 갖고 호기심을 갖는 것은 이러한 이유에서 그럴지도 모른다. 상대방의 나이를 알아내기 위해서 몇 년도에 대학에 다녔는가 등의 다양한 질문이 던져진다. 학교에서 공부하는 학생들 사이에서도 자신의 입학년도로 자신을 소개하는 것은 아마 세계에서 매우 독특한 한국 대학생들만의 소개 방식인 것 같다. 나이가 한 살만 많아도 '형·누나·동생' 또는 '선배·후배'라는 위계적 관계 구조를 형성해야 하니, '생물학적 나이'가 모든 관계 형성의 가장 중요한 기점이 되어버려서 학생들이나 동료 학자들 사이의 토론 문화가 활성화되기도 쉽지가 않다.

이러한 한국어의 곤혹스러운 딜레마는 국제회의에 가서 한국인을 만났을 때 여실히 드러난다. 영어로만 회의를 할 때에는 존댓말·반말의 구조 없는 '평등한 관계' 속에서 그 동료성을 나누다가, 휴식 시간에 한국 사람끼리 만나게 되면 돌연히 다양한 요소들에 의해 '서열화'가 작동된다. 물론 그 서열화의 가장 중요한 관건이 되는 것은 생물학적 나이이며, 성별이다. 이 생물학적 나이와 성별에 의해 돌연히 평등한 동료성은 사라지고, 철저한 위계적 관계가 등장한다. 나이 많은 사람은 적은 사람에게 반말로, 반대로 나이가 적은 사람은 나이 많은 사람에게 깍듯한 존댓말로 의사소통이 전개되며, 남성과 여성이라는 성별이 주는 미묘한 위계 구조가 은밀히, 그러나 강력하게 작동한다. 동일한 사람들이 영어로 의사소통할 때와 한국어로 의사소통할 때에 만들어내는 관계적 분위기가 참으로 다르다는 매우 흥미로운 경험을 나는 종종 한다. 그래서 나는 이 생물학적 나이에 예민하게 반응하며 서열화를 작동시키는 분위기에서는 별로 대화하는 것을 즐기지 않는다. 가족 아닌 사람들과의 관계에서 '오빠·형·누나·동생' 등의 호칭들을 사용해본 적도 없고, 누군가 나에게 그러한 호칭을 쓰는 것도 별로 반기지 않는다. 이러한 호칭적 관계를 통해서 공·사를 넘나드는 끈끈한 정을 나누는 사이를 형성하고자 하는 것이 아니라면, 나는 그러한 위계적 호칭보다 '평등한 동료적 관계'를 형성하고 키우는 것을 훨씬 선호하기 때문이다. 이러한 이유에서 나는 타자의 생물학적 나이에 관심도 없으며, 나이를 늘 의식하며 대화하는 사람들과는 별로 의사소통할 마음이 없다.

아무리 한때 나의 학생이었다고 해도 그들이 학교를 벗어나면 이 삶을 함께 살아가는 '동료 인간'이라 생각한다. 그래서일까. 한국어로 그들과 의사소통하는 것이 점점 어렵게만 생각된다. 이전 학생에게 온 이메일에 회신을 쓰면서 이러한 딜레마들과 다시 만난다. 반말과 존댓말 사이에서, 다양한 호칭들 사이에서, 그리고 구어체와 문어체의 그 간격 사이에서 맴돌다가 정작 내가 전하고 싶은 마음 깊이의 말들은 언저리만 돌다가 사라져버리는 것은 아닐까.

한국인들 사이에 상대방의 나이에 대한 집요한 관심, 성별에 따른 위계적 태도, 직책에 따른 하대와 존대의 일상화는 한국사회에 나이차별주의·성차별주의·직책차별주의를 뿌리 깊게 스며들게 해서, 진정한 민주주의적 의식을 갖는 데에 커다란 걸림

돌이 된다는 것. 지독한 딜레마다. 이 딜레마를 넘어서기 위한 작은 몸짓을 각자가 귀퉁이에서라도 실천하는 것, 이 최소주의적 방안만이 현재 우리가 택할 수 있는 선택인지도 모른다.

대안 공동체의 희망

'대안'이란 어떻게 가능한가. 현실세계에 대한 한계와 문제점을 지적하면서 많은 이들이 씨름하는 물음은 대안에 관한 것이다. 특히 종교 공동체들은 역사에서 다양한 모습의 대안 공동체를 창출하기 위한 씨름을 해왔다. 자신이 태어난 고국을 떠나서 언어를 바꾸고 새로운 사회문화적 정황 속에서 사는 이들에게 기존의 전통적인 종교 공동체가 아닌 대안 공동체를 만들어간다는 것은 참으로 어려운 일이다. 교회가 종교 공동체만이 아닌 문화적·사회정치적 공간으로서의 역할을 하는 곳이기 때문이다. 그 공동체의 구성원들이 지닌 다양한 필요는 단지 종교적 문제만이 아니라 문화적·정서적 위로와 사회정치적 문제까지 연계된 문제들을 직간접적으로 소화해내야 한다.

미국 서부 로스엔젤레스에 있는 두 한인교회가 마련한 공동 강연회에 다녀왔다. 이 두 교회에서 만난 분들과 함께한 시간은 내게 아름다운 대안 공동체에 대한 '순간의 경험 glimpse experience'을 하게 해주었다. 나는 이 두 교회에서 만난 분들과 강연회에서만이 아니라 강연 이후 이어지는 후속 모임에서 참으로 편안하고 즐거운 시간을 가졌다. 초청된 강연자로서 갖기 힘든 '사건'이다. 미국 대학에 온 지 10년이 지나 이번에 처음으로 한인교회에 초청을 받았을 때, 나는 이 모임들에서 내가 경험하게 될 것이 무엇인지 예측할 수 있다고 생각했다. 그런데 그러한 나의 예측을 완전히 벗어나는 경험을 하게 되었다.

이 교회들에서는 흔히 볼 수 있는 '목회자 중심주의'의 내음을 맡을 수 없었다. '무조건적 아멘'을 강요하는 맹목적 신앙의 자취도 찾아 볼 수 없었다. 그뿐 아니다. 다양한 연령과 배경을 지닌 분들이 함께 어울려 독서 모임을 하면서 활발한 토론을 하며 자신들의 신앙 문제, 종교, 사회 문제에 관하여 끊임없이 알고자 하는 배고픔과 호기심을 작동시키고 있었다. 이 정기 독서 모임에서 나의 책《코즈모폴리터니즘과 종교》를 몇 주에 걸쳐 읽으며 토론했다고 한다. '목사'라는 직책이 타자를 지배하고 타자에게 명령하기 위한 것이 아니라, '함께' 고민하고 살아가는 '동반자로서의 직책'임을 말과 행동으로 살아내고 있는 목회자들, 그리고 그 목회자들과 함께 공부하고 고민하며 진지하게 종교 공동체를 이루고 있는 분들을 만나게 된 것은 참으로 기쁜 일이었다. 나의 여행을 의미 있고 보람 있게 만든 것은 바로 이러한 대안 공동체를 만들어가는 분들과의 만남이었다. 전통적 종교 공동체의 틀을 벗어나 대안 공동체를 이어가는 분들에게 여러 가지 구체적인 어려움들이 왜 없겠는가. 그럼에도 나는 이 두 교회를 경험하면서 종교 공동체의 실패나 성공의 기준을 근원적으로 새롭게 규정해야 한다는 생각을 하게 되었다.

그날 함께 찍은 사진 속에 있는 분들, 그리고 사진에는 없지만 시간을 함께한 분들의 얼굴을 나는 기억한다. 문자로는 전달할 수 없는 것들이야 말로 삶의 에너지를 주는 소중한 선물이다. 서로를 향한 '지순한 웃음'은 문자로는 전달할 수 없다. 모일 때마다 이분들은 서로를 웃게 한다. 그런데 타자를 웃게 만드는 유머들이 가능한 것은, 서로에 대한 깊은 신뢰와 열린 마음 덕분이다. 서로에 대한 개방성과 신뢰를 통한 웃음의 나눔은, 서로에게 삶의 에너지를 주는 선물을 교환하는 것과 같다. 매번 강연회가 끝나면 후속 모임을 가지곤 했는데, 로스엔젤레스에서의 며칠 동안 내 마음에 가장 남는 것은 이분들과 다양한 자리에서 나눈 지순한 웃음이다.

역사의 변화는 언제나 새로운 대안적 세계를 꿈꾸고 실천하고자 하는 무수한 시도를 하는 '소수'에 의하여 이루어졌다. 희망의 근거는 '성공과 승리의 보장'에 의해서가 아니라, 이렇게 보다 나은 대안 공동체를 위하여 씨름하고 새로운 시도들을 과감히 해내는 바로 그 '과정' 속에 있다. 대안을 꿈꾸는 이들은 확고한 성공의 보장 때문이 아니라, 그 성공의 불확실성 속에서도 그 대안이 꿈꾸는 보다 나은 세계에 대한 열정과 신념으로 모험의 여정을 떠나는 것이다. 그리고 인류의 역사는 이렇게 모험을 감행하는 이들이 꿈꾸는 대안적 세계에 대한 열정으로 변화해왔다는 것을 우리는 끊임없이 기억해야 할 것이다.